Oh! Yeah!

SPECIALTY COFFEE

참고문헌

단행본
1. 『God in a Cup』, Michaele Weissman, Houghton Mifflin Harcourt(2008)
2. 『God Kaffe』, The Coffee Collective, People's Prss(2012)
3. 『Espresso Coffee: The Science of Quality』, Andrea Illy and Rinantonio Viani, Academic Press(2005)
4. 『The Coffee Dictionary: An A - Z of coffee, from growing & roasting to brewing & tasting』, Maxwell Colonna - Dashwood and Tom Jay, Chronicle Books(2017)
5. 『커피 아틀라스』, 제임스 호프만 저, 김민준, 정병호 역, 아이비라인(2015)
6. 『커피 중독』, 아네트 몰배르 저, 최가영 역, 시그마북스(2015)
7. 『팀 윈들보와 함께 하는 커피』, 팀 윈들보 저, 손상영 역, 기센코리아(2012)

잡지
1. 《드리프트(DRIFT)》
2. 《스탄다르트(STANDART)》
3. 《바리스타 매거진(Barista Magazine)》
4. "Ristretto | Is Coffee in Paris Improving?", 《TIME》, 2011 (https://tmagazine.blogs.nytimes.com/2011/01/07/ristretto - paris - coffee - improving - sort - of/)
5. "Ristretto | Why Is Coffee in Paris So Bad?", 《TIME》, 2010 (https://tmagazine.blogs.nytimes.com/2010/04/08/ristretto - why - is - coffee - in - paris - so - bad//)

웹사이트
1. World Coffee Research(월드커피리서치), https://worldcoffeeresearch.org/
2. Sprudge(스프러지), https://sprudge.com/
3. SCA(스페셜티커피협회), https://sca.coffee/
4. European Coffee Trip(유러피안커피트립), https://europeancoffeetrip.com/
5. Daily Coffee News by Roast Magazine(데일리 커피 뉴스 by 로스트 매거진), https://dailycoffeenews.com/
6. Black Water Issue(블랙워터이슈), http://bwissue.com/

특별한 커피, 그 이상을 탐험하는
사람들을 위한 안내서

오예!
스페셜티 커피!

Oh!
Yeah!

김현섭 글, 김기훈 그림

아이비라인
Publishing Co.

프롤로그

"너그커마!"
너, 그 커피 마시지 마!

커머셜 커피산업과 싸우자는 것은 아니지만, 나는 스페셜티 커피가 아니면 도저히 커피를 마실 수가 없다. 쌉쌀하고 탄 향이 나서 마시기 조금 힘든 다크 로스팅 커피여도 스페셜티 커피라면 설탕과 우유를 넣으면 한결 좋아진다.

세상에 넘쳐나는 쓰고 맛없는 커피 때문에 대부분의 커피책은 달콤하고 매혹적인 스페셜티 커피와의 첫만남으로 시작한다. 수많은 커피책의 저자들이 처음에 자기가 얼마나 커피를 싫어했는지 고백하며 문장을 써내려 간다. 하지만 나는 커피를 너무나 좋아한다. 예전에도 그랬고, 지금도 그렇다. 어떤 사람들은 커피를 마시면 심장이 두근거려서 못 마시겠다고 하지만 나는 그 두근거림마저 좋다. 더군다나 맛도 좋고 이야깃거리도 풍부한 스페셜티 커피라니!

처음에는 '세상에 커피책이 얼마나 많은데 또 쓸 게 있을까?'라고 생각했다. 하지만 다행히 내가 몇 마디 더 보탤 수 있을 만큼 커피의 세계는 넓고 넓었다. 로스터인 내가 글을 쓰고, 김기훈 바리스타가 그림을 그린 이 책에는 우리가 함께 〈메쉬 커피〉를 꾸려가면서 얻은 경험과 느낌들을 고스란히 담았다. 김기훈 바리스타는 커피에 매력에 빠져 만난 선배, 동료, 친구, 손님, 그리고 아내에게서 영감을 받아 풍부한 그림을 행복하게 그려 나갔다. 게다가 나는 책을 쓰는 동안 운이 좋게도 중국, 일본, 브라질, 그리고 북유럽 국가들의 커피문화를 직접 경험할 기회가 있었다. 새로운 경험들이 차곡차곡 쌓이다 보니 핸드북으로 시작한 책은 내용이 점점 늘어나 소설책 한 권 정도의 분량이 되었다.

PROLOGUE

〈메쉬 커피〉의 모든 비법도 풀어냈다. 믿지 않을지도 모르겠지만 정말이다. 솔직히 이야기하자면 조금 아깝다는 생각도 들었다. 핵심적인 부분은 혹시 모를 나중을 위해 빼도 되지 않을까 하는 인간적인 고민도 했다. 〈코카콜라 컴퍼니Coca - Cola Company〉처럼 레시피를 적당히 비밀에 부치는 것이 마케팅적으로 더 좋지 않을까 싶기도 했고.

하지만 결국 나누는 사람이 더 많이 돌려받는다고 믿는다. 바텐더 짐 미헌Jim Meehan이 쓴 〈PDT 칵테일 북The PDT Cocktail Book〉이나 셰프 크리스티안 푸글리시Christian F. Puglisi의 〈렐레: 북 오브 아이디어Relæ: A Book of Ideas〉를 읽으면서, 내가 언젠가 책을 쓴다면 그들처럼 〈메쉬 커피〉의 모든 것을 이야기하겠다고 다짐했다. 그들은 책을 통해 그들의 철학과 생각, 그리고 구체적인 레시피와 노하우를 많은 독자들과 숨김없이 나눴다. 내가 만난 커피멘토들 역시 나에게 그들이 알고 있는 지식과 경험을 전부 이야기해 주려고 노력했다. 소중한 정보를 나누는 사람들이 주변에 많아 항상 감사하다고 생각한다. 〈메쉬 커피〉가 망하지 않고 잘되어 가는 것은 다 이들 덕분이다. 그래서 나도 내가 아는 범위 안에서 힘이 닿는 데까지 우리의 아이디어를 나누려고 한다.

마침 내가 사랑하는 스페셜티 커피가 전 세계적으로 유행하고 있다. 트렌드에 민감한 사람, 〈스타벅스Starbucks〉에 익숙하지만 새로운 커피도 경험해 보고 싶은 사람, 바리스타들의 삶의 방식과 이야기가 궁금한 사람이라면 스페셜티 커피세계에 들어올 자격이 충분하다. 스페셜티 커피는 어려워 보여도 정말 흥미진진하고 재밌다. 이 책이 스페셜티 커피세계를 탐험하고 싶은 모험가들에게 이정표가 되길 바란다.

#1 PLACE

위대한 공간	12
제3의 공간	15
당신이 그리는 카페의 모습	19
작은 카페	24
젠트리피케이션, 뜨는 동네에서 카페하기	29
로스터리라 부르는 곳의 정체	34
올 어바웃 커피 바	39
손님 관찰기	45
집에서 커피를 마시는 기쁨	50
호스피탈리티가 답이다	56
우리가 좋아하는 카페들	61

#2 DRINK

커피센스를 작동시키는 법	76
진한 커피와 연한 커피	80
최적의 온도란 없다	86
새콤달콤	90
커피에 설탕과 우유를 넣는 것이 죄가 될까	93
클래식은 영원하다	99
카페를 상징하는 메뉴	111
더치, 콜드브루, 니트로 커피	118
뜨거운 감자, 플랫 화이트	124
카페인이 없는 커피	129
커피 칵테일의 매력	132
내게 맞는 커피 가이드	136

#3 COFFEE

씨드 투 컵	140
특별함을 뛰어넘는 스페셜티 커피	142
산지에서 리스타트	148
원두 포장지 읽는 법	154
맛있는 커피	165
커피맛을 표현하는 방법	170
가장 좋은, 그러나 가장 비싼 커피	179
커피업계의 에르메스	184
그 유명한 라이트 로스팅	188
커피를 잘 내리기 위해 무엇이 필요할까?	196
저울과 온도계의 소중함	202

#4 CULTURE

카페의 하루	208
힙스터 바리스타	214
바리스타들만의 문화	217
호주에서 북유럽으로, 바야흐로 스페셜티 커피의 시대	223
카페 투어 중독	228
말만 들어도 신나는 커피축제	234
아는 만큼 보이는 커피	239
게으름뱅이들을 위한 커피 아이템	244
핸드드립이나 푸어오버나 그게 그거	257
재밌는 놀이, 에어로프레스	260
논란의 중심에서 커피원가를 외치다	264
새로운 커피세대	271

#5 TIP

개인의 취향	278
<메쉬 커피>의 라이트 로스팅	280
우리를 표현한 블랜드	287
커핑 가이드	291
필터 커피 레시피 하리오 V60	294
필터 커피 레시피 에어로프레스	296
에스프레소 레시피	298
화이트 커피 레시피	300
시그니처 커피 레시피 커피 셰이크	303
시그니처 커피 레시피 카푸치노 알프레도(팀 윈들보 스타일)	305
시그니처 커피 레시피 멕시칸 썸머 라떼	307
시그니처 커피 레시피 오슬로의 여름	310
시그니처 커피 레시피 김기훈 밤	312
시그니처 커피 레시피 코코 밤	314
시그니처 커피 레시피 상하이 라떼	316
시그니처 커피 레시피 여름 커피	318
시그니처 논커피 레시피 샐리 시나몬	320
시그니처 논커피 레시피 메쉬 바나나 우유	322
시그니처 논커피 레시피 맛차차 맛차 라떼	324
시그니처 논커피 레시피 피초코 초콜릿 라떼	326
시그니처 칵테일 레시피 성수동 레모네이드	328
시그니처 칵테일 레시피 쿠바 리브레	330
시그니처 커피 칵테일 레시피 아이리쉬 커피	332
시그니처 커피 칵테일 레시피 성인 오렌지	334
시그니처 커피 칵테일 레시피 메쉬 올드패션드	336
시그니처 커피 칵테일 레시피 커먼 언커먼	338
시그니처 커피 칵테일 레시피 미얼리 커피	340
시그니처 커피 칵테일 레시피 브라운 마블	342

디저트 레시피 **시나몬 번**	344
디저트 레시피 **생크림 스콘**	346
디저트 레시피 **토스카 케이크**	348
디저트 레시피 **오렌지 유자 케이크**	350
디저트 레시피 **바나나 케이크**	352
디저트 레시피 **진저 카다멈 케이크**	354
디저트 레시피 **커피 초콜릿 바크**	356

OH YEAH SPECIALTY COFFEE

#1 PLACE

위대한 공간

카페, 커피숍, 커피집, 다방. 사람마다 부르는 이름은 제각각이지만 우리는 커피를 마시러 카페에 간다. 가장 중요한 것은 무엇보다 커피겠지만, 커피를 마시는 곳, 즉 공간 자체로서 카페가 하는 역할도 무시할 수 없다. 역사적으로 카페에서 커피가 주인공이었던 시절이 얼마나 될까? 맛있는 커피를 마시기 위해 카페를 찾는 사람도 물론 있겠지만, 대부분은 사람들과 어울리거나 잠깐의 휴식을 위해서, 혹은 어떤 영감을 얻기 위해서 카페를 찾는다.

시대의 흐름 속에서 카페는 사회적으로 중요한 공간이었다. 유럽에서 와인이 문화의 중심에 자리한 음료였다면, 아랍 문화권에서는 커피가 이슬람의 와인이라 불릴 정도로 큰 역할을 했다. 각성 효과를 지닌 커피는 종교인들이 명상할 때 또렷한 정신을 유지하는 데 도움이 되었고, 일반인들에게는 생활에 활력을 주는 음료로 사랑받았다. 아랍권에서 처음 생긴 커피하우스

#1 PLACE

도 엄청난 인기를 끌었다. 하지만 지금도 그렇듯, 사람들이 모이면 그만큼 말도 많아지기 마련. 정치적인 이유로 강제로 문을 닫아야 했던 시절이 있었을 만큼 커피하우스에는 다양한 계층의 이야기가 넘쳐났다.

유럽에 커피가 전해지면서 본격적으로 퍼지기 시작한 카페는 항상 많은 사람이 모여들어 재밌는 논쟁과 사건이 끊이지 않는 곳이었다. 유럽의 카페 문화는 1629년 이탈리아 베니스에서 시작되어 영국의 커피하우스로 발전해 나갔다. 영국식 커피하우스는 처음 생긴 이래로 줄곧 토론과 사교의 장이 되어 왔다. 낭만적인 카페 문화로 유명한 프랑스에서는 그보다 조금 늦은 1686년에 이탈리아 시칠리아 출신의 프란체스코 프로코피오 데이 콜텔리Francesco Procopio dei Coltelli가 〈르 프로코프Le Procope〉라는 프랑스 최초의 카페를 열었다. 이곳은 볼테르Voltaire, 루소Rousseau 등 당대 지식인들의 산실이었고, 곧 파리는 유럽 카페 문화의 중심이 되었다. 그래서일까? 우리가 흔히 이야기하는 '카페Café'는 본래 커피를 뜻하는 프랑스어로, 지금은 커피를 마시는 공간을 의미하는 대표적인 단어가 되었다.

카페는 항상 역사의 중심에 있었다. 커피를 마시는 행위와 카페라는 공간, 그리고 그곳에 모이는 사람들이 만나 문화를 형성해 왔다. 지금도 여전히 매력적인 카페에는 다양한 사람들이 모이고, 사람들로 가득해 북적이는 공간에 호기심을 보이며 또 다른 사람들이 모인다.

요즘에는 카페를 찾는 사람들의 목적에 따라 카페의 역할도 다양해지고 있다. 빵과 브런치를 만드는 베이커리 카페, 꽃을 비롯한 다채로운 식물을 파는 플라워 카페, 책을 읽거나 조용히 공부하는 북 카페, 아이들의 놀이터이자 부모들의 쉼터가 되는 키즈 카페, 더 나아가 셀프 세탁소와 카페가 결합해 빨래가 돌아가는 긴 시간 동안 커피를 마시며 기다릴 수 있는 공간도 등장했다. 이제는 우리가 상상할 수 있는 모든 곳이 카페가 되는 세상이다. 카페는 참으로 위대한 공간이다.

#1 제3의 공간

우리에게 카페는 어떤 곳일까? 가끔 손님들이 생각하는 카페와 바리스타가 생각하는 이상적인 카페는 다를 수 있겠다는 생각이 들 때가 있다. 로스터이자 바리스타인 내 입장에서 보면 카페는 자고로 커피가 맛있어야 한다. 암, 그렇고 말고. 사람들을 현혹하는 인테리어와 커피가 아닌 메뉴 따위는 내게 아무 의미가 없다. 소셜 미디어, 특히 〈인스타그램Instagram〉에서 핫하고 사람들로 북적이는 카페들을 보면 '저기는 커피가 별로일 거야. 인테리어에 집중하느라 바빠서 커피에 신경이나 쓰겠어? 분명 맛이 없을 거야'라고 이솝우화 속 포도가 먹고 싶은 여우처럼 핑계를 내세워 시니컬한 척 쓱 지나친다.

이상적인 카페는 그 누구보다 내가 쉴 수 있는 좋은 공간이어야 한다. 카페가 직장이고, 종일 사람들을 만나야 하는 바리스타에게 '핫플레이스hot place'는 부러움의 대상이자 벤치마킹을 위한 연구 대상이지 휴식을 위한 곳은 아니다. 커피를 주문하기 위해 사람들이 길게 늘어선 줄을 보고 있으면 마치 내가 커피를 내리거나 테이블 정리를 해야 될 것 같고, 출입문이 열릴 때마다 손님에게 인사를 건네야 마음이 편해질 것 같은 기분마저 들기 때문이다. 게다가 나는 예쁘장하고 사람들로 복작복작한 공간에서 오히려 스트레스를 받는 사람이라 누구보다 더 그런 카페를 피한다.

개인적으로는 카페에서 소음이 아닌 잔잔한 음악을 들으면서 커피를 마시고, 주변 사람들과 함께 이야기꽃을 피우는 것이야말로 소박하지만 진정한 휴식이자 행복이라고 여긴다. 전 세계적으로 북유럽 라이프 스타일이 주목 받는 이유도 같은 맥락이라고 생각한다. 최근 한국에서는 덴마크의 휘게Hygge가 유행하고 있다. 사실 이름만 어려울 뿐 낯설게 생각할 필요가 전혀 없다. 좋은 사람들과 아늑한 곳에서 커피에 간단한 다과를 곁들이며 대화를 나누는 것이 휘게다. 사람들이 원하는 것은 결국 기분 좋은 장소에서 긴장을 풀고 쉬는 것이다. 사람 사는 곳은 어디나 다 비슷한가 보다.

카페를 일컫는 또 다른 말인 '제3의 공간'은 커피제국 〈스타벅스〉 덕분에 유명해졌다. 제3의 공간은 카페 창업에 관심이 있는 사람이라면, 아니 카페 산업과 관련이 없는 사람이라도 인터넷 뉴스 경제 부문에서 카페를 검색해 보면 연관 검색어로 금방 확인할 수 있을 만큼 흔한 말이 되었다. 정확한 의미는 몰라도 왠지 모르게 멋있어 보여서 커피로 사업을 하고 싶은 사람들이 '복합 문화 공간'만큼이나 자주 사용하는 말이기도 하다. 정확히 짚어 보면 제3의 공간이라는 개념은 이렇다. 집과 직장

#1   PLACE

을 각각 제1, 제2의 공간이라 하고, 이 두 공간에서 받는 스트레스(물론 스트레스를 받지 않는 사람들도 있다. 집에 일찍 들어가면 토끼처럼 귀여운 아이들과 사랑스러운 아내가 기다리고 있는 나는 이 말을 도무지 이해할 수가 없다.)를 단 몇 분이라도 피할 수 있는 곳을 제3의 공간이라고 한다. 이러한 개념을 처음 만든 레이 올든버그Ray Oldenburg의 책 제목이 바로 『정말 좋은 공간The Great Good Place』이다. 사람에 따라, 취향에 따라 정말 좋은 공간은 도서관, 펍 등 다양한 곳이 될 수 있다. 그중에서도 카페가 제3의 공간이라는 단어에 가장 잘 어울리는 장소라는 사실은 많은 사람이 동의할 것이다.

그렇다면 〈스타벅스〉같이 항상 사람들로 북적이는 카페가 그들이 강조하는 제3의 공간의 의미대로 휴식을 취하기에 적당한 곳일까? 빈자리를 찾기 힘들고, 사람들이 떠드는 소리로 가득한 공간에서는 자기 자신에게 온전히 집중하기가 쉽지 않아 보인다. 그런데도 이러한 카페들이 인기를 끄는 이유는 분명 이곳에서 각자 나름의 방식으로 스트레스를 푸는 사람들이 있기 때문이다. 사람들은 개인적인 휴식뿐 아니라 사람들과 만나 수다를 늘어놓으며 그간 쌓인 스트레스를 풀기도 한다. 게다가 적당한 소음은 오히려 집중력을 높인다는 말도 있지 않은가? 소셜 미디어상의 핫플레이스 역시 마찬가지다. 특히 〈페이스북Facebook〉이나 〈인스타그램〉같이 새로운 방식의 소통이 익숙한 세대들에게는 익명의 사람들과 서로 좋아하는 장소나 취향을 공유하는 것 자체가 기분 전환이 되는 휴식일지도 모른다. 나에게는 어울리지 않는 방식이지만 각자 스트레스를 푸는 방식이 다를 뿐이다.

이제는 카페 문화가 다양해져 공간도 예쁘고 커피맛도 좋고, 적당히 붐비는 '정말 좋은' 카페들이 많아졌다. 그 가운데 내 취향에 꼭 맞는 제3의 공간도 물론 있다. 단, 거기가 어딘지는 영원히 나만의 비밀로 간직하고 싶다.

#1 당신이 그리는
카페의 모습

동네마다 카페가 있고, 골목 곳곳에도 카페, 심지어 카페 옆에 또 다른 카페가 있는 우리나라는 넘쳐나는 카페들로 세계적인 주목을 받고 있다. 외국 바리스타들이 한국에 오면 이러한 거리 풍경에 매우 놀란다. 하지만 그들이 놀란 점은 단순히 점포의 개수가 아니다. 수많은 카페가 하나같이 똑같은 모습을 하고 있다면 지루하고 재미없겠지만, 한국의 카페는 그 수만큼이나 공간 구성 역시 다채롭고 개성이 넘친다. 카페는 커피부터 인테리어, 각종 소품, 음악, 심지어 그 안에 머무는 공기까지 각각의 취향을 드러낸다.

잘 꾸며진 카페 공간은 여행지에서 발견한 미술관이나 역사적인 건축물을 구경하는 듯한 기분이 들 정도로 매력적이다. 지금 봐도 여전히 세련된 유럽 풍의 고가구와 풍부한 소리로 공간을 가득 채우는 빈티지 음향기기, 은은하게 테이블을 비추는 조명에 둘러싸여 있다 보면 오래도록 이 공간에 머물고 싶

#1 PLACE

어진다. 허물어질 듯 말 듯 아슬아슬하고도 묘한 건물의 분위기와 더불어 어두컴컴한 조명이 예술적으로 어우러진 카페도 있다. 넓고 웅장한 규모로 보는 사람을 압도하는 곳이 있는 반면, 좁은 공간에 하나로 이어 만든 테이블이나 의자를 두어 사람들이 자연스럽게 붙어 앉을 수 있도록 의도한 곳도 있다. 때로는 서로의 무릎이 닿을 만큼 가까워 불편할 것 같지만, 누구와도 친구가 될 수 있는 편안한 공간을 연출하기도 한다. 카페에 커피 바만 두어 커피에 온전히 집중할 수 있도록 만든 공간도 멋지다.

한국은 트렌드에 굉장히 민감하게 반응하는 편이라 새로운 형태의 공간도 계속 생겨난다. 카페 문화가 막 퍼지기 시작했을 무렵에는 〈스타벅스〉를 약간 비튼 듯한 셀프서비스self-service 방식의 캐주얼한 공간이 유행이었다. 대형 매장이 아닌 작은 규모의 매장들도 같은 인테리어 방식을 추구했는데, 당시에는 개성을 추구하기보다 서로 비슷비슷하게 보이기를 원했다. 몇 년 뒤에는 일명 '홍대 카페'하면 떠오르는 이미지대로, 여기저기서 수집한 아기자기한 소품들과 직접 공사를 한 듯 엉성하지만 알찬 커피 바나 테이블, 한쪽 구석에 놓인 기타로 카페 사장의 개성이 잘 묻어나는 일종의 인디 음악 같은 스타일이 유행했다.
이후 커피업계의 새로운 흐름으로 한층 전문적인 스페셜티 커피가 등장하면서 공간 디자인의 트렌드도 변하기 시작했다. 해외의 유명한 스페셜티 커피숍을 따라 하는 공간이 생겨났고, 이탈리아에서 수작업으로 생산한다는 〈라마르조코La Marzocco〉

의 에스프레소 머신이나 전 세계 바리스타들이 실력을 겨루는 대회인 월드바리스타챔피언십World Barista Championship, WBC의 공식 에스프레소 머신과 같은 하이엔드급 장비들을 일반 카페에서도 들여오기 시작했다. 커피 그라인더를 여러 대 두는 곳이 속속 등장했으며, 커피 추출에 사용할 물을 거르기 위한 정수기 필터도 잘 보이는 곳에 설치했다. 바리스타가 인테리어보다 커피품질에 더 신경을 쓴다는 티를 낸 것이다. 인테리어는 노출 콘크리트 형식이 주목을 받았고, 〈앤트러사이트 커피Anthracite Coffee〉처럼 폐공장이나 양조장을 조금만 손보는 형식으로 개조해 카페로 바꾸는 것이 유행이었다. 이후에는 80년대 풍의 빈티지나 레트로 감성을 강조한 인테리어가 주목 받았다. 공간의 규모는 더 커지고 커피와 함께 즐길 수 있는 빵이나 디저트도 큰 비중을 차지하기 시작했다. 〈프릳츠 커피 컴퍼니Fritz Coffee Company〉나 〈어니언Onion〉처럼 말이다.

가장 최근 커피업계를 휩쓴 트렌드는 주변을 모두 하얗게 물들이고 〈이케아IKEA〉 가구를 배치해 단정한 북유럽식 공간을 선보이는 것이다. 지금은 문을 닫았지만 이런 스타일의 대표적인 카페 〈릴리브Relieve〉는 해외에서도 공간 디자인을 참고하기 위해 많은 사람이 찾아왔을 정도다.
이와 동시에 오밀조밀한 공간도 다시 유행하고 있다. 여기서는 〈페마Faema〉의 'E61' 에스프레소 머신과 작은 〈마샬Marshall〉 스피커, 센스 있는 거울과 나풀대는 커튼, 〈이케아〉 가구가 필수 요소로 등장한다. 작은 카페답게 직접 구운 스콘이나 브라우니도 인기다.

#1   PLACE

트렌드를 따르든 그렇지 않든, 사람들은 자신의 취향에 맞는 공간에 매료되어 카페에 발을 들인다. 공간이 주는 힘은 실로 대단하지만 사실 그것만으로 사람들을 모으기가 쉽지 않다. 유행은 빠르게 소비되기 때문에 커피품질이 떨어지면 손님들도 떠나기 마련이다. 포토 스팟에서 셀카만 찍고 떠나는 손님들로는 카페를 유지하기 어렵다. 그나마 다행인 것은 공간에 신경을 쓰는 만큼 커피맛에도 주의를 기울이는 사람들이 늘었다는 것이다. 그래서 이제는 커피가 주인공인 공간도 쉽게 찾아볼 수 있다.

작은 카페

사람들은 누구나 꿈을 가지고 산다. 커피 바 안쪽에서 손님들을 지켜 보다 보면 자주 들려오는 소리가 있다. "아 나도 언젠가 이런 작은 카페 하나 하고 싶다." 반복되는 일상에 지친 사람들에게 카페는 잠시 숨을 돌릴 수 있는 휴식처이자 낭만적인 미래를 투영하는 대상일지도 모른다. 나 역시 커피 바에 앉아 멋있는 바리스타가 내려 주는 커피를 마시면서 미래의 내 카페에 대한 즐거운 상상을 하곤 했다. 시간이 흘러 그 상상은 다행히 현실이 되었고, 그렇게 꽉 차면 일곱 명 정도가 머물다 갈 수 있는 〈메쉬 커피〉를 열었다.

나는 작은 카페를 선호한다. 눈이 돌아가는 번쩍번쩍한 인테리어와 바리스타라면 누구나 탐낼 법한 커피장비로 가득한 카페나 세계적으로 유명한 커피회사의 플래그십 매장에서 느끼는 감동보다 바리스타의 캐릭터가 묻어난 소소한 공간이 더 좋다. 출장 또는 여행차 떠난 해외에서 카페를 돌아다닐 때 기억에

#1   PLACE

남는 곳은 늘 그 동네와 잘 어울리는 작은 카페들이었다. 그곳에서 만난 바리스타들은 처음 만난 손님도 마치 오래된 단골을 맞이하는 것처럼 웃으며 반기고, 정성을 다해 커피를 내려 준다. 한국에도 동네마다 작은 카페들이 곳곳에 숨어 있다. 그런 곳은 카페를 꾸려나가는 바리스타의 개성과 철학을 여실히 드러내면서 지역 사회와도 잘 어우러진다. 나 역시 카페를 운영하고 작은 카페를 동경하는 사람으로서, 그들에게서 많은 것을 배운다.

하지만 동전의 양면처럼 작은 카페가 항상 좋은 것만은 아니다. '사실 크기가 문제다'라는 말이 유행처럼 떠돌던 적이 있었다. '크기는 문제가 아니다'라는 사람들의 통념을 역으로 지적하며 재밌게 잘 표현한 말이라고 생각한다. 〈메쉬 커피〉는 공간이 좁은 탓에 항상 사람들로 북적이고 조용히 휴식을 취하러 온 손님들은 편히 쉬기 어려울 때가 많다. 사람들이 커피를 원하는 시간은 어찌나 비슷한지! 여러 손님이 동시에 방문하면 난장도 이런 난장판이 없다. 그래서 '여긴 너무 복잡하고 불편해'라고 불평하는 손님들을 만날 때마다 정말 죄송하게 생각한다. 게다가 카페를 운영하는 오너의 입장에서 보면 경제적인 문제 역시 크기에서 비롯될 때가 많다. '매장이 지금보다 좀 더 컸다면 안락한 공간에서 더 많은 손님을 맞이해 매출이 늘었을 텐데'와 같은 생각이 드는 것은 어쩔 수 없다.

사실 큰 공간뿐만 아니라 완성도 높은 인테리어, 하이엔드급 커피기기들, 최고급 품질의 생두 등 넉넉한 자본이 있다면 크고 작은 문제들을 쉽게 해결할 수 있고, 더 좋은 방향으로 나아갈 수도 있다. 하지만 현실은 현실. 세상의 수많은 작은 카페들이 그렇듯 많은 문제를 각자의 형편에 맞춰 해결해야 한다. 요즘같이 경기가 어려울 때, 게다가 커피로 돈을 번다는 것은 더욱 힘든 일이라서 바리스타나 로스터가 자신만의 카페를 차리는 것은 여간 녹록한 일이 아니다. 하지만 이러한 위기나 위험이 때로는 큰 기회가 된다. 자금이 모자란 부분을 자신만의 개성과 커피에 대한 철학, 기발한 아이디어로 채우는 것도 충분한 경쟁력이 된다.

작은 카페는 대부분 어깨나 무릎이 서로 닿을 만큼 좁은 공간이어서 오히려 손님과 바리스타가 서로를 배려하는 경우가 많다. 처음 만나는 손님들과 이야기를 주고받다 보면 어느새 친구가 되는 경우도 자주 있다. 그렇게 친구처럼 일상을 공유하고, 서로의 안부를 물으며 커피를 나누는 난장, 때로는 이런 난장판도 인간미 넘치는 공간을 만드는 데 도움이 된다. 공간이 작은 대신 다른 부분에서 손님들에게 매력적으로 다가가기 위해 더 좋은 재료를 구하고, 퇴근 후에도 커피책이나 관련 서적을 뒤지며 공부한다. 항상 손님들에게 친절하려 노력하는 것은 당연하고, 그들과 새로운 경험을 나누기 위해 여러 방면으로 무척 애쓴다.

〈메쉬 커피〉는 비록 성수동 구석에 위치한 작은 카페에 불과하지만, 우리가 하고자 하는 일의 범위는 드넓다. 직접 커피산지를 방문하거나 해외 커피 전시회와 세미나에 꾸준히 참가하

#1 PLACE

고, 이미 유명하거나 뜨고 있는 카페들을 찾아가 그들의 노하우를 듣고 아이디어를 얻기도 한다. 이러한 일련의 활동들은 돈과 시간은 물론이고 별개의 노동력도 추가로 필요한 일이기 때문에, 작은 카페들이 선뜻 나서기가 결코 쉽지 않다. 하지만 오히려 작은 카페를 유지하기 위해서는 이같은 일들을 꼭 해야 한다고 생각한다. 더 매력적이고, 더 따뜻한 공간을 만들기 위해서 말이다.

전 세계의 커피 애호가들이 열광하는 〈블루 보틀 커피Blue Bottle Coffee〉는 후미진 차고에서 시작되었다. 당시에는 정말 작은 가게에 불과했다. 일본 후쿠오카에서 커피트럭으로 장사를 시작해 일본 바리스타 챔피언을 넘어 세계적인 유명 인사가 된, 이제는 바리스타들의 우상으로 자리매김한 〈R.E.C 커피R.E.C Coffee〉의 이와세 요시카즈Iwase Yoshikazu의 사례처럼 꿈 같은 일이 일어나기도 한다.
거대 기업이든 소규모 카페든 처음 시작은 미미했던 곳이 많고, 그들은 대체로 지역을 기반으로 천천히 규모를 키워 나갔다. 개인적으로는 카페가 커진다는 개념이 단순히 자본이나 물리적인 영역에 머무른다고 생각하지 않는다. 손님과 어떤 방식으로 교감하고 지역 내에서 어떤 지지를 얻는지, 그리고 자신의 꿈을 위해 얼마나 노력하는지에 따라 그 카페가 성장할 가능성은 높아진다고 생각한다.

나는 박봉의 바리스타로 일하면서 저 멀리에 있는 것 같던 꿈을 이루었다. 어렴풋하지만 달콤했던 그 꿈은 곧 현실이 되었고, 다시 새로운 꿈을 꾸기 위해 끊임없이 노력하고 있다. 아직도 서툴고 거칠지만 항상 커피와 함께하며, 모자란 부분은 여러 사람의 도움을 얻어 조금씩 채워 간다. 부족한 부분이 많은 만큼 메워야 할 부분도 많지만 오래오래, 어쩌면 평생을 해야 할 일이니 시간은 충분하다고 생각한다.
지금도 여전히 환하게 웃으며 처음 본 손님을 반기고 이런저런 안부를 묻는 동네 구석의 작은 가게를 찾아다닌다. 그리고 그들을 응원한다.

#1 젠트리피케이션,
    뜨는 동네에서 카페하기

"요즘 성수동이 뜬다면서요?" 성수동이 주목 받고 있다는 이 야기는 〈메쉬 커피〉를 준비할 때부터 지금까지 매년 듣고 있다. 창업을 계획하는 사람들이라면 누구나 마찬가지겠지만, 카페 오픈을 준비하면서 서울 시내 안 가본 데 없이 곳곳을 누비고 다녔다. 사람들에게 묻고 물어 괜찮은 장소다 싶으면 거의 다 가보곤 했는데, 그 당시 제일 핫했던 연남동과 이태원은 이미 임대료가 많이 오른 데다 빈 자리도 없었고, 망원동은 부동산 가격은 비교적 괜찮았으나 이미 조짐이 심상치 않았다. 마음에 드는 곳을 찾아 성곽길 꼭대기도 가봤지만 도통 우리를 위한 자리는 나타나지 않았다.

카페 오픈을 다짐하고 우리가 고려한 조건들이 몇몇 있었다. 주변에 공원이나 문화 시설이 있는 곳, 교통이 편리한 곳, 주택가와 회사가 적절히 섞인 오래된 동네 상권, 카페가 많이 들어서지 않은 곳, 좋은 사람들이 많이 있을 만한 곳이었다. 이 모든 조건을 갖춘 장소를 구하기는 당연히 쉽지 않았고, 어쩌다 적당한 곳을 발견한다고 해도 권리금과 임대료가 너무 비쌌다. 그러다 성동구와 광진구 주민으로 오랫동안 살아온 내게 익숙했던 우리 집 옆 동네, 성수동에 대한 이야기가 들려왔다.

서울숲이 생기기는 했지만 원래 성수동은 공장 지대였고, 가죽과 신발 부속 도매 시장으로 유명했다. 더구나 성수동 내에서도 뚝섬은 워낙 낙후된 동네였다. 오래전에 경마장이 있었던 곳이라 이미 우범 지대로 낙인찍혔고, 근처 학교에서는 학생들이 뚝섬 주변에 가는 것을 막았다. 그럼에도 이 동네에 처음 들어섰을 때 마주한 오래된 은행나무 길은 유독 깊은 인상을 남겼다.

마침 서울숲 근처에는 사회적 기업들이 들어서고 있었고, 예술가들의 작업실도 곳곳에 생겨나고 있었다. 취향이 비슷하고 말이 잘 통하는 사람들, 서울숲 공원, 지하철 2호선이 지나가는 편리한 교통, 주택가와 회사가 적당히 섞여 있고 카페가 많이 없는 오래된 동네. 바로 이곳이었다. 드디어 조건에 딱 맞는 곳을 찾았다 싶었다. 예전부터 내가 알던 성수동답게 뜬다는 동네치고는 거리가 한산해 임대료도 적당했다. 그중에서도 가장 외진 자리, 기억에 깊이 남았던 가로수 길 끝자락 택시 회사 옆에 공간을 마련했다. 생각보다 규모는 작았지만 여기라면 임대료가 오르는 데 시간이 걸릴 게 분명했다. 이곳에서 지금은 유명해진 선배들의 카페처럼 조용하고 꾸준하게 실력을 키워 나가고 싶었다.

주변에 뭐가 너무 없고 동네 사람들도 다들 사람이 고팠기 때문에 서로 금방 친해질 수 있었고, 그렇게 성수동에서도 서울

#1 PLACE

숲길만의 독특한 유대가 생겨 지금까지 이어지고 있다. 누군가 이곳을 보고 신사동에 가로수길이 막 생겼을 무렵과 분위기가 유사하다고 말하기도 했다.

그해 유달리 추웠던 서울숲의 겨울이 지나고 봄을 맞이하자마자 어떤 연예인이 성수동에 건물을 샀다는 소문이 돌았고, 바로 다음 날이면 흔히 말하는 '강남 아줌마'들이 골목을 누비고 다녔다. 서울숲에 바짝 붙어 있는 골목부터 학교 앞 문방구나 오래된 세탁소와 같은 가게들이 하나둘씩 없어지고 서서히 새로운 건물이 들어서기 시작했다. 공사하는 소리가 끊이지 않았다. 젠트리피케이션gentrification의 조짐이 보여서 그런지 성수동 사람들은 불안해했다. 언론에서 젠트리피케이션이 일어나는 동네를 이야기할 때마다 성수동은 항상 빠지지 않았다. 예술가와 젊은 소상공인들이 낙후된 동네를 활기차게 되살리고 나면 자본을 앞세운 사람들과 기업들이 들어와 임대료를 상승시켜 기존에 있던 주민들이 다른 지역으로 떠나게 되는 현상. 젠트리피케이션을 이렇게 빨리 경험하게 될 것이라고는 미처 생각하지 못했다.

다행히 젠트리피케이션이 사회적인 이슈로 떠올라 성동구에서는 특별 조례로 서울숲길에 프랜차이즈가 들어오지 못하게 제한했다. 하지만 젠트리피케이션에 대한 기사가 나온 다음 날이면 어김없이 '요즘 뜨는 동네, 성수동'이라는 제목의 투자자를 유혹하는 기사가 바로 이어진다. 오랫동안 서울숲길에서 손님을 맞이하고 싶은 마음이 간절하지만 젠트리피케이션은 어쩔 수 없는 현상처럼 보인다.

카페는 일 년을 견디기도 힘들다는데, 성수동 사람들과 주변 여러 사람들의 도움으로 〈메쉬 커피〉는 지금까지 망하지 않고 잘 버티고 있다. 근처에 새로운 카페들이 계속 생기고 있지만 그새 또 여럿이 문을 닫아 〈메쉬 커피〉는 서울숲 블록에서 가장 오래된 카페가 되었다. 심지어 힙스터hipster들이 테라스라고 부르는 길거리 야외 테이블에 앉아 사진을 찍어 올리는 사람이 많은, 그야말로 힙한 장소가 되었다. 카페를 열고 처음 한두 해는 밥벌이가 힘들었지만 점차 살림살이는 나아졌다. 다만 우리가 아끼는 단골들은 급격히 오른 월세와 핫하게 변한 분위기가 싫어 서울숲을 떠났다. 너무 아쉬웠다.

#1   PLACE

안타깝지만 젠트리피케이션이라는 사회 현상은 우리가 노력한다고 막을 수 있는 일이 아니다. 우리도 언젠가 떠나야 할지 모른다는 불안감이 있지만, 그래도 버틸 수 있을 만큼 최대한 자리를 지키며 카페를 운영하는 것이 목표다. 서울숲을 떠난 사람들이 오랜만에 들렀을 때도 함께 옛 추억을 나눌 수 있도록 말이다.

 # 로스터리라
부르는 곳의 정체

카페의 여러 유형 중에서 직접 로스팅한 원두를 사용하는 곳을 '로스터리roastery'라고 부른다. 미국에서는 '커피 로스터스', 국내에서는 좀 더 친근한 말로 '커피 볶는 집'이라 부르기도 한다. 2000년대 초반 온라인 커피 동호회에 전국의 커피 볶는 집 리스트가 올라와 있는 것을 본 적이 있다. 당시 그 리스트에는 30여 곳의 로스터리가 소개되어 있었다. 마음만 먹으면 그중 서울에 있는 로스터리를 전부 찾아가 보는 것은 일도 아니었다. 그때만 해도 블랜드 한 종류만 납품을 받아 커피를 준비하던 보통의 카페와는 달리 로스터리에서는 여러 산지의 원두를 다양하게 접할 수 있었다. 게다가 직접 로스팅하는 곳은 추출만 하는 카페보다 커피에 더 열정적이고 전문적으로 보였다. 지금은 골목마다 생긴 카페 수만큼이나 로스터리도 많아져서 단순히 원두를 볶는다는 콘셉트만으로는 승부를 보기 힘든 세상이 되었다.

한국에 로스터리가 많아진 건 우리나라 사람들이 유달리 신

#1   PLACE

선한 것을 좋아하기 때문이 아닐까 싶다. 동네 빵집만 보더라도 '오늘 구운 빵은 오늘만 판매합니다'라는 문구나 손님들이 갓 구운 빵을 사갈 수 있도록 빵이 나오는 시간을 내건다. 횟집에서 회를 먹을 때도 숙성시켜서 풍부한 맛을 즐기는 선어보다 눈앞에서 갓 잡은 싱싱한 활어를 더 선호한다. 이러한 현상을 두고 황교익 음식 평론가는 그간 국내에서 음식과 관련된 사건 사고가 잦았기 때문에 심리적으로 불안해진 소비자들이 눈앞에서 확인하지 못하면 품질을 신뢰하지 못하게 된 것이라고 평했다.

커피에서도 신선도는 중요하다. 예전에는 원두를 사려면 백화점 식품 코너나 대형 마트 혹은 커피 프랜차이즈에 가야만 했는데, 유통 구조 때문에 신선함과는 거리가 먼 원두가 판매될 수밖에 없었다. 그러다 보니 1세대 로스터리에서는 로스팅이 잘된 '갓 볶은 원두'를 강조했고, 이로 인해 로스터리에서 신선한 원두를 구매해 집에서 커피를 내려 마시는 문화가 자리 잡았다. 오히려 우리보다 집에서 커피를 마시는 문화가 더 오래된 외국에서는 최근에서야 로스팅된 원두를 신선하게 보관하는 것이 얼마나 중요한지를 논의하기 시작했다. 이런 현상을 보면 우리가 제대로 해 왔다는 사실에 나름대로 뿌듯함을 느낀다. 다만 커피는 갓 지은 밥, 갓 구운 빵과는 달리 처음 볶은 상태에서 맛이 유지되는 기간이 상대적으로 긴 편이라는 것을 염두에 두어야 한다. 보통 로스터리에서 권장하는 원두의 상미기간 Best Before Date, BBD은 로스팅 후 2~3주 정도로, 이 기간 동안 원두는 신선하다고 생각해도 좋다.

유독 한국에서 로스터리 열풍이 분 또 다른 이유는 우리나라에 생두를 로스팅하는 기계인 로스터를 만드는 회사가 있기 때문일 것이다. 독일의 〈프로밧Probat〉, 네덜란드의 〈기센Giesen〉, 미국의 〈디드릭Diedrich〉, 〈로링Loring〉, 〈샌프란시스칸The San Franciscan〉, 일본의 〈후지 로얄Fuji Royal〉 등 세계적으로 좋은 로스터를 만든다고 평가 받는 회사가 많은데, 한국 회사가 개발한 로스터들도 국내는 물론 전 세계로 널리 판매될 만큼 기술력을 인정받고 있다. 전통적인 방식의 드럼drum 로스터인 〈태환자동화산업〉의 '프로스터Proaster'나 최신 기술을 활용한 스마트 로스터 〈스트롱홀드Stronghold〉가 대표적이다. 국내에 로스터를 제작하는 회사가 있었기 때문에 사람들이 로스팅에 좀 더 쉽게 접근하고 연구할 수 있었다.

#1   PLACE

직접 로스팅하는 카페가 주변에 많아졌다고는 하지만 일반 사람들의 이야기를 들어 보면 여전히 로스팅을 신비롭게 여기는 것 같다. 실제로 로스팅하는 도중에 잠시 밖으로 시선을 돌리면 원두를 볶는 내 모습을 뚫어지게 바라보는 사람들을 발견하곤 한다. 그런 시선이 느껴지면 민망해서 뭐라도 해야 할 것 같은 생각이 들어 괜히 이것저것 살피는 척을 한다.

사실 로스팅이 진행되는 동안 로스터가 하는 일은 그다지 많지 않다. 딱딱한 생두에 열을 가해 골고루 잘 익히려면 일정한 시간이 필요한데, 커피를 내릴 때처럼 짧은 시간 안에 끝나는 것이 아니라서 바리스타에 비하면 상대적으로 여유롭게 일을 할 수 있는 편이다. 생두를 로스터에 넣고 나면 생두가 볶이는 정도에 따라 화력이나 배기량을 적절히 조절하다가 원하는 온도와 시간, 로스팅 포인트roasting point가 되었을 때 배출구를 열어 원두를 로스터 밖 세상으로 내놓는 것이 전부다. 로스팅은 이렇듯 단순 작업의 반복이라 금방 일에 익숙해진다.

다만 로스팅 과정에서 사소한 변화만 있어도 결과물은 확연히 달라진다는 것을 명심해야 한다. 이전과 똑같이 볶았다고 생각했지만 예상하지 못한 결과가 나올 때도 있다. 도무지 종잡을 수 없는 것이 커피다. 그 때문인지 로스터들은 대체로 성격이 예민하고 날카롭다. 게다가 반복적이고 지루하지만 민감하게 반응해야 하는 업무의 특성 때문인지 로스터들의 얼굴에는 공통적으로 진지함과 무덤덤함이 드러난다. 일반 사람들의 눈에는 영락없는 장인의 모습일 수 있겠다.

로스팅하는 공간에는 원두를 볶는 큼지막한 기계가 시끄럽게 돌아가고, 커피의 원재료인 생두는 자루에 담겨 있거나 진공포장된 상태로 상자에 들어 있다. 또 로스팅을 마친 원두를 담을 예쁜 패키지, 생두의 밀도와 수분을 측정하는 기계와 로스팅된 원두의 색을 확인하는 색도계도 있다. 로스팅하는 동안 로스터의 드럼 내부와 생두의 온도 변화를 그래프로 표현해 로스팅 과정을 쉽게 이해할 수 있도록 도와주는 프로그램이 설치된 컴퓨터도 있다.

이 모든 것이 활발히 돌아가는 로스팅 작업으로 인해 이곳은 커피 실험실이나 생산 공장, 때로는 예술가의 공방이자 작업실처럼 보일 수도 있다. 누구에게 어떻게 보이든 이 공간은 더 맛있게 원두를 로스팅하기 위해 더운 열기와 싸우며 매일매일 노력하는 로스터들의 세상이다.

#1 올 어바웃 커피 바

테이블과 의자가 빽빽하게 늘어선 큰 규모의 카페나, 반대로 너무 좁아 손님이 서 있을 공간도 겨우 있는 단출한 카페여도 커피 바는 꼭 있다. 보통 손님들은 카페에 들어갈지 말지를 파사드facade라고 부르는 가게의 외관을 보고 결정한다. 결정을 내리고 카페 안으로 들어서면 가장 먼저 눈에 들어오는 것이 바로 커피 바다. 그래서 커피 바는 카페 내에서 그 어떤 것보다 손님들의 눈길을 단번에 사로잡아야 한다. 바리스타 역시 커피 바가 자신을 대변한다고 생각하기 때문에 커피 바를 근사하게 꾸미는 데 갖은 노력을 기울인다. 이곳에서 바리스타는 커피맛을 조절하고 커피와 관련된 여러 이야기를 손님들에게 전한다. 커피 바는 산지에서부터 시작된 커피의 긴 여정이 손님의 손에 맛있는 한 잔으로 전달되는 커피체인coffee chain의 마지막 지점이다. 이토록 중요한 커피 바를 이루는 것이 무엇인지 소개한다.

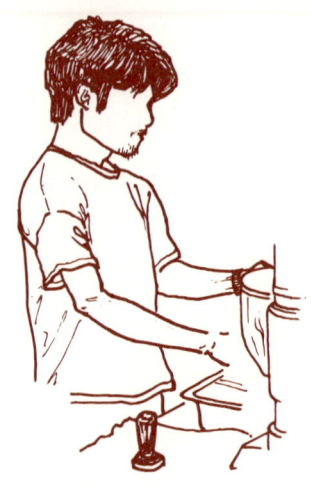

바리스타

평소 재료의 중요성을 강조하는 사람이라면 커피체인에서 산지의 조건이나 로스팅이 제일 중요하다고 말하기 쉽다. 좋은 생두를 사용해서 로스팅을 잘하면 커피는 당연히 맛있게 나오기 마련이라며 바리스타의 노력을 폄하하는 사람들도 더러 있다. 하지만 바리스타는 좋은 재료를 한순간에 망칠 수도 있고, 추출과정을 섬세하게 조절해 맛이 없다고 여겨지는 커피에서도 매력을 찾아내 손님에게 재밌게 전달할 수 있다.

커피 바는 손님과 바리스타를 가로질러 각자의 역할을 나눈다. 나도 커피 바를 벗어나 밖을 돌아다니면 그저 친근한 동네 형이지만, 바 안으로 들어가면 커피 전문가로 변신한다. 바리스타라는 단어 자체가 이탈리아어로 바에서 일하는 사람을 뜻한다. 이탈리아의 카페에서는 커피와 더불어 식전주 같은 간단한 술과 안주를 즐길 수 있어서 바텐더도, 커피를 내리는 사람도 모두 바 안에서 일하는 바리스타라고 여긴다. 한국은 카페에

#1   PLACE

서는 커피, 밥집에서는 밥, 술집에서는 술을 마시는 분리된 문화가 있어서 카페에서 술을 마시는 것을 조금 낯설어 한다. 하지만 바리스타에게 술을 주문하는 것이 이상하거나 예의에 어긋난 행동은 아니다. 〈메쉬 커피〉에서도 칵테일 메뉴와 맥주를 판매하고 있지만, 칵테일 메뉴를 찾는 사람이 너무 적어 지금은 시크릿 메뉴로 남겨 두고 아는 사람들에게만 만들어 준다. 어찌 됐든 커피 바는 손님과 바리스타를 구분짓지만, 이들은 커피를 통해 다시 연결된다. 누구나 그렇겠지만 낯선 사람과 대화의 물꼬를 트기는 쉽지 않다. 하지만 카페라는 특수한 공간에서 바리스타가 내려 주는 커피 한 잔은 경계심을 허물어 준다. 의자가 준비된 커피 바라면 짧은 시간이나마 커피를 마시면서 자연스럽게 바리스타와 대화를 나눌 수도 있다.

에스프레소 머신
바리스타들은 커피 바의 기물 가운데 에스프레소 머신에 꽤 큰 돈을 투자한다. 에스프레소 머신이 바에서 차지하는 공간감과 비중이 큰 탓이기도 하지만, 자신이 커피를 얼마나 진지하고 중요하게 여기는지 바로 보여줄 수 있기 때문이다. 저렴한 에스프레소 머신의 가격은 4~5백만 원 정도지만, 이탈리아 명품 브랜드만큼 비싼 머신들은 2~3천만 원을 훌쩍 넘는다. 소형차를 타도 도로를 달리는 데 큰 무리가 없는 것처럼 가격이 저렴한 에스프레소 머신이어도 커피를 맛있게 추출하는 데는 문제가 없다. 다만 손님이 많이 몰리는 상황에서도 하이엔드 머신이라 불리는 비싼 에스프레소 머신은 안정적인 추출을 선보인다. 게다가 가격에 걸맞은 번쩍번쩍한 멋진 외관을 뽐내기도 한다. 하지만 무조건 비싼 머신만 추구하는 것은 좋지 않다. 오랫동안 사용할 기계라는 사람들의 기대와는 달리 에스프레소 머신은 소모품이기 때문에 많이 사용할수록 교체 시기가 빨라진다. 자신의 카페 형태와 여건에 맞는 에스프레소 머신을 찾는 것이 중요하다.

커피 그라인더

커다란 에스프레소 머신 옆에 있어 상대적으로 눈에 잘 띄지는 않지만, 그라인더는 커피 바에서 매우 중요한 역할을 담당한다. 다만 그라인더가 작동되는 소리가 시끄럽기도 하고, 커피 가루까지 날려 주위가 지저분해지는 데다, 생김새도 아름답기는 참 어려워 몇몇 카페에서는 어여쁜 화분을 두어 손님의 시야에 닿지 않도록 그라인더를 가리기도 한다.

하지만 그라인더가 커피맛에 미치는 존재감은 무시할 수 없을 정도로 크다. 기계 구조상 원두를 갈 때 그라인더 내에서 열이 발생하거나 분쇄원두의 입자가 균일하지 않은 경우가 종종 발생하는데, 이러한 요인들은 모두 커피향미에 부정적인 영향을 끼친다. 그래서 성능이 좋은 그라인더일수록 원두를 분쇄하는 날이 크고, 큰 날을 무리 없이 돌릴 수 있도록 모터의 힘 자체가 강해서 발열이 적다. 전자동 커피 그라인더는 원하는 분쇄원두의 양을 설정해 두면 0.5g 미만의 오차 범위가 있기는 하지만 대체로 정확한 양을 갈아 낸다. 이는 커피를 추출할 때마다 분쇄원두의 양을 일정하게 유지해야 하는 바리스타들에게 큰 도움이 된다. 그래서 가격이 비싼 그라인더를 사용하면 커피맛이 훨씬 좋아지는 것을 느끼곤 한다.

#1　PLACE

카페 창업을 고민하는 사람들에게 한정된 예산에서 좀 더 좋은 커피맛을 끌어내려면 에스프레소 머신보다 그라인더에 투자하라고 권하는 편이다. 하지만 잘빠진 에스프레소 머신의 유혹을 뿌리치기는 쉽지 않다.

드립 바
커피 바 한쪽에 드립 바를 따로 마련하는 곳도 있다. 드립 바에서는 에어로프레스Aeropress나 칼리타Kalita 또는 하리오Hario V60 드리퍼를 사용해서 싱글 오리진 커피를 내린다. 천천히 커피를 내리는 모습은 에스프레소 머신에서 빠르게 커피를 뽑아 내는 것과는 다른 매력이 있다.

커피를 내리는 과정을 구경하면서 손님들은 바리스타와 대화를 주고받을 수도 있다. 에스프레소를 추출할 때와 달리 커피를 내리는 동안 시간적 여유도 생겨 바리스타가 손님에게 먼저 말을 걸기도 한다. 맛있는 커피를 내리는 데 집중하기 위해 말을 아끼는 바리스타들도 있는데, 이런 경우에는 커피를 다 내리고 나면 언제든 이야기를 나눌 수 있다. 드립 커피를 만들기 위한 도구들은 흔히 구할 수 있고 사용법도 비교적 간단하기 때문에 커피를 내리는 모습을 잘 관찰해 두고 바리스타에게 추출 레시피를 받아 오면 집에서도 쉽게 따라 할 수 있다.

이런 드립 커피의 매력 때문에 최근에는 에스프레소 머신을 설치하지 않고 드립 바만 운영하는 카페가 늘어나고 있다. 유행도 유행이지만 최근 납품 상담을 하러 오는 바리스타들의 이야기를 들어 보면 경기가 어려운 탓에 저비용으로 카페를 오픈하기 위한 전략이기도 한 것 같다.

정돈

바리스타의 업무 가운데 커피 바를 청소하고 정돈하는 일은 커피를 내리는 일 만큼이나 중요하다. 군인처럼 기물들을 일렬로 딱딱 정리해야만 직성이 풀리는 바리스타들도 많다. 일부 깐깐한 바리스타는 행주마저도 깨끗하게 빨아 각을 잡기도 한다. 얼마나 장사가 안 되면 행주의 각까지 잡냐며 웃는 사람들도 있지만, 바 안에서의 정리와 위생은 매우 중요하다.

바리스타가 다른 카페에 갔을 때 무엇보다 커피 바를 유심히 살피는 것은 본능이다. 바에 커피기물들을 어떻게 구성해 두었는지, 일하는 사람들의 작업 동선은 원활한지를 살펴보는 것만으로도 바리스타의 실력과 커피맛을 짐작할 수 있다. 손님들이 봤을 때도 기물들이 체계적이고 가지런하게 정돈되어 있고, 청결하고, 바리스타들이 서로 부딪침 없이 유려하게 커피를 내린다면 분명 좋은 커피 바다.

#1 손님 관찰기

커피를 내리면서 카페에 오는 사람들을 지켜보다 보면 참 다양한 손님들과 마주한다. 가장 많이 볼 수 있는 손님은 누군가를 만나기 위해 카페를 찾는 사람들이다. 오랜만에 만나는 친구와 이야기보따리를 풀어놓는 사람이나 사업상 중요한 누군가와 미팅 약속을 잡는 사람처럼 말이다.
사람들은 서로 편하게 만나기 위해 카페를 자주 이용한다. 밥한 끼 같이 먹자거나 술 한잔하자는 말은 상황에 따라 부담스럽게 느껴질 때가 있다. 대신 "언제 커피 한잔해요"라는 말은 어색한 사이에도 쉽게 나온다. 같이 커피를 마시면서 이야기를 나누다 보면 분위기가 한결 부드러워진다는 데 다들 공감할 것이다. 이런 사람들은 카페를 선택할 때 커피는 크게 고려하지 않는다. 커피맛보다는 사람들과 친밀해지는 것이 중요하기 때문에 카페의 위치와 분위기를 최우선으로 생각한다. 상대방과 좀 더 가까워지기 위해 너무 좁지도, 넓지도 않은 크기의 테이블과 편안한 의자, 대화를 방해 받지 않을 만큼의 적당한 테이블 간격, 그리고 차분하면서 느낌 있는 분위기면 완벽하다. 여기에 더해 생각보다 커피가 맛있으면, 이곳을 정한 자신이 얼마나 센스 넘치는 사람인지를 상대에게 뽐낼 수도 있다.

반면 귀에 이어폰을 꽂고 책을 읽으면서 오롯이 혼자만의 시간을 보내는 손님들도 있다. 노트에 연필로 글을 쓰거나 그림을 그리며 자신만의 세계를 만들어가는 사람도 있고. 이런 손님들은 복잡한 현실에서 잠깐 벗어나 가만히 지금 이 순간에 집중하고 싶어 할 때가 많다. 그래서 주로 몰입이 잘되는 구석진 자리나 혼자 있어도 부담이 없는 바 자리를 선호한다. 야외에 테라스가 있거나 길에 테이블이 깔린 카페라면 자연에서 영감을 받기 위해서인지 바깥에서 여유롭게 앉아 있는 것도 즐긴다.

요즘에는 커피에 대한 소비자들의 관심이 점점 늘어 오로지 커피맛을 즐기기 위해 카페에 오는 손님도 많아졌다. 이들은 심오한 커피의 세계를 탐험하는 모험가들이다. 카페에 들어와서는 메뉴판도 보지 않고 "여기 제일 유명한 게 뭐예요?"하고 묻거나 "아메리카노 주세요"라고 외치는 사람이 대부분이지만, 어떤 커피들이 있는지 메뉴판을 꼼꼼히 살피고 바리스타에게 "이 에티오피아 아리차 내추럴의 특징은 뭔가요?"하며 마치 커피 전문가가 말하는 것처럼 싱글 오리진 커피의 특징을 묻는 사람도 있다.

이들은 주로 에스프레소나 필터 커피를 찾는데, 간혹 바리스타가 우유를 넣은 메뉴를 추천하면 커피의 풍미가 더 잘 느껴지는 카푸치노나 플랫 화이트를 선택하기도 한다. 이후에는 커

#1　PLACE

피를 경험한 덕력에 따라 알아서 커피를 즐긴다. 에스프레소를 한 모금 가볍게 마셔 맛을 잠깐 음미한 다음 이탈리아 사람들처럼 설탕을 넣을지 말지 고민하는 사람도 있고, 여느 바리스타 대회 심사위원처럼 스푼으로 세 번 정도 휘휘 젓고 두 모금에 나누어 마시며 에스프레소를 평가하기도 한다. 하지만 커피 마니아임을 내세우기 위해 굳이 이 방식을 따를 필요는 없다. 훌륭한 커피는 어떻게 마시든 늘 맛있는 법이니 꼭 마니아처럼 커피를 마셔야 한다는 부담은 갖지 말자.

바리스타 경력이 짧았던 시절에는 커피 미식가 같은 손님들이 부담스러울 때가 있었다. 그들이 올 때마다 커피를 더 잘 내려야겠다는 생각으로 신중을 기하며 에스프레소를 뽑는데, 대부분은 평소보다 더 맛없는 커피가 나온다. 오히려 '그래, 그저 커피를 좋아하는 손님일 뿐이야'라는 생각으로 평소에 하던 대로 내리는 것이 평균 이상의, 최상의 맛을 보장한다.

참, 인상적인 손님들을 이야기하다가 제일 중요한 손님을 빠트릴 뻔했다. 우리 가게의 절반 이상을 차지하는 고객층이자, 우리가 VIP라고 여기는 사람들이다. 바로 매일 오는 단골들. 사실 특별하기보다는 아주 일상적인 손님들이다. 이들은 바쁜 생활 속에서 받은 스트레스를 커피 한 잔으로 풀며 잠시나마 기분을 전환하기 위해 카페를 찾는다. 커피의 카페인과 달달함은 피로를 푸는 데 제격이다. 이런 손님들은 마음에 드는 메뉴가 생기면 보통 그 메뉴만 고집한다. 이들에게는 메뉴를 앞에 두고 고민하는 것조차 스트레스일지도 모른다. 단골도 유형이

나뉘기는 하지만, 대부분은 주문할 때 바리스타와 간단한 안부를 나누며 적당한 거리를 유지한다. 너무 친해져서 바리스타가 자신의 시시콜콜한 일까지 안다면 그것도 나름 스트레스다.

때로는 바리스타와 단골손님이 특별한 관계를 맺는 경우도 있다. 여기서 특별한 관계란 꼭 사랑에 빠지는 것을 의미하지는 않지만, 〈메쉬 커피〉의 공동 대표인 김기훈 바리스타처럼 정말, 간혹, 결혼까지 이어지는 일이 있기는 하다. 그렇지 않은 보통의 경우에는 바리스타와 손님이 친구나 가족 같은 관계가 될 때가 많다. 매일같이 보다 보니 서로의 일상을 속속들이 다 알고 있기 때문이다. 단골손님이 먼 친척이나 일 년에 한두 번 겨우 연락하는 친구보다 나을 때도 많다. 이렇게 친해지다 보면 퇴근 후에 만나서 속 깊은 이야기를 나누거나 결혼식에 와 달라고 청첩장을 받는 일도 허다하다. 〈메쉬 커피〉 단골 중에는 출장을 빙자해 해외로 떠나는 '메쉬 커피 투어'에 함께하는 손님도 더러 있다. 때로는 손님인데도 불구하고 이런저런 카페 일에 적극적이어서 매장에서 근무하는 바리스타로 오해받는 사람들도 있다. 반면 조용히 눈인사만 하는 단골손님도 있는데, 굳이 말을 하지 않아도 매일 만나다 보면 눈빛만 봐도 어딘가 통하는 느낌이 들 때가 있다.

어느 가게나 마찬가지겠지만 아무래도 단골들에 대한 애정을 숨길 수가 없다. 하지만 커뮤니티의 유대가 강한 곳일수록 처음 온 손님들은 소외감을 느끼기 쉽다는 것도 잘 안다. 오래된 단골과 처음 온 손님 사이의 미묘한 균형을 유지하는 것은 정

#1   PLACE

말 어렵다. 기존 단골만으로는 카페를 유지하기 힘들기 때문에 새로운 단골을 늘리는 일은 중요하다. 그래서 우리 매장에 처음 방문하는 손님이 문을 열고 들어서면 웃으며 그를 반기고 이곳을 편하게 느끼도록 배려한다. 카페 안의 모든 손님은 동등하기 때문이다.

집에서 커피를 마시는 기쁨

가끔 커피를 마시는 것이 종교적인 의식처럼 느껴질 때가 있다. 커피를 즐겨 마시는 아랍인들이 정해진 시간에 맞춰 기도하는 것처럼, 사람들은 저마다 시간을 정해 놓고 커피를 마시는 의식을 치른다.
커피는 하루에 한 잔이면 충분하다는 사람도 있지만, 막상 커피 한 잔으로 끝내기에는 세상은 너무 빠르게 돌아가고 할 일은 늘 쌓여 있다. 집에서 한 잔, 출근길에 한 잔, 점심 식사 후 한 잔, 오후 업무 중 피곤할 때 커피 브레이크, 퇴근하면서 혹은 퇴근 후 집에서 한 잔. 나는 보통 이 정도의 커피를 마셔야 하루가 마무리된다. 커피를 너무 많이 마셔서 잠이 오지 않아 수면제를 먹고, 아침이면 다시 잠에서 깨기 위해 커피를 마시는 어리석은 현대인이라는 소리를 들어도 상관없다.

그중에서도 나는 아침에 일어나 마시는 하루의 첫 커피를 가장 좋아한다. 대충 씻고 나와서 아침 식사에 곁들이거나 식사

#1 PLACE

를 마치고 난 뒤에 마시는 커피 한 잔은 출근하기 싫은 갑갑한 기분도 누그러지게 한다. 출근길에 잰걸음으로 카페에 들러 급하게 커피를 사서 마실 수도 있지만, 하루를 시작하는 장면으로는 뭔가 조금 아쉽다. 여유롭게 커피를 즐기고 느긋하게 집을 나서는 뿌듯함이 없기 때문이다. 출근하지 않는 날에는 또 어떠한가? 이불 밖 세상은 위험하다. 그러므로 단순히 커피 한 잔 사러 밖에 나가는 것은 너무나 큰 모험이다. 좌우간 매일 아침 커피 한 잔으로 하루를 기분 좋게 시작하기에 집보다 좋은 곳은 없다.

커피를 마신 문화가 오래된 나라에서는 카페뿐 아니라 집에서도 커피를 내려 마시는 경우가 많다. 인스턴트커피를 즐겨 마시던 시절을 돌이켜 보면 우리나라 사람들도 틈만 나면 커피를 마셨고, 집집마다 커피믹스가 100개들이 박스로 있었다. 손님이 오면 당연히 커피를 냈다. 그 당시 마트에서 제일 많이 팔리는 품목 1위가 커피믹스였을 정도니, 따지고 보면 우리나라 사람들의 커피사랑은 참 오래됐다. 다만 집에서 원두커피를 내려 마시는 문화가 정착한 지 얼마 안 됐을 뿐이다.
이제 커피맛을 좀 아는 한국에서도 집에서 자신만의 홈 카페를 꾸미는 사람들이 늘어나고 있다. 백화점이나 대형 마트의 가전제품 코너만 가도 한쪽 벽면 가득 진열된 커피머신을 볼 수 있다. 저렴한 전자동 커피메이커부터 가격이 좀 나가는 반자동이나 전자동 에스프레소 머신까지 다양한 기계들이 놓여 있고, 캡슐 커피머신을 프로모션하는 코너는 시음으로 항상 바쁘다. 핸드드립을 위한 도구는 보통 조리 도구나 그릇 코너에 가면

#1 PLACE

찾아볼 수 있다. 예전에는 구색을 갖추기 위해 가져다 둔 저가형 드리퍼나 필터가 먼지만 쓰고 있었는데, 이제는 꽤 많은 양의 하리오나 멜리타Melita 제품을 어렵지 않게 찾을 수 있고 좀 더 신경을 쓰는 곳은 모카포트moka pot를 가져다 놓기도 한다.

홈 카페 족이 늘어난 만큼 카페에서도 커피도구에 대한 질문을 많이 받는데, 커피도구를 구매할 때는 커피 전문 온라인 쇼핑몰을 이용하는 것을 추천한다. 한국에서 홈 카페 문화가 자리 잡지 않았던 시절부터 시작해서 시장의 흐름과 함께 성장해 지금은 큰 회사가 된 곳들이 많다. 무엇보다 다양한 제품들을 한곳에서 만날 수 있고 가격도 저렴하다. 〈메쉬 커피〉에서 직접 판매하고 싶어도 매장에 진열할 자리가 없거나 쇼핑몰에서 파는 가격이 월등히 싼 도구들은 손님들에게 온라인에서 구매하라고 이야기하는 편이다. 온라인 쇼핑몰에 올라온 커피도구 사용법이나 제품 후기를 꼼꼼히 읽어 보면, 자신에게 필요하고 잘 맞는 도구를 고르는 데 큰 도움이 될 것이다.

홈 바리스타의 끝판왕으로 불리는 사람들이 있다. 에스프레소 머신 중에서 포터필터portafilter를 장착하는 그룹헤드grouphead가 하나만 있는, 작은 머신을 사용하는 사람들이다. 1그룹짜리 머신이라도 가격은 거의 천만 원이 넘는다. 이들은 카페나 커피 실험실에서나 사용할 것 같은 이런 기계를 집에 설치해서 커피를 즐긴다. 극소수일 것 같은 이런 사람들이 커피시장에 은근히 많은 듯하다. 커피회사들이 상업용으로도 손색이 없는 하이엔드급 가정용 에스프레소 머신을 하나둘씩 경쟁적으로 출시하고 있다. 작고 아담한 카페에서도 1그룹짜리 에스프레소 머신을 설치해서 커피를 추출하기도 한다. 이제는 어떤 도구를 사용하느냐로 취미로 커피를 즐기는 사람과 전문가를 구분하는 것이 어려워진 셈이다.

정성스레 꾸민 홈 카페에 가족이나 친구들을 초대해서 커피를 대접하는 것도 집에서 커피를 내려 마시는 즐거움이다. 주방 한쪽에 커피 관련 기물 몇 개만 올려놔도 카페에 온 것 같은 훌륭한 인테리어 효과를 낼 수 있다.
나 역시 홈 바리스타다. 부엌 찬장 한 칸은 십여 년간 모아온 각양각색의 커피기구와 잔들로 그득하다. 최근에는 밥통 크기의 전자동 에스프레소 머신을 구매했다. 〈메쉬 커피〉의 원두를 사가는 손님들이 집에서는 어떤 맛으로 마시는지 궁금하다는 것이 핑계였지만, 나는 밥은 굶어도 커피는 마셔야 할 만큼 커피를 사랑한다. 밥만큼 중요한 게 커피인지라 전자동 에스프레소 머신을 전기밥솥 옆에 나란히 모셔 두고 있다. 버튼 한 번만 누르면 커피가 나오는 편리함이란. 캬! 모든 것은 장비발이고, 지름은 언제나 옳다.
집에서 커피를 내려 마시면 여러 로스터리의 원두를 한자리에서 맛볼 수 있다는 장점도 있다. 커피 한 잔에 몇 만 원씩 해 선뜻 마시기 망설여지는 커피라도 원두로 구매하면 부담이 한결 줄어든다. 카페에서 마시는 커피 한 잔 가격으로 여럿이 나눠 마실 수 있으니 말이다.

때로 손님들이 나에게 집에서 내리는 커피는 카페에서 마시

#1   PLACE

는 것처럼 복합적인 맛이 나지 않는다고 이야기하곤 한다. 바리스타인 나도 집에서 커피를 내리면 추출환경이 다르기 때문에 카페에서 즐길 때처럼 똑같이 내리기가 쉽지 않다. 하지만 홈 카페에서만 즐길 수 있는 맛이 있다. 남의 시선을 의식할 필요 없는 헐렁한 옷차림에 내가 좋아하는 음악과 직접 내린 커피 한 잔만 있으면, 매일 보는 익숙한 창밖 풍경이라도 특별히 아름답게 보인다.

호스피탈리티가 답이다

서비스 산업이 비교적 늦게 발달한 한국에서 호스피탈리티hospitality는 여전히 낯선 개념이다. 영어인 '호스피탈리티'도, 한국어인 '환대'도 처음 들으면 바로 뜻이 와닿지 않아 한 번 더 생각하게 된다. 수년간 바리스타로 일하면서 커피를 내리는 기술은 기본이고, 손님을 맞이하는 고객 서비스가 무엇보다 우선시되어야 한다는 말을 많이 들었다. 골똘히 궁리한 끝에 결국 손님에게 친절하게 서비스를 잘하면 호스피탈리티가 좋은 거라고 스스로 결론지었다. 손님과의 교감이 얼마나 중요한지는 일하면서 몸소 터득하기도 했다.

하지만 서비스와 호스피탈리티는 조금 다른 개념이라는 것을 2014년 중국 상하이에서 열린 '바리스타 캠프Barista Camp' 세미나를 들으면서 깨달았다. 이 세미나를 진행한 2002년 월드바리스타챔피언 프리츠 스톰Fritz Storm은 자신만의 노하우로 수많은 바리스타 챔피언을 코치한 것으로 유명했다. 내가 세미나

#1   PLACE

를 신청한 이유도 그의 철학과 새로운 기술을 배우고 싶기 때문이었다. 하지만 예상과는 달리 내가 그에게서 배운 것은 사람과 사람 사이에 오가는 따뜻함이었다. 호스피탈리티의 첫 단추는 바로 그것이었다.

그는 바리스타들이 손님이 오면 반응하는 행동을 예시로 들며 세미나를 이어갔다. 바리스타는 커피 바에 손님이 오면 주문을 받은 다음, 전문적이고 멋있게 보이려고 민첩하고 정확한 추출 동작을 취하는 데 온 신경을 집중해서 커피를 내린다. 이때 바리스타는 오직 커피만 바라본다. 커피가 완성된 다음에야 손님의 눈을 마주한다. 손님도, 바리스타도 카페에서 흔히 경험하는 상황이다. 이 이야기를 들으며 세미나에 참가한 바리스타들은 멋쩍게 웃었다. 아마 다들 가슴 한쪽이 뜨끔했을 것이다. 프리츠 스톰은 카페에 손님이 아닌 친구나 가족이 왔다고 생각해 보라고 했다. 그들에게는 자신이 얼마나 커피를 잘하는지 보여 주는 것보다 안부를 묻는 것이 먼저고, 세상 돌아가는 이야기를 하며 자연스럽게 커피를 내려 주지 않겠냐는 것이었다. 하지만 낯선 손님들에게는 어떻게 다가가야 할까? 분명 쉬운 일이 아니다. 그는 이렇게 제안했다. 손님과 내가 동등한 입장이라고 여기고, 우리가 친구를 처음 사귈 때처럼 인사를 건네며 자신을 소개한 뒤 눈을 마주치고 웃는 것에서부터 시작하라고. 그렇게 하면 그 손님은 정말 친구가 되어 다시 돌아올 것이라고 했다. 그에게 호스피탈리티는 따뜻한 마음으로 친구를 맞이하는 것과 같았다.

2017년 월드커피인굿스피릿World Coffee In Good Spirits에서 우승한

마틴 후닥Martin Hudak의 마스터 클래스에서도 호스피탈리티에 대해 집중적으로 다뤘다. 그는 영국 〈사보이 호텔The Savoy Hotel〉에서 오랫동안 바텐더로 근무한 경험을 바탕으로 이야기를 풀어 나갔다. 그는 일반적인 서비스와 호스피탈리티는 차이가 크다고 말했다. 서비스는 우리가 돈을 받은 대가로 그에 해당하는 물건이나 행동을 제공하는 것에 불과하고, 호스피탈리티는 그 서비스에 다른 무언가를 더한 것이라고 했다. 그것이 바로 사람들을 다시 끌어들이는 만능 비법이었다. 반가움에 액션을 크게 취하면서 손님을 맞이하는 것, 손님들이 원하는 바를 정확히 짚어내는 것, 혹은 손님이 지난번에 왔을 때 주문한 메뉴를 기억해 두는 것 등 아주 사소한 것이라도 좋다. 그중에서 마틴 후닥이 가장 최고라고 생각하는 호스피탈리티는 음료를 한 잔 더 주거나 간식거리를 건네는 것이라고 이야기했다. 사람들은 언제나 공짜를 좋아하니까. 그 역시 프리츠 스톰과 마찬가지로 자신의 기술에만 집중하는 바리스타의 모습을 지적하며, 기술적인 문제는 나중의 일이고 우선 손님들과 친근하게 대화할 것을 권했다.

그 어떤 상황에서라도 바리스타는 서비스 산업에서 일하고 있다는 사실을 잊어서는 안된다. 손님이 왕은 아니지만 여전히 손님이다. 마틴 후닥은 자신이 바리스타로 일할 때 카푸치노를 주문한 한 손님을 언급하며 호스피탈리티의 중요성을 강조했다. 그는 자신이 생각하는 가장 이상적인 온도인 55℃로 우유를 데우고 라떼아트도 예쁘게 그려서 카푸치노를 제공했는데, 손님이 너무 미지근하다며 커피를 되돌려 보내왔다고 했다. 그

#1   PLACE

는 너무 화가 났지만 다시 한 번 더 완벽하게 카푸치노를 만들어서 냈는데, 또다시 커피가 돌아왔다. 화가 머리 끝까지 난 그는 바 안쪽에서 온갖 짜증을 냈지만 다시 마음을 가다듬고 손님이 원하는 대로 뜨거운 카푸치노를 만들어서 내보냈다. 하지만 이번에도 손님은 맛이 없다며 돈도 내지 않고 떠났다. 그는 이때 손님들이 커피에 대해 잘 모르는 것이 당연하다는 것을 깨달았다고 한다. 이어 그는 커피 전문가로서 바리스타는 그 누구보다 커피에 대해 많이 알고 있기 때문에 손님에게 무엇이 좋은 커피인지 잘 설명해 줄 의무가 있다고 이야기했다. 만약 자신이 처음부터 그 손님에게 카푸치노에 대해 친절하게 설명했거나 그 손님이 원하는 것을 정확하게 파악했다면 그런 일은 없었을 것이라고 했다.

나 역시 비슷한 경험이 많았다. 손님이 원하는 것과 내가 완벽하다고 생각하는 커피는 다를 수 있기 때문이다. 그럴 때면 손님을 무시하기보다 내가 좋아하는 커피의 특징을 충분히 설명한 다음, 매장에 있는 커피 가운데 그 손님에게 맞는 커피를 찾아주려고 최대한 노력했다. 그 시도가 실패할 때도 있었지만, 손님을 이해하려고 애쓴 내 모습을 좋게 기억해 주는 사람들이 더 많았다.

사실 호스피탈리티는 손님과 바리스타 사이에서만 작용하는 것이 아니다. 바리스타와 바리스타, 바리스타와 로스터 등 카페를 구성하는 여러 사람들과의 팀워크를 유지하는 기반이 되기도 한다. 하루의 대부분을 함께하는 직장 동료들은 소중한 사람들이지만, 매번 좋은 관계를 유지하기는 쉽지 않다. 매장이 바쁘면 일하면서 받은 스트레스 때문에 신경이 날카로워지기도 하고, 때로는 상대방과 이해관계가 얽혀 부딪치기도 한다. 인생은 동화처럼 아름답지만은 않아 함께 일하는 사이에 분열이 생기는 일이 꽤 잦다. 이럴 때 필요한 것이 호스피탈리티다. 호스피탈리티는 나에 대한 이해, 그리고 다른 사람에 대한 이해를 바탕에 두고 있다. 서로 잘 이해하고 배려를 한다면 시너지 효과가 나타나 더 큰 힘을 발휘하게 될 것이다.

#1 우리가 좋아하는 카페들

〈메쉬 커피〉가 좋아하는 카페들만 모았다! 국내를 돌고, 해외까지 넘어가 고르고 고른 곳이다. 전부 커피맛은 기본, 바리스타의 친절은 물론, 집에 돌아와서도 계속 생각나는 메뉴가 있는 곳이다. 하지만 무엇보다 이 카페들은 편하고 누구나 나를 반기는 듯한 기분이 드는 곳이다.

한국

카페 안드로메다 Caffe Andromeda
커피로 유명한 강릉에서 내 마음 속 1등 카페다. 멀리서도 눈에 확 띄는 카페 안드로메다의 깃발은 이곳이 범상치 않은 곳임을 암시하는 듯하다. 자신들을 우주인이라고 칭하는 카페 사장들의 커피내공도 보통이 아니다.
Address 강원도 강릉시 교1동 하슬라로20번길 8
Instagram @caffeandromeda_official

커피점빵 Coffee Jumbbang
이제는 <로우키 커피Lowkey Coffee>라는 브랜드로 더 유명하지만, 편안하게 커피를 즐기기에는 역시 <커피점빵>이 더 좋다. 필터 커피 한 잔을 시켜 놓고 카페 한쪽에 놓인 컬러링 북을 색칠하다 보면 시간이 금방 간다.
Address 서울시 광진구 광장로 73
Instagram @coffeejumbbang

커피 앰비언스 Coffee Ambience
동네의 분위기에 카페가 아주 자연스럽게 녹아든 곳이다. 카페에 가만히 앉아 친절한 바리스타가 내려 준 맛있는 커피 한 잔을 마시면, 처음 온 사람이라도 매일 온 카페처럼 편하게 쉴 수 있을 것이다.
Address 서울시 송파구 송이로17길 51
Instagram @coffee_ambience

커피 플레이스 Coffee Place
경주가 서울에서 먼 것이 천추의 한이다. 새롭게 로스팅한 커피소식을 듣고 새벽부터 한달음에 달려갈 정도로 커피가 정말 맛있다. 게다가 카페에 앉아 창밖을 바라보면 그림 같은 풍경도 펼쳐진다.
Address 경상북도 경주시 중앙로 18
Instagram @coffeeplace.go

도쿄

푸글렌 도쿄 Fuglen Tokyo
이제는 너무 유명해 항상 사람들로 북적이지만, 도쿄를 여행할 때면 이른 아침마다 이곳에 들러 에어로프레스로 내린 커피로 하루를 시작한다. 늦은 저녁에는 칵테일 한 잔으로 여행의 피로를 풀기에 최고의 장소다.
Address 1 - 16 - 11 Tomigaya, Shibuya, Tokyo
Instagram @fuglentokyo

#1   PLACE

글리치 커피 Glitch Coffee
북유럽보다 더 극단적인 라이트 로스팅을 하는 곳이다. 유쾌한 바리스타들을 만날 수 있는 <메쉬 커피>의 베스트 프렌드 카페다.
Address 3 - 16, Kanda - Nishikicho Chiyoda, Tokyo
Instagram @glitch_coffee

카운터파트 커피 갤러리 Counterpart Coffee Gallery
<글리치 커피>의 자매숍이라 아침에 <글리치 커피> 매장에서 보던 바리스타들을 저녁 때는 이곳에서 또 만날 수 있다. 공간 구조가 재미있는 카페다.
Address 3 - 12 - 16 Honmachi, Shibuya, Tokyo
Instagram @counterpart.cg

라떼스트 Lattest
2017년 '커피 컬렉션' 1위에 빛나는 곳이다. 여성 바리스타로만 운영되는 카페라 그런 것인지 유독 남자 손님들이 많다. 우유 베리에이션 음료를 특히 잘 만든다. 시그니처 메뉴도 유명하다.
Address 3 - 5 - 2 Jingumae, Shibuya, Tokyo
Instagram @lattest28

스위치 커피 도쿄 Switch Coffee Tokyo
필터 커피만 놓고 보자면 일본에서 제일 만족스러운 커피를 맛본 곳이다. 심플하지만 커피에 집중하는 공간도 매력적이다.
Address 1 - 17 - 23 Meguro, Tokyo
Instagram @switchcoffeetky

패들러스 커피 Paddlers Coffee
포틀랜드 라이프 스타일을 지향하는 카페다. 카페를 오르는 언덕은 힘겹지만 카페에 들어서기 전 마주하는 큰 벚꽃나무와 내부 공간을 보면 마음의 안정을 찾을 수 있다.
Address 2 - 26 - 5 Nishihara, Tokyo
Instagram @paddlers_coffee

폴바셋 커피 도쿄 Paul Bassett Tokyo
내가 아는 <폴바셋>이 맞나 싶을 정도로 훌륭한 싱글 오리진 에스프레소를 만날 수 있는 곳이다.
Address 1 - 26 - 2 Nishishinjuku, Shinjuku, Tokyo
Instagram @paulbassett_jp

버브 커피 로스터스 도쿄
Verve Coffee Roasters Tokyo
미국 <버브 커피 로스터스>의 일본 지점이다. 유쾌한 바리스타들과 구매욕을 일으키는 MD, 그리고 무엇보다 커피가 매력적인 곳이다.
Address 5 - 24 - 55 Sendagaya, Shibuya, Tokyo
Instagram @vervecofneejapan

교토

와이프 앤 허스번드 Wife and Husband
부부가 운영하는 감성 충만 빈티지 카페다. 공간도 정말 예쁘지만 날씨가 좋은 날엔 피크닉 세트를 대여해서 강변에서 커피를 즐길 수도 있다.
Address 106 - 6, Shimouchikawaracho, Koyama, Kita, Kyoto - shi, Kyoto
Instagram @wifeandhusband_kyoichi @wifeandhusband_ikumi

위켄더스 커피 Weekenders Coffee
교토 최고의 힙스터 카페다. 이런 곳에 카페가 있나 싶은 곳에 정말 작고 예쁘게 자리하고 있다.
Address 560 Honeyanocho, Nakagyo, Kyoto
Instagram @weekenders_coffee

쿠라수 커피 Kurasu Coffee
교토역에 내려서 조금만 걸으면 만날 수 있는 곳이다. 바리스타가 셀렉한 일본 유명 로스터리들의 커피도 맛볼 수 있다.
Address 552 Higashiaburanokojicho, Shimogyo, Kyoto - shi, Kyoto
Instagram @kurasu.kyoto

#1   PLACE

니조고야 Nijokoya
곧 무너질 것 같은 목조 건물에서 비밀스러운 느낌의 커피 마스터가 진한 드립 커피를 내려 준다. 샌드위치도 맛있다.
Address 382－3 Mogamicho, Nakagyo, Kyoto - shi, Kyoto
Instagram @nijokoya

홍콩

커핑룸 Cupping Room
홍콩에서 커피가 가장 맛있는 카페다. 세계적인 바리스타 카포 추Capo Chiu가 운영하는 곳으로 손님들이 끊임없이 몰려오지만 기다릴 가치가 충분히 있다. 페스트리도 수준급이다.
Address G/F, 18 Cochrane St, Central, Hong Kong
Instagram @ cuppingroomhk

브루 브로스 Brew Bros
홍콩하면 떠오르는 대표적인 카페다. 커피도 맛있지만 작은 공간에서 만들어내는 브런치 메뉴가 훌륭하다. 게다가 바리스타들은 너무 친절하다.
Address 33 Hillier St, Sheung Wan, Hong Kong
Instagram @brewbroscoffee

상하이

리틀 빈 Little bean
중국에서 만날 수 있는 북유럽식 커피의 선두 주자다. 상하이에서 북유럽 감성을 느껴보자.
Address 235 - 237, Jinyan Rd. Pudong, Shanghai
Instagram @littlebeanroasters

로스엔젤레스

메노티스 커피 스탑 Menotti's Coffee Stop
'나이슬리Nicely'라는 별명의 라떼아트 챔피언의 카페로 유명하다. 베니스 비치Venice Beach 에 위치한 유명한 카페들 중 이곳의 커피가 단연코 최고다. 한 가지 팁을 알려주자면, 카페 한쪽에 놓인 초상화 액자를 뒤집으면 숨겨진 메뉴가 있다.
Address 56 Windward Ave, Venice, CA
Instagram @menottis

인텔리젠시아 커피 Intelligentsia Coffee
명불허전. 커피는 물론 <인텔리젠시아 커피>의 공간은 더 놀랍다.
Address 1331, Abbot Kinney Blvd, Venice, CA
Instagram @intelligentsia coffee

스텀프타운 커피 로스터스 Stumptown Coffee Roasters
<인텔리젠시아 커피>가 세련된 곳이라면 <스텀프타운 커피 로스터스>는 웅장하다. LA 힙스터들의 동네, 아트 디스트릭트Arts District의 오아시스 같은 곳이다. 대표적인 블랜드인 '헤어 벤더Hair Bender' 에스프레소가 일품이다.
Address 806 S Santa Fe Ave, Los Angeles, CA
Instagram @stumptowncoffee

블루 보틀 커피 Blue Bottle Coffee
내가 좋아했던 <핸섬 커피 로스터스Handsome Coffee Roasters>가 있던 곳이다. 지금은 <블루 보틀 커피>가 인수해 로스터리로 사용하고 있다. 글로벌 대세인 만큼 관광객으로 가득하지만, 많은 사람들이 좋아하는 데는 다 이유가 있는 법이다.
Address 582, Mateo St, Los Angeles, CA
Instagram @bluebottle

#1 PLACE

G&B 커피 G&B Coffee
LA 맛집들이 모인 전통 시장에서 맛보는 완벽한 스페셜티 커피다. 한국에서도 유명한 찰스 바빈스키Charles Babinski의 카페로 사람들이 넘쳐난다.
Address 317 S Boadway C19, Los Angeles, CA
Instagram @gandbcoffee

고 겟엠 타이거 Go Get Em Tiger
<G&B 커피>의 자매 카페다. <G&B 커피>가 커피를 잠깐 즐기고 가는 콘셉트라면, <GGET>는 여유롭게 자리에 앉아 커피를 즐길 수 있다.
Address 230 N Larchmont Blvd, Los Angeles, CA
Instagram @ggetla

포틀랜드

하트 커피 로스터스 Heart Coffee Roasters
커피에 몰두하는 바리스타들이 만드는 최고의 커피를 경험할 수 있는 곳이다. 죽기 전에 가야 할 카페로《GQ》매거진에 선정되기도 했다.
Address 2211 E Burnside St, Portland, OR
Instagram @heartroasters

스텀프타운 커피 로스터스 Stumptown Coffee Roasters
포틀랜드의 간판 스타! 로컬 회사들과 콜라보레이션도 자주 진행해서 더 좋다.
Address 1026 SW Stark St, Portland, OR
Instagram @stumptowncoffee

코아바 커피 로스터스 Coava Coffee Roasters
압도적인 공간감을 자랑하는 곳이다. 친환경 소재인 대나무로 가구를 만드는 회사와 같이 공간을 공유해서 그런지 공간이 커도 따뜻함이 느껴진다.
Address 1300 SE Grand Ave, Portland, OR
Instagram @coavacoffee

어퍼 레프트 로스터스 Upper Left Roasters
북유럽식 카페를 지향하는 곳으로 힙스터로 유명한 포틀랜드에서 북유럽 감성을 느낄 수 있다.
Address 1204 SE Clay St, Portland, OR
Instagram @upperleftroasters

굿 커피 Good Coffee
숙소와 멀리 떨어져 있었지만 세 번이나 다시 방문할 정도로 친절한 바리스타들이 있고, 안락한 공간을 누릴 수 있는 곳이다.
Address 1150 SE 12th Ave, Portland, OR
Instagram @goodcoffeepdx

길더 Guilder
커피에 미쳐 있는 포틀랜드의 커피변태를 만날 수 있다.
Address 2393 NE Fremont St. Ste. B, Portland, OR
Instagram @guilder_pdx

산살바도르

비바 에스프레소 Viva Espresso
2011 월드바리스타챔피언인 알레한드로 멘데즈 Alejandro Mendez를 배출한 카페로 엘살바도르 각지의 스페셜티 커피를 즐길 수 있다.
Address Bulevar Del Hipodromo 644, San Salvador
Instagram @viva.espresso

하우스 오브 커피 House of Coffee
스페인 전통 양식의 건물에서 커피와 브런치를 즐길 수 있다.
Address Concepcion de Ataco, El Salvador
Instagram @cafescal

#1 PLACE

파리

텔레스코프 Télescope
많은 바리스타가 추천한 곳이자, 파리 스페셜티 커피업계를 대표하는 카페다. 바리스타가 선정한 유럽 스페셜티 커피 로스터리들의 원두를 골라 마실 수 있다.
Address 5 Rue Villedo, Paris
Instagram @telescopecafe

텐 벨 Ten Belles
자신감 넘치고 친절한 바리스타가 커피를 맛있게 내려 준다. 작은 운하 옆 한적한 동네에 위치해 있지만 동네 사람들로 북적인다. 모든 것이 완벽했던 파리에서 제일 좋았던 카페다.
Address 10 Rue de la Grange aux Belles, Paris
Instagram @tenbelles

카페 루스틱 Café Loustic
위트 넘치는 공간에서 바리스타가 정성들여 만든 카푸치노와 베이커리를 함께 즐기면 그 어느 때보다 입이 즐겁다.
Address 40 Rue Chapon, Paris
Instagram @cafeloustic

리우 데 자네이루

바스타르다 Bastarda
자전거를 좋아하는 바리스타라면 꼭 가봐야 할 카페다. 카페 한쪽에서는 최고의 자전거 용품들을 판매하는데, 커피 역시 수준급이다.
Address R. Von Martius, 325 - Loja F/G - Jardim Botânico, Rio de Janeiro
Instagram @bastarda.cafe

소파 카페 Sofá Café
리우 데 자네이루 시내에서 스페셜티 커피를 즐길 수 있는 곳이다. 브라질 바리스타들의 스페셜티 커피에 대한 열정도 느낄 수 있다.
Address Av. Nossa Sra. de Copacabana, 300 - Loja A - Copacabana, Rio de Janeiro
Instagram @sofacaferj

쿠웨이트

볼륨 원 Vol.1
동그란 커피 바가 재밌는 공간이다. 다양한 시그니처 커피메뉴와 수준 높은 디저트를 즐길 수 있다.
Address Mariam Tower, Mubarak AlKabeer Street, Sharq, Kuwait
Instagram @vol_1kuwait

% 아바리카 쿠웨이트 % Arabica Kuwait Shuwaikh
세계적으로 유명한 <% 아라비카>의 쿠웨이트 지점이다. 일본의 <% 아라비카>와 전등 스위치 하나까지 동일했다. 오픈된 로스팅 공간과 트레이닝 공간이 있어서 그런지 바리스타들의 수준이 높다.
Address 4th Street Building 3, Block 1, Shuwaikh Industrial Shuwaikh Industrial, Kuwait
Instagram @arabica.kuwait

리차드 커피 바 Richard's Coffee Bar
베를린에서 디자인을 공부한 바리스타가 오랫동안 준비해 역사적인 공간에 카페를 오픈했다. 작지만 감각적이다. 쿠웨이트 최고의 힙스터 카페다.
Address Jbla, Al Kuwayt, Al Asimah Governate, Kuwait
Instagram @richardscoffeebar

호치민

보스가우루스 커피 Bosgaurus Coffee Roasters
베트남에서 세계적인 수준의 커피를 만날 수 있는 곳이다. 3년 연속 베트남 바리스타 챔피언을 배출했다. 베트남의 아라비카Arabica 생두를 세계적인 수준으로 끌어올리려는 프로젝트도 진행하고 있다.
Address Saigon Pearl, Bình Thạnh, Ho Chi Minh City
Instagram @bosgauruscoffeeroaster

#1   PLACE

워크숍 커피 The Workshop Coffee
허름한 1층을 지나 낡은 계단을 올라가 보면 완전히 다른 세상이 펼쳐진다. 세계 각국에서 놀러온 커피 애호가들을 만날 수 있다. 베트남에 있지만 베트남이 아닌 듯한 기분이 드는 곳이다.
Address 27 Ngô Đức Kế, Bến Nghé, Quận 1, Hồ Chí Minh

오슬로

팀 윈들보 Tim Wendelboe
완벽하다. 단연코 월드 넘버 원! 지금까지 가본 카페 가운데 제일 맛있는 커피와 가장 친절하고 숙련된 바리스타를 만날 수 있었다. 많은 손님으로 붐비고 사이드 메뉴가 없는 것이 유일한 단점이긴 하다. 하지만 내가 다시 북유럽에 간다면 아마 <팀 윈들보>에 가기 위해서 일 것이다.
Address Grüners gate 1, 0552 Oslo
Instagram @timwendelboe

슈프림 로스트웍스 Supreme Roastworks
월드브루어스컵World Brewers Cup 챔피언이 운영하는 카페다. 카페에 머무는 동안 오슬로 힙스터들은 다 만난 것 같다. <팀 윈들보>가 관광객들이 많이 가는 곳이라면, 이곳은 동네 사람들로 붐빈다. 커피 외에도 샌드위치, 시나몬 롤, 내추럴 와인 등을 즐길 수 있다.
Address Thorvald Meyers gate 18, 0555 Oslo
Instagram @ supremeroastworks

솔베르그&한센 Solberg&Hansen Concept Store
오슬로의 핫플레이스인 마탈렌Mathallen에 플래그십 매장이 있다. 드립 바에서 바리스타들이 칼리타 드리퍼로 커피를 내려주는데 굉장히 부드럽다.
Address 0178, Vulkan 5, 0182 Oslo
Instagram @solbergoghansen

푸글렌 오슬로 Fuglen Oslo

<푸글렌 도쿄>가 너무 익숙하고 편안해서였는지 첫 방문에도 따뜻한 기분이 들었다. 최근에는 로스터리도 오픈했다. 커피가 유명한 곳이지만 북유럽 빈티지 가구 사이에서 칵테일을 마시다 보면 피로가 싹 사라진다.

Address Universitetsgata 2, 0164 Oslo
Instagram @fuglenoslo

코펜하겐

커피 컬렉티브 로스터리 Coffeecollective Roastery

월드컵테이스터스챔피언World Cup Tasters Champion과 월드바리스타챔피언이 함께 카페를 열면? 커피업계의 어벤져스 같은 곳이 바로 <커피 컬렉티브>다. 코펜하겐에 여러 지점이 있지만 한적한 곳에 숨겨져 있는 로스터리가 가장 인상적이다.

Address Godthåbsvej 34B, 2000 Frederiksberg
Instagram @coffeecollectif

프롤로그 커피 바 Prolog Coffee Bar

카페 밖에 놓인 테이블에 앉아 커피와 시나몬 롤을 즐기다 보면 여기가 코펜하겐 최고의 카페가 아닌가 싶다. 그런데 정말 그렇게 되었다. 얼마 전 이곳의 바리스타가 덴마크 바리스타 챔피언이 되기도 했다.

Address Høkerboderne 16, 1712 København
Instagram @prologcoffeebar

유로파 1989 칸티네 Europa 1989 kantiner

이곳에서 코펜하겐의 스페셜티 커피문화가 시작된 것이나 다름없다. 시내 중심에 있어 커피가 중심이라기 보다 식사와 칵테일을 함께 즐길 수 있는 곳이라는 느낌이 강했다. 전형적인 유럽식 카페다.

Address Amagertorv 1, 1160 København
Instagram @europa1989

#1 PLACE

스톡홀름

드롭 커피 로스터스 Drop Coffee Roasters
생동감 넘치는 산미의 커피가 매력적인 곳이다. <메쉬 커피>도 이곳의 로스팅 스타일에서 많은 영향을 받았다. 여러 구역으로 나뉜 공간과 맛있는 커피를 즐길 수 있다.
Address Wollmar Yxkullsgatan 10, 118 50 Stockholm
Instagram @dropcoffeeroasters

요한&니스트롬 Johan&Nyström
샌드위치와 시나몬 롤, 커피를 즐기려는 동네 사람들로 가득하다. 다른 어느 곳보다 진한 커피를 즐길 수 있다.
Address 7, Swedenborgsgatan, 118 48 Stockholm
Instagram @johanochnystrom

바게리 페트루스 Bageri Petrus
매장에서 굽는 시나몬 롤과 호밀빵으로 유명한 곳으로 이곳의 빵을 사기 위해 길게 늘어선 줄이 인상적이다. 게다가 스웨덴 헬싱보리의 세계적인 커피 로스터리인 <코피Koppi>의 원두도 만날 수 있다.
Address Swedenborgsgatan 4B, 118 48 Stockholm
Instagram @bageripetrus

OH YEAH SPECIALTY COFFEE

#2 DRINK

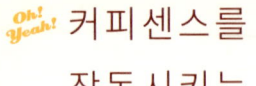 # 커피센스를
작동시키는 법

'오늘은 어떤 커피를 마실까?' 본인이 의식을 하든 못하든 손님들은 항상 이런 물음표를 달고 카페에 들어선다. 이를 보고 바리스타는 찰나의 순간에 손님의 기분이나 컨디션을 파악하는 센스를 발휘해야 한다. 심리 상담사나 의사처럼 전문적으로 상담해 주거나 구체적인 진단과 처방을 내리는 것까지는 아니어도, 사람을 자세히 살피고 최대한 편안하게 머물 수 있도록 배려하는 것이 서비스의 기본이기 때문이다. 스파이더맨이 위험을 감지하는 스파이더 센스를 가진 것처럼 바리스타들도 손님의 기분을 감지하는 '커피센스'가 있다.

대다수의 손님들은 어느 카페에 가도 늘 마시던 메뉴를 찾는 경우가 많아 메뉴판을 자세히 들여다보지 않는다. 커피는 특별한 경험을 위한 음료라기보다 일상적이고 규칙적으로 마시는 데일리 음료일 때가 많기 때문이다. 데일리 음료지만 마시고 즐기는 것만으로도 충분히 기분 전환이 되니 작지만 확실한

#2   DRINK

행복을 느낄 수 있다. 자연스레 카페에서는 아메리카노나 카페라떼와 같은 기본 메뉴가 가장 많이 팔리는데, 요즘에는 카페를 대표하는 시그니처 메뉴를 주문하는 빈도수도 만만치 않다.

만약 카페에서 손님이 메뉴판을 보고 있다면, 그 손님은 우리 매장에 처음 방문했을 확률이 높다. 그와는 또 별개로 단골손님이 메뉴판을 보고 있다면, 이건 큰 사건이다. 〈메쉬 커피〉는 동네 장사로 운영되는 작은 카페라 단골들은 눈빛만 봐도 의중을 알아채는 경우가 많다. 그래서 그들이 카페 문을 열고 들어오면 정해졌다는 듯 익숙하게 메뉴 준비에 나선다. 그런데 단골손님이 평소와는 다르게 메뉴판을 유심히 보고 있다는 것은 긴장해야 한다는 의미다. 손님에게 무슨 일이 생긴 것이다. 이럴 때 바리스타는 커피센스를 최대한 가동해야 한다. 이 손님이 지금 어떤 커피를 원하는 지 재빨리 알아내야 하기 때문이다.
바리스타 경력이 짧았을 때는 커피센스를 작동시키는 법이 서툴러 식은 땀도 여러 번 흘렸다. 소개팅할 때 서로 너무 안 맞아 주고받는 이야기가 툭툭 끊기는 것처럼, 손님의 취향과 바리스타의 추천이 계속 어긋난다면 매우 낭패다. 손님이 우리 카페에 다시 올지 말지에 따라 장사가 잘될지 안될지가 판가름되고, 이는 곧 생존을 위협하는 문제로까지 이어진다.

영업 비밀이지만, 수많은 메뉴와 손님들의 취향 사이에서 조금이나마 실수를 줄이기 위해 추천 멘트를 미리 준비해 둔다. "오늘처럼 흐리고 비도 오는 날에는 당연히 카푸치노죠", "날씨가 이렇게 화창하고 좋은데 아이스 필터 커피 한 잔 어떠세요?"라고 날씨와 관련된 메뉴를 추천할 때가 있는가 하면, 피곤하거나 기분이 영 좋지 않아 보이는 손님들에게는 "오늘 같은 날에는 달콤한 바닐라 라떼가 당기지 않으세요?"나 "단 거 안 좋아하시니까 시럽 아주 살짝만 넣어서 아이스 카페 라떼를 만들어 드릴게요."라고 말하며 당 충전으로 손님의 기분을 끌어올린다. 생일을 맞이하거나 좋은 일이 생긴 손님들에게는 "메뉴에는 없는데 특별한 날이니까 손님을 위해 제 느낌대로 한 잔 만들어 드릴게요"라고 이야기하고 한정 메뉴를 내어 기쁜 일에 경쾌함을 더하기도 한다.

〈메쉬 커피〉가 나름 맛있다고 입소문이 나서인지 일부러 우리를 찾아오는 손님들이 늘었고, "시그니처 메뉴는 뭐예요?" 혹은 "여기서 제일 잘 팔리는 메뉴가 뭐예요? 제일 맛있는 건요?"라고 묻는 손님도 참 많아졌다. 이런 경우에는 커피센스를 발휘해 우선 해당 손님이 커피 애호가인지 일반 손님인지를 파악한 다음 추천에 들어간다.

커피를 가볍게 즐기는 손님들에게는 세상에서 가장 비싼 커피 가운데 하나인 파나마 게이샤Panama Geisha라든가 생두 경연 대회인 컵 오브 엑설런스Cup of Excellence, CoE 에서 수상한 커피를 권하는 것보다 시그니처 메뉴나 아메리카노, 혹은 카페 라떼와 같은 기본 메뉴를 추천한다. 평범한 클래식 메뉴를 권하면 처음에는 실망하는 기색을 보이지만, 커피는 카페마다 서로 다른 특징과 밸런스를 지니고 있기 때문에 곧 〈메쉬 커피〉만의 향미와 재미를 느끼고 만족한다.

#2 DRINK

반면 커피 애호가들에게는 '브라질 디스팅티브 컵 컴페티션Brazil Distinctive Cup Competition에서 수상한 곳이자, 에스피리투 산투Espírito Santo 지역의 해발 1,000m에 위치한 코헤고 다 프라타Córrego da Prata 농장의 카투아이Catuai 품종을 비닐하우스에서 하루에 여덟 번씩 뒤집으며 천천히 건조시킨 펄프드 내추럴pulped-natural 커피'처럼 복잡하고 어렵지만 정말로 남다른 커피를 추천한다. 손님들은 특별한 경험을 해서 좋고, 우리는 이런 커피를 알아주는 손님들을 만나서 기쁘고. 서로가 윈윈win-win할 수 있다.

오늘은 어떤 커피를 마실까? 기분에 따라 편안함을 원한다면 늘 마시던 그 커피를, 모험을 하고 싶은 날이라면 조금 특별한 커피에 도전해 보는 것도 좋다.

진한 커피와 연한 커피

'아메리카노보다는 에스프레소, 아니면 핸드드립 커피지'라며 데미타세demitasse에 내린 에스프레소를 입안에 털어 넣거나 진하게 내린 필터 커피를 마시면서 이게 진짜 커피를 즐기는 방법이고 세상에서 제일 멋있는 것이라고 생각할 때가 있었다. 커피가 진한 만큼 입안을 가득 채우는 풍부한 향미와 기분좋은 쌉쌀함, 그리고 긴 여운이 특히 좋았다. 진한 커피를 마시는 사람이야말로 진정한 커피 애호가라 믿었고 주변에도 그런 바리스타와 손님들이 많았다. 커피를 주문했는데 생각보다 연한 커피가 나오면 물맛만 난다고, 밍밍하다고, 별로라고, 돈이 아깝다고 했다. 커피를 진하게 마시던 시절, 그때는 그랬다.

하지만 여러 해 동안 커피를 내리고 즐기면서 생각이 많이 바뀌었다. 세계 각지의 유명한 커피를 마시러 돌아다니면서 개인의 취향에 따라, 문화권에 따라 다양한 농도의 커피를 마주하기도 했다. 자연스럽게 커피의 다양성에 대한 고민이 시작되었

#2   DRINK

다. 진한 커피를 마시는 사람만 커피 애호가일까? 연한 커피를 마시는 사람은 커피를 덜 좋아하는 걸까?

성수동에 〈메쉬 커피〉를 열면서 그 고민은 더 커져만 갔다. 사람들이 좋아하는 커피와 내가 표현하고자 하는 커피 사이에서 어떻게 갈피를 잡아야 할까? 이에 대한 답을 찾기 위해 김기훈 바리스타와 정말 오랫동안 연구했다. 처음에는 우리가 각자 좋아하는 커피의 농도와 향미를 찾아보고 그 중간 지점을 선택했다. 그러다 어느 순간부터는 익숙한 커피가 아닌 새로운 방향을 찾아보기로 했고, 그 실험의 중심에는 커피의 농도와 추출수율이 있었다.

커피는 농도와 추출수율의 균형이 잘 맞을 때 맛있다. 여기서 추출수율은 커피 추출에 사용한 원두에서 얼마만큼의 커피성분이 커피에 녹아 나왔는지를 측정한 수치를 말한다. 그래서 단순히 커피의 농도가 진하다고 해서 맛이 풍부한 것도 아니고, 반대로 농도가 연하다고 해서 맛이 마냥 밍밍한 것도 아니다. 이를 보기 쉽게 정리한 것이 '커피 브루잉 컨트롤 차트Coffee Brewing Control Chart'다. 커피 추출에 관심이 많고, 조금이라도 더 잘 내리려고 노력하는 사람이라면 커피 브루잉 컨트롤 차트를 공부하거나 관련된 강의를 듣는 것을 추천한다. 겨우 종이 한 장에 불과한 차트지만, 세세히 그 이론과 구조를 설명하려면 책 한 권 분량은 나올 것이다. 여기서는 간략하게 핵심만 알고 지나가자. 브루잉 컨트롤 차트에는 X축과 Y축으로 나뉜 추출수율과 농도의 값이 이상적인 비율을 이루는 범위가 네모 박스

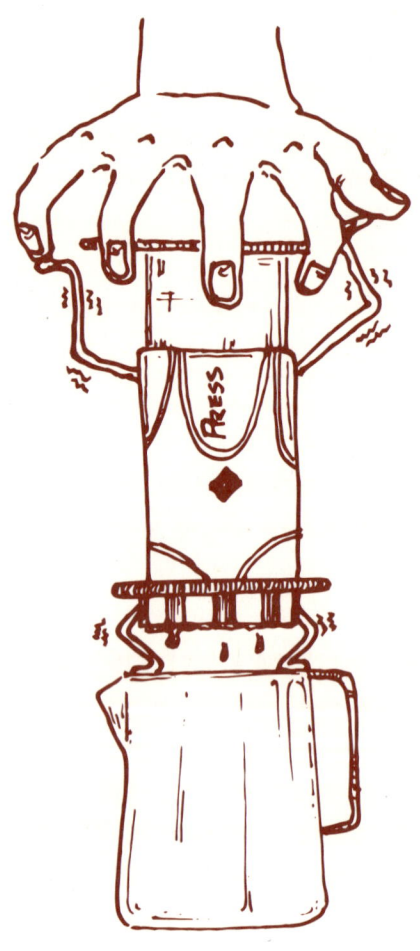

#2 DRINK

로 표시되어 있다. 이 네모 박스 안에 들어가는 커피를 '골든컵 Golden Cup'이라고 부른다.

골든컵의 범위에 들어갔다고 커피맛이 보장되는 것도 아니고, 골든컵이 아니어도 커피가 맛있는 경우도 있어서 브루잉 컨트롤 차트를 신뢰하지 않는 사람들도 있다. 하지만 골든컵은 사람들이 공통적으로 맛있게 느끼는 평균값이고, 무엇보다 농도와 추출수율이 커피맛에 직접적인 영향을 끼치는 것은 분명하다. 그리고 이는 바리스타들이 추출 레시피를 설정하는 데 좋은 기준이 되기도 한다. 종종 집에서 커피를 내릴 때 맛이 없거나 매번 맛이 다른 경우가 있는데, 이는 적정한 농도와 추출수율을 맞추지 못해서 그럴 때가 많다.

쉽게 설명하자면 커피를 진하게 내리고 싶을 때는 원두를 많이 사용하고, 연하게 내리고 싶을 때는 원두량을 줄이면 된다. 단, 이때 추출에 사용하는 물의 양은 고정해야 한다. 커피를 추출할 때 원두와 물의 비율이 중요한 이유도 이러한 농도의 차이가 발생하기 때문이다. 둘 사이에 미세한 변화만 있어도 맛이 크게 달라지는 것을 느낄 수 있다.
좀 더 나아가 농도와 추출수율을 연관지어 보자. 원두와 물의 일정한 비율에서 원두의 양이 많아지면 준비된 물로원두의 커피성분을 다 녹이기가 어려워 농도는 진하지만 추출수율은 다소 낮은 커피가 나온다. 반대로 원두의 양이 적으면 농도는 연해지고 추출수율은 높아진다.

원두량의 차이에서 발생하는 문제는 원두의 분쇄도를 조절하면 간단히 해결할 수도 있다. 보통 바리스타들은 추출 레시피를 설정할 때 추출에 사용하는 원두량은 그대로 유지하고, 먼저 분쇄도만 조절해 원하는 맛을 찾아간다. 원두의 분쇄도를 가늘게 하면 분쇄원두와 물이 만나는 표면적이 넓어져 커피성분이 잘 녹아난다. 이로 인해 추출수율과 농도가 함께 증가하여 촉감은 부드러워지고 달콤하고 묵직한 향미가 도드라진다. 반대로 원두의 분쇄도를 굵게 조절하면 커피성분이 잘 녹지 않아 추출수율과 농도가 함께 떨어지고, 주로 추출 초반에 나오는 산미는 날카로우며 단맛은 부족해 밍밍하고 살짝 떫은맛이 나는 커피가 나올 가능성이 높다. 이때 커피성분을 더 많이 녹이려고 원두를 지나치게 가늘게 분쇄한다면, 추출된 커피에서는 쓰고 진한 맛 외에 어떤 맛도 느껴지지 않으니 주의해야 한다. 모든 커피성분이 좋은 맛만 내는 것은 아니고, 커피에 쓴맛을 내는 성분이 너무 많이 녹아나오면 다른 맛은 느껴지지 않을 때가 많다.

커피의 추출시간과 교반 횟수도 추출수율과 농도에 영향을 미친다. 추출시간이 길어지거나 교반하는 횟수가 늘어나면 커피성분이 많이 녹아나와 추출수율과 농도가 올라간다. 다만 이 변수들은 분쇄도를 조절하는 것보다는 효율성이 떨어져 추출 레시피를 살짝 다듬을 때만 적용한다.

추출수율이나 분쇄도 등 수치와 관련된 이야기가 많아 복잡하게 보일 수도 있다. 하지만 한 번 이해하면 기본적인 원리는 간단하다. 이러한 방식으로 여러 번에 걸친 실험을 통해 확정된

#2 DRINK

〈메쉬 커피〉의 추출 레시피는 국내의 다른 카페들보다 농도는 조금 연했고, 추출수율은 다소 높아 부드러우면서도 커피의 개성이 잘 드러나는 독특한 밸런스를 이뤘다. 이 환상적인 궁합으로 진한 커피를 부담스러워 하는 손님도, 묵직한 커피를 원하는 손님도 모두 만족시킬 수 있으리라 생각했다.

하지만 카페에 오는 손님들이 대부분 이제 막 커피맛을 알아가기 시작한 사람들이 많아서 그런지, 여전히 더 연한 커피를 찾았다. 이에 추출 레시피를 좀 더 편하게 마실 수 있는 방향으로 수정했다.

커피 애호가들은 대체로 진한 커피를 좋아한다는 편견이 이때 깨졌다. 농도가 다소 연해 누구나 편하게 마실 수 있는 레시피로 바꿔도 커피를 즐기는 사람들은 여전히 우리 커피를 좋아했다. 긴 고민이 끝났다. 사람들은 무엇보다 균형을 잘 맞춰 내린 맛있는 커피를 원했다.

<메쉬 커피>의 자세한 커피 추출 레시피는 파트 #5 TIP에서 확인할 수 있다.

최적의 온도란 없다

사람들은 커피가 제일 맛있는 온도를 궁금해 한다. 맥주나 와인 등 각종 음료를 마시기 좋은 최적의 온도에 대해 매체에서 콕 찝어 기사화하는 것만 봐도 알 수 있다. 하지만 적절한, 최고, 제일 이런 말들이 들어가면 커피는 참 어려워진다. 사람마다 선호하는 온도의 기준이 너무 다르기 때문이다. 혀가 델 정도로 뜨거운 커피를 만들어 달라는 손님부터 미지근하게 75℃ 정도로 커피를 내드려도 얼음 한두 알 정도 넣어 달라는 손님까지 폭이 참 넓다.

사실 커피는 한 잔을 다 비울 때까지 온도가 계속 변하고, 그에 따라 맛과 향도 달라진다. 변화를 즐기는 음료라는 말이 딱 맞다. 커피를 내린 직후, 온도가 가장 높을 때는 코끝에 향긋하게 맴도는 아로마가 가장 잘 느껴진다. 다만 커피를 마시기에는 조금 뜨거워 맛을 온전히 즐기기는 쉽지 않다. 커피가 점점 식어가면서 기분 좋은 산미와 함께 다양한 플레이버들이 하나

#2   DRINK

둘 모습을 드러낸다. 누가 마셔도 '아 복숭아다'라고 느껴지는 특정한 테이스팅 노트tasting note들이 나타났다가 갑자기 사라지기도 하고, 더욱 강해지기도 하며 입안에서 살아 움직인다. 그래서 어떤 온도에서 커피가 제일 맛있는지 말하기가 곤란하다. 다만 맛없는 커피는 그나마 뜨거운 맛에라도 마실 수 있다.

옛날에는 커피가 식으면 맛이 없다고 생각했던 것 같다. 커피는 뜨거울 때 호로록 마셔야 제맛이라고 했으니 말이다. 그 당시의 카페에서는 품질이 그다지 좋지 않은 원두를 사용하기도 했고, 추출법이 지금처럼 발달하지 않아서 그랬을 수도 있다. 하지만 지금은 커피의 온도가 실온과 비슷한 정도로 떨어져도 여전히 맛이 아름다운 커피들을 자주 찾아볼 수 있다. 커피는 재료부터 추출까지 모든 게 잘 관리되어야 처음 입에 댄 순간부터 빈 잔을 내려놓을 때까지 맛있는 법이다.

그래서 파나마 게이샤나 CoE에서 높은 점수를 기록한 커피처럼 품질이 뛰어난 커피를 손님에게 낼 때면 보통 이런 말을 함께 전한다.
"커피의 맛이 계속 변하는 것을 느껴보세요. 너무 맛있어서 한 번에 다 드시면 커피가 식어가면서 드러나는 새로운 향미를 놓치실 지도 몰라요. 조금 드시고 기다렸다 다시 드시고, 컵이 식을 때까지 여러 번에 나눠서 드세요."

커피를 즐기는 온도는 나라마다 다르게 적용되기도 한다. 전통적인 커피시장인 유럽과 호주에서는 커피를 따뜻하게 마신다. 만약 차가운 커피를 요청하면 바리스타들이 난감해 하는 모습을 볼 수 있다. 우리 입장에서야 '커피에 얼음만 넣으면 되는데 뭐가 어렵다는 거지?'하며 의아해 하겠지만 말이다. 유럽이나 호주의 카페에서 차가운 커피를 마시고 싶다면 커피 칵테일을 주문하면 된다. 아이스크림을 올린 호주의 썸머 라떼 Summer Latte나 오지 라떼 Aussie Latte, 이탈리아의 카푸치노 알프레도 Cappuccino Alfredo, 샤커레또 Shakerrato가 대표적이다.
그래도 '아아(아이스 아메리카노)'를 너무나 사랑하는 우리나라 사람들은 꼼수를 발견했다. 커피를 주문하고 얼음 잔을 따로 달라고 하는 것. 식사할 때마다 밥 한술에 어울리는 반찬을 올려 먹고, 고기는 스스로 구워 취향대로 이것저것 곁들여 쌈 싸 먹는 문화 덕분에 다들 알아서 척척 잘한다.

우리가 사랑하는 차가운 커피에 대한 이야기가 나와서 하는 말인데, 호주 혹은 뉴질랜드가 발명한 전 세계 히트 상품이자

#2 DRINK

누가 원조인지, 진짜 레시피는 무엇인지 명쾌한 답을 찾을 수가 없어 여전히 궁금증을 자아내는 플랫 화이트Flat White는 당연히 따뜻하게 제공되는 커피다. 그런데 한국에서는 아이스 플랫 화이트가 대세다. 아마 호주나 뉴질랜드 바리스타들에게 아이스 플랫 화이트를 주문하면 '아이스 플랫 화이트? 플랫 화이트는 우유를 데워 우유거품을 살짝 올려야 하는데... 이거 어떻게 만들지?'라고 생각할 게 뻔하다. 메뉴판에 아이스 플랫 화이트가 없다고 슬퍼할 분들에게 팁을 드리자면, '아이스 라떼에서 우유는 적게, 에스프레소는 더블샷으로 넣어 주세요'라고 주문하면 된다.

개인적으로는 아이스 플랫 화이트를 선호하지 않지만, '아아'는 사랑한다. 한여름 시원하게 마시는 아이스 아메리카노는 그 이름만 들어도 갈증이 달아난다. 아이스 아메리카노에서 커피의 매력이 가장 잘 느껴지는 순간은 에스프레소가 얼음에 섞여 차가워지기 직전이다. 그래서 얼음 잔에 에스프레소가 막 부어진 순간, 약간은 미지근하다 싶은 그 순간에 커피를 마시는 것을 참 좋아한다. 그래도 무더운 여름엔 머리가 띵해질 정도로 시원한 맛이 최고다.

차가운 커피는 따뜻한 커피를 마실 때보다 산미도 더 선명하게 느껴진다. 음료의 온도가 내려가 달콤한 맛을 잘 느끼지 못하기 때문인데, 균형감 있는 산미는 시원한 커피를 더욱 청량하게 만든다.

새콤달콤

사람들이 '이 커피는 단맛이 좋군', '이건 산미가 매력적인 커피야'라고 이야기하는 것을 들어본 적이 있는가? 산미와 단맛. 이 두 단어만으로 커피맛을 그럴듯하게 설명할 수 있을 것 같기도 하다. 흔히 단맛이 좋다고 표현하는 커피는 정말로 달콤한 맛이 난다기보다 달콤한 '향'이 나는 것에 가깝다. 캐러멜이나 밀크 초콜릿, 꿀, 혹은 과일과 꽃에서 느껴지는 달콤한 향에 빗대어, 커피가 달다고 느끼는 것이다. 특히 다크 로스팅된 커피에서 단맛의 매력을 발견하기 쉽다. 이런 커피는 산미가 적고 달콤쌉쌀하기 마련인데, 그 가운데 주인공은 단연 달콤함이다.

산미는 커피뿐 아니라 모든 음식에서 재미와 활력을 더하는 역할을 한다. 요리하면서 어딘가 맛이 부족하다고 느낄 때 레몬즙이나 식초를 약간 넣어 주면 맛이 살아난다. 커피에서는 포도나 사과에서 느낄 수 있는 산미가 연상되면 맛이 우아한 느낌을 받을 수 있고, 레몬이나 오렌지를 떠오르게 하는 산미는

#2 DRINK

주스를 마시는 것 같은 청량감을 준다. 블루베리나 말린 과일에서 느껴지는 낮은 톤의 부드러운 산미는 신맛을 부담스러워하는 사람들도 친숙하게 여긴다.
물론 모든 산미가 긍정적인 것은 아니다. 커피에도 부정적인 산미가 있는데, 이런 커피를 경험한 사람들은 산미가 조금이라도 있는 커피에 강한 거부감을 가지는 경우가 많다. 가끔 와인이 떠오를 만큼 좋은 산미가 담긴 커피라도 로스팅이나 추출이 잘못되면 식초처럼 쏘거나 쉰 김치처럼 시큼한 맛이 난다.

커피에서는 과일이 연상되거나 맛에 생동감을 더하는 산미를 좋은 산미라 평가한다. 〈메쉬 커피〉에서는 커피를 추천할 때 산미가 있는 커피와 산미가 강한 커피만 있다고 농담할 정도로 커피의 산미를 즐긴다. 산미를 뒷받침하는 단맛이 적절하게 느껴지면 더할 나위 없다. 새콤달콤함은 누구나 좋아하니까. 아슬아슬하게 산미가 강한 커피는 나름대로 아찔한 매력이 있다.

산미와 단맛은 서로 균형을 이룰 때 각자의 힘을 발휘한다. 산미만 강조되면 맛이 날카롭고, 단맛이 너무 강해지면 커피가 짐짐하고 지루해지기 쉽다. 그래서 바리스타들은 커피마다 고유의 매력이 잘 드러나면서 이 둘이 적절히 조화를 이루는 포인트를 찾아 맛을 끌어낸다.
커피의 산미는 쉽게 인지할 수 있는 반면에, 단맛을 느끼는 것은 어렵다고 말하는 사람들이 있다. 사람에 따라 맛의 강도를 받아 들이는 정도가 다르기 때문이다. 참고로 커피의 단맛은 설탕 시럽을 넣은 것처럼 마냥 달달한 느낌이 아니다. 커피향미를 구별하는 훈련을 할 때 단맛 수용액을 맛보게 되는데, 미량의 설탕이 들어 있다는 걸 살짝 느낄 수 있을 정도다. 이 약간의 달콤함이 부드럽고 복합적인 커피맛을 끌어낸다. 참 소중한 존재다.

커피에 설탕과 우유를 넣는 것이 죄가 될까

커피를 너무나 사랑하는 사람들이 좋아하지 않는 단어가 있다. 바로 설탕과 우유다. 내가 가장 좋아하는 카페에서는 매장 한쪽에 '시럽 없음'을 크게 써넣어 액자로 걸어 놓기도 했다. 커피를 향한 무한한 사랑이 느껴지는 대목으로 정말 멋있다고 생각한다.

사실 좋은 커피는 그 자체만으로도 완벽하여 설탕이나 우유의 도움이 필요 없다. 오히려 커피맛을 온전히 즐기는 데 방해가 될 뿐이다. 카페에 오는 손님들도 이제는 그 사실을 잘 인지하고 있는 듯하다. 설탕이나 시럽이 없으면 커피를 마시지 못하는 과장님과 그것을 보고 촌스러운 사람이라고 놀려대는 부하 직원만 봐도 알 수 있다. 트렌디한 사람이 되는 것은 차치한다 해도, 기본적으로 건강과 다이어트에 목숨을 거는 우리나라 사람들은 설탕에 대한 인식이 좋지 않다.

몇 년 전 세계 최고라 자부하는 한 레스토랑에서 코스의 맨 마지막에 제공되는 커피를 스페셜티 커피로 바꾼 적이 있었다. 소믈리에가 와인을 골라 서비스하는 것처럼, 바리스타가 원두를 선별하고 이를 손님들 앞에서 알맞게 내리기 위해 전 세계에서 제일 잘 나가는 바리스타인 팀 원들보Tim Wendelboe와 함께 6개월 동안 치밀하게 준비한 것이다. 완벽을 추구하는 월드 클래스 레스토랑다웠다. 이에 저명한 요리 비평가가 레스토랑을 방문했고 코스 말미에 그토록 공들인 커피가 나왔다. 그리고 그 비평가는 바리스타를 불러 이렇게 이야기했다.
"여기 설탕이랑 크림 좀 주세요."

이 레스토랑은 월드 50 베스트 레스토랑The World's 50 Best Restaurants 순위에서 여러 차례 1위를 한 덴마크의 〈노마Noma〉였고, 요리사는 업계를 선도하는 르네 레드제피René Redzepi였다. 그는 커피하는 사람들이 모인 세미나에서 완벽한 커피를 서빙하기 위해 자신과 스태프들이 애쓴 지난날의 노력과는 반대로 사람들이 커피에 대해 가지고 있는 편견을 깨기는 힘들다며 이 에피소드를 언급했다. 습관과 편견은 이렇게 무섭다.

여기에 덧붙여 외국에서 바리스타로 일하다 한국으로 귀국한 사람들의 이야기를 들어 보면, 해외는 스페셜티 커피문화가 많이 발달해 생두 자체가 지닌 매력을 강조하는 로스팅 방식이 자리잡아 커피의 쓴맛이 비교적 적음에도 불구하고, 설탕을 넣어 커피를 즐기는 사람들의 비율이 아직도 높다고 한다. 오히려 한국 사람들이 설탕을 덜 넣어 마시는 것 같다고도 말한다. 블랙커피를 사랑하는 커피 순수주의자들에게는 힘이 빠지는

#2 DRINK

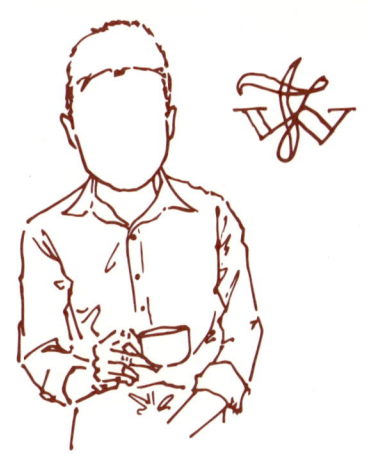

이야기로 들리겠지만, 여전히 사람들에게 커피는 커피다. 그저 피곤함을 이겨내기 위해 카페인을 충전할 음료이거나 편히 쉬면서 마시는 쓴맛이 나는 검은 음료일 때가 더 많을 것이다. 고백하건대 나는 아이스 카페 라떼에 시럽을 적당히 넣은 커피를 정말 사랑한다. 그리고 카푸치노 위에 설탕을 살짝 뿌려 먹는 것도 좋아한다. 일본 교토에 가면 바리스타가 정성스럽게 내린 진한 강배전 커피에 설탕과 크림을 넣는 것을 서슴지 않는다. 이유는 간단하다. 더 맛있어 지니까!

역사적으로 살펴보면 유럽인들이 본격적으로 커피를 마시기 시작한 것은 17세기 즈음이다. 그때는 농사법이나 가공방식, 유통 등 모든 부분에서 지금보다 열악한 환경이었다는 것을 고려하면, 그 당시 커피는 그다지 맛이 뛰어나지 않았을 것이다.

게다가 우리가 커피를 처음 접했을 때와 비슷한 느낌으로 커피를 마시지 않았을까? 낯설지만 어딘가 독특한 매력이 있는 외국 문물. 마시면 이상하게 기분이 좋아지고 정신은 또렷해지며 힘이 나는 음료. 그래도 커피 특유의 쓴맛은 좀처럼 견디기 힘들었을 것이다.

오스만 제국의 침략으로부터 오스트리아를 지킨 영웅 게오르그 프란츠 콜쉬츠키Georg Franz Kolschitzky는 포상으로 오스만 튀르크 군인들이 가져온 커피를 원했고, 그 커피로 비엔나 최초의 커피하우스를 차렸다. 하지만 낯설기 만한 아랍 스타일의 커피로는 장사가 잘되지 않았고, 한참을 고민하던 그는 블랙커피에 유럽 사람들의 기호에 맞게 설탕과 우유를 넣어 달콤하고 부드럽게 커피를 만들어 팔기 시작했다. 그야말로 대박이 났다. 콜쉬츠키가 차린 커피하우스의 이름을 영어로 하면 '블루 바틀blue bottle'이다. 스페셜티 커피회사 중 가장 대중적인 느낌이 강한 지금의 〈블루 보틀 커피〉가 그래서 잘 나가는 건지도 모른다.

사실 커피에 설탕과 우유를 넣는 것은 지극히 자연스러운 일이다. 맛있으니까. 맛없고 낯선 것을 맛있고 익숙하게 만들면 사람들은 좋아할 수밖에 없다. 에스프레소 마끼아또Espresso Macchiato, 카푸치노, 카페 라떼, 카페 모카, 카페 오 레Café au Lait, 아인슈페너Einspanner, 카페 콘 레체Café con Leche 등 우유 베리에이션의 클래식 메뉴들이 굉장히 많다. 프라푸치노Frappuccino와 캐러멜 마끼아토로 대표되는 〈스타벅스〉식의 엄청난 베리에이션 음료만 봐도 커피와 우유, 설탕이 얼마나 잘 어울리는지 알 수

#2　DRINK

있다. 게다가 연유로 만드는 베트남식 커피인 카페 쓰어다ca phe sua da와 라틴 국가들의 전통 커피인 카페 봄본Café Bom Bón은 달콤한 맛이 놀라울 정도다.

커피에 설탕을 넣으면 쓴맛은 줄어들고 달콤한 향미는 더 강해진다. 우리가 커피에서 느낄 수 있는 산미와 쓴맛을 조화롭게 만드는 데 적당량의 설탕처럼 완벽한 것은 없다. '단짠단짠'처럼 무서운 것이 새콤달콤, 달콤쌉쌀이 아닐까? 에스프레소에 설탕을 넣어 마시는 습관이 뼛속까지 밴 이탈리아 사람이자 둘도 없는 친구인 신시아 리나르디Cinzia Linardi에게 전해 들은 이야기가 있다. 에스프레소에 설탕을 넣었는데도 여전히 기분 나쁜 쓴맛이 난다면 분명 재료가 나쁜 것이라고. 아주 쉽고 빠르게 좋은 커피와 나쁜 커피를 판별하는 법이라며 귀띔해 주었다. 참고로 신시아는 전 세계의 커피 테이스팅 실력자들을 가르는 월드컵테이스터스챔피언십에서 아깝게 2등한 친구여서 커피맛 하나는 끝내주게 잘 아니 믿을 수 있는 조언이다. 설탕으로도 감출 수 없는 쓴맛이라니. 누구보다 커피를 잘 알고 있는 바리스타로서 그러한 커피가 어떤 상태일지 상상해 보니 정말로 공포스러웠다.

우유가 지닌 풍부함과 달콤함, 부드러움은 커피와 섞이면 따로 마셨을 때는 느끼지 못했던 새로운 맛이 나온다. 에스프레소 마끼아토와 플랫 화이트, 카푸치노, 카페 라떼는 우유와 커피의 비율만 다른 메뉴인데도 불구하고 또 그 맛은 천차만별이다. 취향에 따라, 기분에 따라 마음에 드는 것을 고르면 된다. 여기에 설탕까지 더한다면? 생각만으로도 맛이 그려진다. 우리가 잘 알고 누구나 좋아하는 그 맛! 내가 제일 좋아하는 '아이스 카페 라떼 시럽 넣고!'

다만 모든 음식이 그렇듯 배합이 중요하다. 설탕이 많이 들어가 지나치게 달거나 커피에 비해 우유가 너무 많아 커피맛이 묻히면 맛이 없는 게 당연하다. 다만 사람마다 맛있다고 느끼는 적절한 비율과 균형감은 조금씩 다르기 때문에 기호의 차이는 있다.

#2 클래식은 영원하다

카페 메뉴판에 적힌 다양한 음료들 가운데 중국집의 짜장면, 짬뽕과 같이 사람들이 가장 좋아하고 많이 찾는 메뉴들이 있다. 이들을 커피의 기본, 클래식 메뉴라 부르며 전 세계 어느 카페에서나 만날 수 있는 만국 공통 메뉴다. 어느 분야든 기본기가 가장 중요하듯, 카페에서 클래식 메뉴는 그 카페의 정체성을 나타내기도 한다.

에스프레소&아메리카노
심플 이즈 베스트. 가장 기본적이고 단순한 블랙커피가 최고다. 에스프레소는 에스프레소 머신의 높은 압력을 이용해서 곱게 분쇄한 원두를 빠르게 내린 진한 커피다. 예전에는 '커피의 심장'이라고 불릴 만큼 핵심적인 메뉴였다. 에스프레소를 처음 마주하면 너무 적은 양에 놀라고 강렬한 맛에 다시 한 번 놀랄 것이다. 하지만 에스프레소를 마시는 것에 익숙해지면, 이탈리아 사람처럼 커피 바에 살짝 기대서 작은 잔의 손잡이를

가볍게 쥐고 두어 모금 홀짝인 다음 쿨하게 밖으로 나서는 멋도 누릴 수 있다.

에스프레소는 다른 음료를 만드는 베이스가 되기도 한다. 에스프레소 문화가 전 세계로 퍼진 이유 중 하나는 진하게 내린 커피를 활용해서 여러 가지 음료를 제조할 수 있었기 때문이다. 커피를 만드는 바리스타에게 에스프레소가 그 어떤 메뉴보다 중요한 것도 그러한 이유에서다. 바리스타들은 끝내주는 에스프레소를 내리기 위해 고민하고 끊임없이 연구한다.

하지만 커피 애호가나 바리스타 외에 카페에서 에스프레소를 주문하는 사람들은 외국에서 오래 생활했거나 여행 중 우연히 마신 에스프레소의 매력에 빠진 사람들이 전부다. 혹은 친

#2 DRINK

한 바리스타가 강력하게 설득해서 마시기 시작했거나. 그만큼 에스프레소 자체는 한국에서 대중적인 음료가 아니다. 하지만 판매량이 아무리 적어도 메뉴판에서 에스프레소를 빼기는 쉽지 않다. 바리스타에게 에스프레소는 일종의 자존심이기 때문이다. 간혹 메뉴판에 에스프레소가 없다고 해도, 카페에 에스프레소 머신이 있다면 당연히 에스프레소를 주문할 수 있다.

진한 에스프레소가 주는 매력은 아무리 설명해도 부족하지만 이탈리아가 아닌 한국에선 하루에 많이 팔려야 겨우 몇 잔이다. 대신 부드러운 아메리카노는 카페 매출의 절반 이상을 차지한다. 아메리카노의 정확한 명칭은 에스프레소를 물로 희석한 미국식 연한 커피를 뜻하는 '카페 아메리카노'지만, 크게 신경쓰지 않아도 된다. 세계 어디를 가도 카페에서 '아메리카노'라고 하면 우리가 아는 그 커피가 나온다.

아메리카노가 상대적으로 연하고 대중적인 커피라고 해서 가볍게 여길 수는 없다. 잘 추출된 에스프레소로 만든 아메리카노는 확실히 맛있다. 심지어 에스프레소 자체가 맛있는 추출 레시피와 아메리카노로 만들었을 때 맛있는 에스프레소 추출 레시피는 조금 다르다. 〈메쉬 커피〉의 경우 에스프레소 자체를 즐기는 추출 레시피는 조금 연하게 추출해 향미가 잘 드러나게 하고, 물에 희석하는 아메리카노는 좀 더 진하게 추출해 물과 에스프레소의 균형을 잡는다. 커피의 농도를 측정하는 굴절계를 기준으로 보면, 에스프레소는 TDSTotal Dissolved Solids(총 용존 고형물, 커피에 용해된 가용성 고형분의 양을 나타내는 수치)가 8 정도, 아메리카노용 에스프레소는 8.5일 때 맛있다. 물론 커피를 추출할 때 사용하는 원두와 개인의 취향에 따라 수치는 상대적으로 작용한다.

이런 식으로 아메리카노가 맛있는 에스프레소 추출 레시피를 꼼꼼하게 설계해서 커피를 만들면, 에스프레소만 마셨을 때는 눈치채지 못했던 섬세하고 부드러운 커피의 매력이 더욱 잘 느껴진다. 〈메쉬 커피〉에서도 많은 사람들이 찾는 아메리카노에 초점을 맞춰서 에스프레소의 기본 추출 세팅값을 정하는 경우가 많다.

카푸치노&카페 라떼
예전에 이탈리아를 방문했을 때, 사람들이 에스프레소만큼이나 카푸치노를 자주 마시는 모습을 봤다. 주로 카푸치노에 크로와상을 곁들여 아침 식사를 한다고 하는데, 달콤하고 부드러운 카푸치노는 꼭 아침이 아닌 하루 중 어느 때에 마셔도 늘 맛있다.
카푸치노나 카페 라떼는 진한 에스프레소에 부드럽게 거품을 낸 우유를 더해 풍부한 맛을 표현한 커피다. 특히 카푸치노는 '카푸친 작은 형제회 Order of Friars Minor Capuchin'라는 수도회의 수도사들이 입던 갈색 사제복에서 이름이 유래되었다. 수도사들의 독특한 머리 모양이 카푸치노의 갈색 링과 비슷해서 이름이 붙여졌다는 재밌는 설도 있지만 사실과 다르다.

카푸치노는 거품을 내면서 따뜻하게 데운 우유를 에스프레소에 부어 만드는데, 과정이 단순해 보이지만 맛있게 만들기가

#2 DRINK

생각보다 정말 어렵다. 에스프레소와 우유, 우유거품이 적절한 조화를 이루어야 하는데, 커피업계에서는 흔히 에스프레소:우유:우유거품의 비율을 1:1:1로 맞춰야 한다고 이야기한다. 카푸치노 잔을 3등분 했을 때 가장 아랫부분이 에스프레소, 가운데는 우유, 그리고 맨 위에는 우유거품을 올린 것을 두고 대략적인 비율을 정한 것이다. 하지만 실제로 음료를 제조하다 보면 에스프레소와 우유는 섞이기 마련이고, 우유거품과 우유의 경계도 명확하지 않다.
재료의 비율뿐만 아니라 우유거품의 질감도 맛있는 카푸치노를 완성하는 데 큰 영향을 미친다. 이를 점검하기 위해 바리스타들은 간단한 테스트를 진행한다. 작은 스푼으로 카푸치노 표면을 살짝 밀어 보는 것인데, 이때 우유거품이 부드럽게 밀리면서 입자가 큰 거품이 없고, 아래층의 커피가 바로 보이지 않으면 우선 외형적으로는 합격이다. 그리고 한 모금 마셨을 때 에스프레소의 향미와 우유의 단맛이 잘 어우러지면 좋은 카푸치노라고 할 수 있다. 우유의 맛이 너무 강하게 느껴져 커피 자체가 밍밍하거나, 반대로 에스프레소가 너무 강해 우유의 단맛을 살리지 못하면 좋은 평가를 받지 못한다. 에스프레소와 우유가 만나 부드럽게 섞이면서 새로운 맛을 만들어 낸다면 가장 이상적인 카푸치노라 할 수 있다.

카푸치노의 부드러운 우유거품은 커피의 온도를 유지하는 역할을 하기도 한다. 예전에는 카푸치노를 만들 때 75℃에 맞춰서 우유를 데우는 것이 정석이었다. 이 온도에서 우유를 데우면 단백질이 잘 응고되어 안정적인 우유거품을 만들 수 있다.

이렇게 완성된 우유거품은 구조가 탄탄하여 잔 위로 볼록하게 올라와도 넘치지 않고 형태가 오래 유지되며, 따뜻한 커피가 식는 것을 늦춘다. 대신 우유와 우유거품은 확연히 분리된다. 이러한 카푸치노를 드라이 카푸치노dry cappuccino라고 부르며, 우리가 카푸치노하면 흔히 떠올리는 커피다. 드라이 카푸치노를 제조할 때는 지방함량이 비교적 적은 우유를 사용하는데, 고소한 향과 부드러운 촉감을 주는 우유의 지방성분은 우유거품이 안정화되는 것을 방해하기 때문이다.

이에 반해 요즘에는 부드러운 우유거품의 촉감을 살리면서 커피가 지닌 본래의 향미도 잘 느껴지는 온도로 우유를 스티밍해 카푸치노를 만든다. 이때는 마시기 딱 좋은 온도인 55~65℃를 기준으로 삼아 우유를 데우는데, 우유 전체에 공기를 주입한 다음 고르게 섞기 때문에 우유거품과 우유의 경계가 모호해진다. 대신 에스프레소의 갈색 크레마crema와 하얀 우유가 자연스럽게 섞이면서 모양을 그리는 라떼아트latte art를 표현할 수 있다. 다만 오래전부터 카푸치노를 즐겨 마시던 사람들에게 이러한 방식의 카푸치노는 너무 미지근하게 느껴질 수도 있다. 그래서 옛날처럼 드라이 카푸치노로 만들어 달라고 요청하는 손님들도 종종 있다. 이전의 카푸치노가 잘못된 방식은 아니기 때문에, 이런 손님들에겐 양해를 구하고 다시 드라이 카푸치노를 만들어 드리면서 그 손님의 취향을 꼭 기억해 둔다.

드라이 카푸치노를 좋아하는 손님들은 대부분 카푸치노 위에 시나몬 가루나 초콜릿 가루를 뿌려 달라고 하는 경우가 많다. 예전에는 우유거품 위에 뿌려진 시나몬 가루로 카푸치노와 카

#2 DRINK

페 라떼를 구별하는 사람도 많았다.
바리스타 가운데 일부는 카푸치노 위에 무언가를 뿌리는 것이 커피맛을 즐기는 데 방해가 된다고 여긴다. 커피의 품질이 지금보다 좋지 않았던 시절에 커피의 부정적인 향미를 가리기 위해 향신료를 더했다고 생각하기 때문이다. 그런데 시나몬이나 초콜릿 가루를 뿌린 카푸치노도 나름의 매력이 있다. 넛맥nutmeg이나 카다멈cardamom 같은 향신료를 뿌려서 마셔 보면 생각보다 커피와 잘 어울린다고 느낄 것이다. 아랍에서는 향신료를 넣은 커피를 예전부터 많이 마셨는데, 그와 비슷한 이국적인 느낌이 일품이다.
카푸치노 위에 설탕을 솔솔 뿌려서 달콤하게 즐기는 방법도 있다. 바리스타로 일하기 전에는 내가 제일 좋아하던 스타일의 커피였다.

이렇게 다양하게 즐길 수 있는 카푸치노지만 카페 라떼의 인기에는 당할 수가 없다. 카페 라떼는 아메리카노와 함께 카페 매출의 톱을 차지한다. 에스프레소와 아메리카노를 보는 심정과 같다. 커피 애호가는 카푸치노, 대중들은 카페 라떼. 아무래도 우유의 양이 더 많은 카페 라떼가 부담없이 즐기기에 좋기 때문일 것이다. 커피를 즐기지 않는 사람이라도 카페 라떼에 대해서는 거부감이 적고, 커피를 즐기기 시작한 사람들을 더 깊은 커피의 세계로 인도하기 위해서는 이보다 좋은 메뉴가 없다.

앞서 에스프레소와 아메리카노를 비교하며 말한 것처럼, 카푸치노나 카페 라떼가 맛있는 에스프레소 추출 레시피는 또 다르다. 아무래도 우유와 섞이려면 에스프레소는 좀 더 진해야 한다. TDS를 기준으로 9, 혹은 이보다 좀 더 진한 농도가 잘 어울린다.

이전에는 카푸치노와 카페 라떼를 나누는 기준이 시나몬 가루의 여부나 우유거품의 양이었지만, 요즘에는 우유거품의 질 자체가 달라져서 그 구분이 애매해 졌다. 정확하게 구별하려면 에스프레소와 우유의 비율을 봐야 한다. 확실히 카페 라떼가 우유의 비율이 더 높다. 우유의 양이 많다 보니 자연스럽게 컵 사이즈도 약간 더 크다. 〈메쉬 커피〉에서는 이 둘을 정확하게 구별하기 위해 우유의 양을 정해 두었다. 카푸치노는 150g, 카페 라떼는 200g. 이때는 꼭 저울을 사용해 정확히 계량하는데, 우유의 양이 단 몇 그램만 차이가 나도 맛이 미묘하게 달라지기 때문이다.

카페 모카

칼로리도 카페인 함량도 높지만 피로가 쌓이고 기력이 없을 때는 카페 모카만한 것이 없다. 카페 모카는 에스프레소에 우유와 초콜릿이 들어가는 메뉴로, 농도가 짙고 아주 달콤하면서도 쌉쌀한 맛이 특징이다.

초콜릿과 커피는 닮은 점이 많다. 세세한 과정은 다르겠지만 큰 틀에서 보면 열매를 수확해 가공하고 로스팅해서 원재료를 만든다는 공식은 같다. 우유나 설탕과 잘 어우러지는 것도 마찬가지다. 게다가 초콜릿에도 커피처럼 카페인이 들어 있다. 아랍 사람들이 커피를 즐긴 이유와 마찬가지로 초콜릿도 중미

#2 DRINK

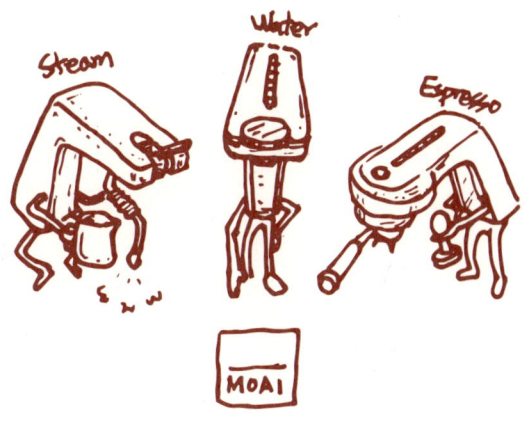

지역의 원주민들이 원기 회복을 위해 마시던 것이 유럽으로 건너가 널리 퍼졌다. 커피에서 초콜릿 향미를 느끼기도 하고, 초콜릿에서 커피향미를 느끼기도 한다. 커피에서 꽃향기나 과일 맛이 느껴지는 것처럼 초콜릿도 그렇다.

서로 비슷하고 잘 어울리는 만큼 커피에 초콜릿이 들어간 카페 모카는 생각보다 역사가 오래된 클래식 메뉴다. 모카Mocha 라는 말은 예멘의 모카 지역에서 재배되던 커피품종에서 유래했다. 이 품종은 초콜릿 향미로 유명했지만 구하기가 어려웠다. 이에 다른 품종으로 만든 커피에 초콜릿을 넣어 향미를 재현하려고 했고, 그 영향으로 초콜릿이 들어간 커피를 카페 모카라고 부르기 시작했다. 카페 모카가 인기를 끌자 식음료 업계 전반에서 커피나 초콜릿이 들어 있다는 의미로 '모카'라는 단어를 쓰기 시작했다.

우리가 흔히 마시는 카페 모카는 에스프레소에 초콜릿과 우유를 넣고 그 위에 달콤한 휘핑 크림을 올린 것이다. 이런 조합은 웬만해선 맛없기 힘들다. 다만 카페 모카에 다크 초콜릿을 사용할 때는 에스프레소와의 조화를 신중히 고려해야 한다. 스페셜티 커피에서 과일의 산미를 느낄 수 있는 것처럼, 싱글 오리진 카카오로 만든 다크 초콜릿에서도 포도나 크랜베리 같은 산미를 접할 수 있다. 각각을 따로 먹었을 때는 훌륭하지만, 두 가지가 한데 섞이면 산미가 극도로 날카로워지고 전체적인 향미가 어우러지지 않아 균형이 깨질 수 있으니 유의해야 한다.

필터 커피

브루잉 커피, 푸어오버pour-over 커피, 드립 커피 등 여러 명칭이 있지만, 이들을 통칭해서 필터 커피라는 말을 많이 쓴다. 종이나 천, 때로는 금속 필터를 이용해 커피를 걸렀다는 의미로 붙여진 이름이다. 아메리카노와 같은 블랙커피지만, 보통 20μ(미크론micron, 1/1000mm) 정도의 미세한 망으로 이뤄진 종이로 커피를 거르기 때문에 아메리카노보다 맛이 선명하고 깔끔하다. 커피가 지닌 고유의 캐릭터를 가장 잘 파악할 수 있다는 특성 때문인지 커피를 잘한다는 카페에 가면 에스프레소 메뉴보다는 필터 커피를 주로 주문하는 경우가 많다.

한국이나 일본에서는 필터 커피를 핸드드립 커피라 부르는 사

#2 DRINK

람들이 많은데, 보통 커피 전문가가 손수 정성껏 커피를 내려 주다는 인식이 있어서 아메리카노보다 더 고급스러운 커피처럼 여기기도 한다. 최근에는 에스프레소 머신 없이 필터 커피만을 내리는 전문 카페들도 유행하고 있다.

반면 커피가 빨리, 그리고 많이 팔리는 미국에서는 필터 커피가 미리 대량으로 내려 놓고 저렴한 가격에 판매하는 '오늘의 커피'를 의미했다. 미국 드라마나 영화에서 식당 종업원이 계속 커피를 리필해 주는 장면을 자주 볼 수 있는데, 그것이 필터 커피였다.

하지만 스페셜티 커피문화의 영향으로 미국에서도 한 잔씩 내리는 필터 커피가 주목을 받고 있다. 드립 바 처럼 슬로우 바 slow bar라고 부르는 필터 커피를 내리는 전용 공간에서 내가 주문한 커피가 천천히 추출되는 과정을 지켜보며 바리스타와 이야기를 나누는 문화도 생겨났다. 주문에 따라 그때그때 내려주는 신선한 필터 커피를 즐길 수 있게 되면서 원두 선택의 폭도 넓어졌다. 하지만 대량으로 추출한 것이 아니기 때문에 가격은 좀 더 비싸졌다.

요즘에는 품질이 좋은 필터 커피를 마시는 문화에서 영향을 받아 최신식 배치 브루어batch brewer로 내린 커피도 다시 이목을 끌고 있다. 다량의 커피를 빠르게 내리지만, 안정적으로 추출을 조절할 수 있어 커피의 퀄리티는 손으로 직접 내리는 필터 커피와 큰 차이가 없다. 커피가격도 비교적 저렴해서 스페셜티 커피를 다루는 카페에서 큰 인기를 끌고 있다.

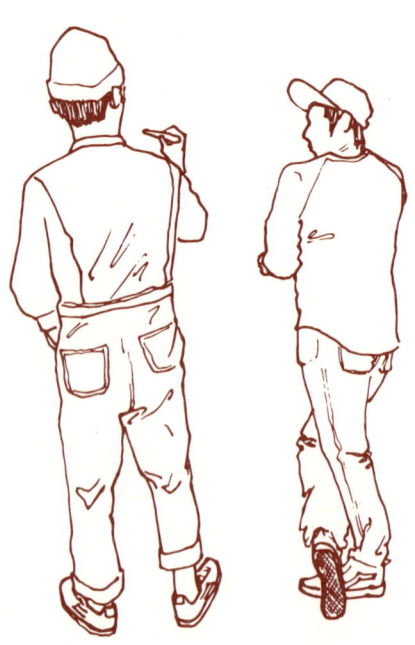

#2 카페를 상징하는 메뉴

요즘 들어 〈메쉬 커피〉를 처음 방문한 손님들에게 "여기 시그니처 메뉴는 뭐예요?"라는 질문을 많이 듣는다. 시그니처 메뉴, 혹은 창작 메뉴는 카페를 대표하는 메뉴다. 때로는 바리스타가 표현하고 싶은 것을 마음껏 선보이는 카페의 매직 아이템이 되기도 한다. 소셜 미디어를 통해 곧장 커피업계의 인기를 선도할 수 있는 수단이 되기도 하고.

시그니처 메뉴는 손이 많이 가는 음료다. 사람들이 많이 찾는 클래식 메뉴와 달리, 아무것도 없는 백지 상태에서 다른 카페와 차별화된 우리만의 맛이든 철학이든 뭔가 특별한 것을 보여 줘야 하기 때문이다. 독특한 메뉴를 만들기 위해 고민에 고민을 되풀이해 아이디어를 내고, 수차례에 걸친 실험 끝에 얻은 결과들을 차곡차곡 모아 레시피를 구체화시킨다. 시그니처 메뉴를 만들다 보면 창작의 고통이 무엇인지 절감하게 된다. 이따금 새로운 메뉴를 만들어야 한다는 압박감에 머리가 하얗

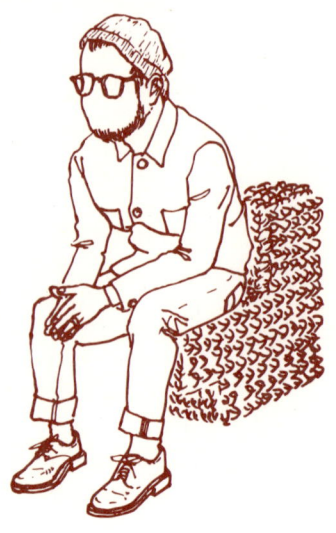

게 지워져 어떻게 해야 할지 모르는 공황 상태에 빠지거나, 미묘한 차이를 구분하기 위해 만든 테스트 음료들을 계속 맛보다가 토할 지경에 이르기도 한다. 그러다 니 맛도 내 맛도 아닌, 정말 말도 안 되는 메뉴를 만들 때가 있다. 고생해서 만든 메뉴지만 정작 손님들 시음에서는 반응이 뜨뜻미지근할 때도 많다. 모든 것을 쏟아부어 만든 메뉴가 평이 좋지 않을 때면 내 자신이 무너지는 기분마저 든다. 그럴 땐 먼 산을 바라보며 휴식을 취하거나 오랫동안 사람들에게 사랑받아 온 클래식 메뉴에서부터 다시 시작해 나간다. 그렇게 조금씩 나만의 방식을 더하다 보면 어느새 성공적인 메뉴가 눈앞에 와 있다.

과정이 고통스럽기는 해도 시그니처 메뉴를 개발하는 것은 확실히 재미있다. 클래식 메뉴들은 재료가 한정되어 있어 상상

#2 DRINK

력을 불어넣기가 쉽지 않다. 반면 시그니처 메뉴는 각양각색의 재료를 사용할 수 있고 칵테일이나 디저트 등 다른 식음료 분야에서, 심지어는 예술 분야에서 아이디어를 얻을 수도 있다. 바리스타는 시그니처 메뉴를 구상하기 위해 참신한 재료와 기발한 아이디어를 찾아다니고 고민하는 과정에서 크게 성장한다. 매일 똑같은 메뉴를 만드는 바리스타는 나태해지기 쉬운데, 시그니처 메뉴를 만드는 것은 일종의 활력소가 된다. 손님과 바리스타 모두에게 특별한 경험은 언제나 매력적이다.

〈메쉬 커피〉를 오픈하고 세운 목표 가운데 하나가 매달 하나씩 새로운 시그니처 메뉴를 선보이는 것이었다. 음료를 통해 손님들이 계절의 변화를 느꼈으면 하는 바람이 있었고, 매번 색다른 이야기를 손님들에게 들려 주고 싶은 욕심도 있었다.
그렇게 만들어 낸 메뉴들 가운데 일주일은 웬걸, 이삼일 만에 사라진 메뉴도 있었고, 너무 인기가 많아서 몇 달 더 연장 판매했던 성공적인 메뉴도 있었다. 동네의 다른 매장과 콜라보레이션으로 메뉴를 만들기도 하고, 단골손님에게서 아이디어를 얻기도 했다.
거의 매일 〈메쉬 커피〉를 방문하던 단골 중 우리나라를 대표하는 금속공예가인 이광호 작가가 있었다. 그가 평소에 즐겨 마시던 음료와 그의 취향을 반영해서 '광호리카노'라는 메뉴를 만든 적이 있었는데, 그가 작품을 만들고 남은 펠트 천을 잔 받침으로 활용해 음료와 같이 내기도 했다. 반응은 가히 폭발적이었다. 그 잔 받침은 이광호 작가의 팬들에게 귀한 수집품이 되었다.

시그니처 메뉴의 성공과 실패를 나누는 몇 가지 요소들 가운데 가장 중요한 것이 바로 메뉴명이다. 음료가 아무리 맛있어도 메뉴명과 맛이 매치되지 않으면 주문을 망설이는 손님들의 모습을 보게 될 것이다. 이름이 너무 고전적이어도, 반대로 너무 재미만 추구해서 저 멀리 안드로메다까지 가 버리면 손님들의 반응은 싸늘하다. 시그니처 메뉴는 맛을 모르는 상태에서 이름과 메뉴 설명만으로 주문을 결정해야 하기 때문에 손님 입장에서는 실패할지도 모를 위험을 감수해야 한다. 그렇기 때문에 새로운 메뉴에 대한 궁금증이 일도록 하는 스토리텔링이 중요하다.

한 가지 팁을 전한다면, 메뉴명에서 특정 분위기를 연상케 하면 어느 정도 성공할 수 있다. '멕시칸 썸머', '고소미 라떼', '상하이 라떼', '오슬로의 여름', '성수동 레모네이드' 등이 〈메쉬 커피〉에서 대단히 큰 성공을 거둔 메뉴들이다. 우리는 메뉴명에 지역이나 계절을 나타내는 단어를 넣어 맛과 연결시키는 것을 좋아한다. 그러면 사람들이 상상하는 맛과 완성된 음료의 맛이 맞아 떨어지면서 음료를 더 맛있게 즐길 수 있다.

소셜 미디어를 의식한 '무조건 예쁘면 그만이야' 같은 메뉴까지는 아니어도 시그니처 메뉴에서 비주얼은 아무래도 중요하다. 맛있는데 예쁘기까지 하면 기분이 더 좋으니까. 그렇다고 해서 시그니처 메뉴가 무조건 아름답거나 화려할 필요는 없다. 바리스타가 강조하고자 하는 것을 잘 표현하면 그만이다. 단아하고 소박한 아름다움에 더 끌릴 때가 있는 것처럼, 사람들이 생각하고 받아들이는 미감은 다양하다.

#2   DRINK

스페셜티 커피시장을 선도하는 월드바리스타챔피언십에 참가하는 바리스타들의 시그니처 메뉴만 봐도 그렇다. 최근의 대회 트렌드는 오히려 장식을 줄이고 음료의 주인공인 커피가 잘 드러나게 레시피를 구성해 맛 자체에 집중하는 방향으로 흘러가고 있다.

시그니처 메뉴에도 유행이 있고 잘 먹히는 아이템이 있다. 대표적인 것이 크림이다. 음료에 크림이 추가되면 맛이 풍부하고 부드러워지면서도 고소해진다. 게다가 크림의 유지방은 섬세한 커피의 향들도 잘 잡아 준다. 다이어트의 적이라는 오명이 있지만, 오랫동안 크림이 올라간 메뉴들이 사랑받은 데는 분명 이유가 있다. 맛있으니까. 그만큼 확실한 아이템이라 그런 것일까? 요즘은 크림을 베이스로 만든 시그니처 메뉴가 없는 곳을 찾는 게 더 어렵다.
어느 카페의 어떤 메뉴가 잘 팔린다고 소문이 나면 금방 전국 곳곳에서 비슷한 메뉴를 찾을 수 있다. 나만의 시그니처 메뉴를 밤새워 고민하는 바리스타들에겐 기운이 빠지는 일이지만, 레시피는 저작권을 갖기 힘들다. 재료의 비율이 아주 약간만 달라져도 다른 메뉴라고 판단할 수 있기 때문이다. 우리가 클래식 메뉴라고 생각하는 음료들도 그렇게 전 세계적인 유행을 거쳐 살아남았을 것이다. 같은 레시피여도 만드는 사람에 따라 맛이 달라지는 것이 커피기 때문에 비슷해 보이는 메뉴라도 도전해 볼 만하다.

요즘은 시그니처 메뉴의 수를 줄이고 한 가지 메뉴에 주력하는 것이 대세다. 우리도 마찬가지다. 시그니처 메뉴가 자주 바뀌는 바람에 사람들이 〈메쉬 커피〉하면 떠올리는 대표 메뉴가 없다는 것이 늘 아쉬웠다. 막상 메뉴의 가짓수를 줄이고 나니 가끔 새로운 메뉴를 만들고 싶은 욕구가 샘솟을 때가 있긴 하다. 그래도 경험을 공유하는 가치를 중요시하는 요즘 세대를 생각하면 '나 〈메쉬 커피〉에서 그거 먹어 봤어'라는, 역시 우리의 정체성을 잘 표현하는 단 하나의 시그니처 메뉴면 충분하다 싶다.

#2 　DRINK

가장 유명한 시그니처 음료, 프라푸치노

전 세계 모든 카페를 통틀어 가장 유명한 시그니처 음료는 아마 <스타벅스>에서 판매하는 프라푸치노가 아닐까? 그런데 정작 프라푸치노는 <스타벅스>에서 개발해 이름을 지은 것이 아니다.

1992년 미국 메사추세츠 주에서 <커피 커넥션Coffee Connection>이라는 커피 프랜차이즈를 운영하던 조지 하웰George Howell은 여름에 선보일 새로운 메뉴를 개발하고 있었다. 그 당시 미국 서부에서는 여러 가지 재료와 얼음을 블렌더에 넣고 갈아서 차가운 음료를 만드는 프라페Frappé나 이탈리아식 차가운 디저트인 그라니타Granita가 유행이었다. 그는 여기에서 아이디어를 얻어 커피와 우유, 설탕, 얼음을 넣고 갈아 차갑고 부드러운 음료를 만들었고, 여기에 프라페와 카푸치노를 합성한 '프라푸치노'라는 이름을 붙였다.

1994년에 <스타벅스>는 미국 곳곳으로 진출하면서 지역에서 큰 성공을 거둔 <커피 커넥션>을 인수했고 프라푸치노라는 이름에 대한 권리도 얻었다. 이후 <스타벅스>에서도 자체적으로 개발해 판매하고 있던 프라페 메뉴에 '프라푸치노'란 이름만 붙여 그대로 판매하기 시작했는데, 선풍적인 인기를 끌어 이제는 <스타벅스>하면 프라푸치노가 생각날 정도의 고유 명사가 되었다.

<스타벅스>에 프라푸치노를 판 사람으로 유명한 조지 하웰은 스페셜티 커피 업계의 선구자 중 한 명으로, 이후에도 스페셜티 커피의 기술적인 발전을 위해 많은 노력을 쏟았다. 마대에 보관된 채로 유통되어 품질관리가 제대로 이뤄지지 않던 생두를 진공포장해서 신선한 품질을 유지하기 시작한 것도, 체계적인 심사를 거쳐 품질이 뛰어난 생두를 재배하는 농장에게 상을 주는 프로그램인 CoE를 만든 것도 전부 그가 커피산업에 기여한 성과들이다.

더치, 콜드브루, 니트로 커피

먼저 고백하는데 나는 더치Dutch나 콜드브루Cold brew, 혹은 니트로Nitro 커피를 좋아하지 않는다. 편견일 수도 있겠지만 특유의 그 맛, 짐짐하고 어둑어둑하면서 어딘가 비릿한 것만 같은, 그 맛이 그 맛인 듯한 재미없는 맛이 나에겐 영 맞지 않기 때문이다. 하지만 이에 열광하는 사람들은 산미가 적고 부드러우면서 초콜릿이나 위스키 맛이 강렬해서 이 커피들을 좋아한다고 말한다. 게다가 전 세계적으로도 인기다.

월드에어로프레스챔피언십World AeroPress Championship의 쿠웨이트 국가대표 선발전에 심사위원으로 다녀온 적이 있다. 쿠웨이트에서는 어느 카페를 가도 모두 콜드브루 커피를 팔고 있었고, 많은 사람이 매장에서 콜드브루 커피와 콜드브루로 만든 시그니처 메뉴를 즐길 뿐 아니라 집에서도 마시기 위해 큼지막한 병에 담긴 콜드브루 커피도 사갔다. 콜드브루 커피 배달도 성업이라고 들었다. 종교적인 이유로 술을 마시지 못하는 데다,

#2 DRINK

오랜 세월 동안 커피를 즐긴 문화가 뿌리박힌 곳이라 한밤중에도 커피를 자주 마실 만큼 쿠웨이트 사람들은 커피를 사랑했다. 날씨가 워낙 덥기 때문에 차갑게 마시는 콜드브루 커피가 엄청난 인기를 끈 것은 어쩌면 당연한 일이었다. 카페 관계자들은 한국에서도 콜드브루 커피가 잘 팔리는지 궁금해 했다. 얼마 전 일본 〈마루야마 커피〉에 갔을 때도 같은 질문을 받았다. 역시 유행은 유행이다.

더치 커피가 아닌 콜드브루 커피라는 말이 유행하기 시작한 것은 아마 미국 스페셜티 커피시장의 영향이 아닐까 싶다. 미국에는 3대 스페셜티 커피회사라고 불리는 〈인텔리젠시아 커피〉, 〈스텀프타운 커피 로스터스〉, 〈블루 보틀 커피〉가 있다. 그중에서 〈스텀프타운 커피 로스터스〉가 콜드브루 커피를 공격적으로 시장에 내놓았다. 〈스텀프타운 커피 로스터스〉는 갈색 유리병에 콜드브루 커피를 담아 팔았는데, 유리병에 담긴 커피는 〈스텀프타운 커피 로스터스〉 특유의 레트로 스타일을 강조한 디자인이 더해져 더욱 이목을 끌었다. 나중에는 이 콜드브루 커피로 지역 맥주회사와 협업해 커피맥주를 만들기도 했고, 한국에 와서 세미나도 열었으니 말 다했다. 〈스텀프타운 커피 로스터스〉 매장에 가면 펍에서 맥주를 따르는 것처럼 전용 탭에서 콜드브루 커피가 나온다.

이러한 모습이 맥주를 연상시키기 때문일까? 콜드브루 커피에 질소 가스를 주입해 마치 〈기네스Guinness〉 맥주처럼 부드러운 질감과 더불어 거품이 밑에서부터 타고 올라오는 특유의 서징surging을 경험할 수 있는 커피도 등장하게 되었다. 이게 바로 니트로 커피다.

반면 〈블루 보틀 커피〉는 일본식 더치 커피, 그들의 표현을 빌리자면 '교토 스타일'의 콜드브루 커피를 선보였다. 〈블루 보틀 커피〉의 창업자 제임스 프리먼James Freeman이 일본을 여행하다 받은 영감들을 카페 곳곳에 풀어낸 것처럼, 〈블루 보틀 커피〉의 더치 커피 역시 미국식 카페 문화에 일본의 커피문화가 스며든 것 같다. 실제로 〈블루 보틀 커피〉에서는 더치 커피하면 떠오르는 이미지 그대로, 나무로 틀을 짠 모래시계처럼 생긴 커다란 일본산 더치 커피 기구를 사용해 커피를 내린다.

그렇다면 콜드브루 커피와 더치 커피는 뭐가 다를까? 개인적으로는 둘 다 분쇄원두를 찬물에 우린 것이라 같은 커피로 본다. 굳이 기술적으로 구분한다면 콜드브루 커피는 분쇄원두와 차가운 물을 한데 섞어 12시간에서 24시간 정도 혹은 각자의 비법에 따라 커피를 우린 다음 거른 것이고, 더치 커피는 특별한 기구를 사용해 분쇄원두에 차가운 물을 한 방울씩 떨어뜨리면서, 마찬가지로 12시간에서 24시간 혹은 각자의 비법에 따라 커피를 내린 것이다.

콜드브루 커피는 추출된 상태로 바로 즐기기 좋은 농도고, 더치 커피는 진하게 내려 우유를 섞거나 원하는 농도에 맞춰 물을 희석해 마시는 경우가 많다. 농도가 연하면 콜드브루 커피, 진하면 더치 커피로 구별하는 사람들도 있지만, 사실 콜드브루 커피도 분쇄원두와 물의 비율을 조정하면 진하게 만들 수 있고, 더치 커피도 같은 논리로 연하게 내릴 수 있다.

#2 DRINK

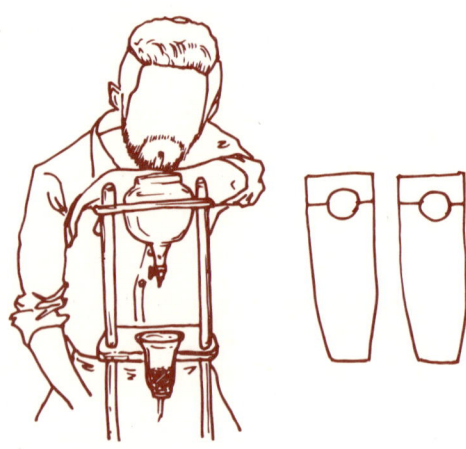

이러한 커피들의 인기와 더불어 특유의 진한 농도와 향미를 활용한 시그니처 메뉴도 함께 유행하고 있다. 특히 차가운 더치 커피 위에 부드러운 휘핑크림이 올라간 메뉴는 최근 몇 년 새 부쩍 늘었다.

원래 한국에서는 가까운 일본의 영향으로 더치 커피가 대세였지만, 요즘에는 콜드브루 커피가 훨씬 많이 보인다. 2015년도 월드바리스타챔피언십에서 2위를 차지한 찰스 바빈스키를 모델로 한 콜드브루 커피가 크게 유행한 덕분일지도 모르겠다. 얼마 전 〈메쉬 커피〉에 찰스 바빈스키가 온 적이 있었는데, 그 친구를 찍은 사진을 소셜 미디어에 올렸더니 커피업계 사람뿐 아니라 수많은 사람들이 그를 알아보고 댓글을 달아 매우 놀랐다. TV 광고는 물론 예능 프로그램에도 출연한 덕분인 것 같다. 대중문화의 힘은 실로 대단하다.

#2 DRINK

따지고 보면 콜드브루 커피의 대유행은 〈스타벅스〉 때문일지도 모르겠다. 〈스타벅스〉에서는 수년 전부터 발 빠르게 콜드브루와 니트로 커피를 내놓았고, 이에 발맞춰 국내 대형 커피 프랜차이즈들도 각자의 방식으로 콜드브루와 니트로 커피를 선보였다. 콜드브루 커피가 맛의 특성을 유지하는 제조법이나 보관이 상대적으로 대량 생산에 적합해서 그런지, 더치 또는 콜드브루 커피를 생산하는 공장들도 많이 설립되었다. 하지만 여전히 작은 카페에서 내린 개성 넘치는 더치 커피나 콜드브루 커피가 훨씬 매력적이다.

항간에 콜드브루나 더치 커피가 찬물로 커피를 우리기 때문에 카페인이 적다는 이야기가 돈 적이 있었는데, 이는 사실이 아니다. 카페인은 보통 뜨거운 물에 잘 녹고 찬물에서는 잘 녹지 않기 때문에 이런 이야기가 나온 것인데, 찬물에 긴 시간 동안 커피를 추출하다 보면 결국 카페인도 녹는다. 게다가 추출된 커피의 농도가 진하다면 오히려 다른 커피보다 카페인 함량이 더 높을 수도 있으니, 주의해야 한다.

 # 뜨거운 감자,
플랫 화이트

햇살은 뜨겁고 날씨도 무덥다. 매장에 손님이 들어온다. 손님은 메뉴판을 살피며 고민하다 조심스럽게 묻는다.
"여기는 플랫 화이트 없어요?"
"메뉴판이 복잡해서 적어 두지는 않았지만 플랫 화이트는 당연히 되죠. 커피 많이 좋아하시나 봐요."
곧장 스팀피처steam pitcher에 우유 150g을 담아 준비해 두고 유리잔에 에스프레소 더블샷을 추출한다. 그리고 나서 우유를 데우기 시작하자 손님이 다급하게 말한다.
"아 저기, 차가운 걸로요."

플랫 화이트만큼 세계적인 인기를 끌면서 동시에 논란이 끊이지 않는 메뉴가 또 있을까? 그 이름부터 차분히 살펴보자. 에스프레소 문화는 이탈리아에서 시작해서 〈스타벅스〉를 통해 전 세계적으로 퍼졌기 때문에 우리는 이탈리아어로 된 커피용어에 익숙하다. 에스프레소. 카페 라떼, 카푸치노, 카페 아메리카

#2 DRINK

노. 이국적인 이름과 커피는 어느새 한국에도 자연스럽게 녹아들었다. 커피를 막 접하던 시절에는 낯선 이탈리아어가 어색해서 메뉴판을 한참 들여다봐야 했지만, 요즘은 할아버지, 할머니들도 익숙하게 아메리카노와 카페 라떼를 주문해서 드신다. 하지만 호주와 뉴질랜드의 바리스타들은 그들만의 커피언어가 따로 있다. 영미권에서는 우유나 크림을 넣지 않은 일반적인 커피를 블랙커피라고 부르는데, 호주와 뉴질랜드에서는 커피의 양이 적은 에스프레소를 숏블랙Short Black, 양이 많은 아메리카노를 롱블랙Long Black이라 불렀다. 그리고 우유가 들어간 커피들은 블랙과 대비되는 화이트 커피로 부르기 시작했다. 플랫 화이트는 여기서 이름이 비롯되었다.

플랫 화이트에도 우유가 들어 있지만 카푸치노나 카페 라떼와는 외형부터 다르다. 우유거품이 봉긋하게 올라가고 갈색 링이 잔의 가장자리에 예쁘게 있는 전통적인 카푸치노와 달리, 플랫 화이트가 담긴 컵은 옆에서 살펴보면 커피표면이 평평하다. 플랫 화이트를 제조할 때는 일명 '마이크로 폼micro foam'이라고 부르는 고운 우유거품을 내서 올리는데, 이때 거품의 질은 단단하지 않고 액체에 가깝게 찰랑거린다. 게다가 우유에 입자가 고운 거품이 고르게 섞여 있어 우유의 표면이 밝게 빛나는 벨벳처럼 보이기도 한다. 이렇게 스티밍한 우유는 에스프레소의 크레마와 섞이면서 원하는 무늬도 그릴 수 있어, 플랫 화이트는 보통 라떼아트로 모양을 내서 마무리한다.

플랫 화이트는 스페셜티 커피를 파는 대부분의 카페에서 내는,

라떼아트가 예쁘게 그려져 있고 표면이 플랫한 카푸치노와 외형적으로는 큰 차이가 없어 보인다. 하지만 카푸치노에는 보통 에스프레소 싱글샷이 들어간다면 플랫 화이트에는 에스프레소, 아니 숏블랙 더블샷이 들어가 커피맛이 더 진하고 풍부하다. 우유의 풍미보다 커피맛이 강한 것을 선호하는 사람들에게 잘 어울리는 메뉴다. 간혹 메뉴판에는 카푸치노라고 써놓았어도 바리스타의 취향과 카페의 콘셉트에 따라 플랫 화이트 레시피로 커피를 내는 경우도 있다. 내 경우 부드러운 커피를 좋아해서 플랫 화이트보다 카푸치노를 선호하는데, 일반적인 카푸치노를 생각하고 주문했다가 더블샷 카푸치노나 플랫 화이트가 나오면 당황스러울 때가 한두 번이 아니다. 플랫 화이트와 이름은 다르지만 지브롤터Gibraltar, SG-120, 더블샷 카푸치노 모두 비슷한 맛과 분위기를 내는 메뉴들이다.

#2 DRINK

플랫 화이트는 참 아리송하다. 무엇이 진짜 플랫 화이트냐고 묻는다면 선뜻 대답하기 힘들다. 만드는 사람도, 마시는 사람도 자신 있게 '이것이 플랫 화이트다'라고 정의를 내리지 못하는 경우가 대부분이다. 서로가 플랫 화이트의 원조라고 주장하는 호주나 뉴질랜드의 바리스타들도 숏블랙에 우유가 들어가면 다 플랫 화이트라고 느슨하게 말하기도 하고, 플랫 화이트에 엄격한 기준을 적용해 에스프레소와 우유의 비율, 우유거품의 질이나 양마저 세세하게 따져 정의하기도 한다.
보통은 4~5oz 크기의 손잡이 없는 유리잔에 일반적인 에스프레소보다 짧게 추출한 리스트레또ristretto를 더블샷으로 넣고 우유거품을 곱게 낸 우유를 부어 커피맛이 진하고 강렬하게 느껴지도록 만든다.

다시 처음으로 돌아가서, 한국에서 인기를 끌고 있는 아이스 플랫 화이트는 투명한 유리잔에서 진한 에스프레소가 우유를 타고 예쁘게 흘러내리는 커피다. 사진을 찍어 〈인스타그램〉에 올리기에 딱 좋다. 또 아이스 플랫 화이트를 섞지 않고 마시면, 진하고 따뜻한 커피에 뒤이어 들어오는 차가운 우유의 맛이 매력적이라고 이야기하는 사람도 있다.
하지만 앞서 커피의 온도에 대해 말할 때도 언급했지만, 차가운 플랫 화이트라니. 호주, 혹은 뉴질랜드에서 시작한 플랫 화이트는 당연히 따뜻한 메뉴다. 카푸치노가 그렇듯 부드러운 촉감을 느낄 수 있는 우유거품도 생명이다. 게다가 플랫 화이트는 우유보다 에스프레소의 비율이 높아 쓴맛이 도드라지기 쉬운 메뉴다. 그런 메뉴를 아이스로 만들면 우유의 단맛이 잘 느꺼지지 않아 쓴맛만 강하게 다가온다.
차가운 유리잔에 얼음과 우유를 담고 그 위에 에스프레소 더블 샷을 부은 아이스 플랫 화이트는 맛도 외모도 전혀 플랫 화이트처럼 보이지 않는다. 그보다는 에스프레소와 우유, 얼음이라는 재료로 만든 창작 메뉴에 가깝다고 생각한다.

'아이스 플랫 화이트를 주문할 수 없다고? 만드는 과정이 어려운 것도 아닌데 손님이 원하는 대로 해주면 되지, 플랫 화이트에 대해서 너무 심각하게 생각하는 거 아냐?'라고 하는 사람도 있다. 과연 평양냉면의 정통성과 더불어 식초를 뿌려도 되는지, 가위로 잘라도 되는지 등 먹는 방법으로도 한참을 싸우는 우리나라 사람들답다. 하지만 플랫 화이트는 따뜻하게 마실 때 제대로 즐길 수 있다는 내 생각은 변함없다.

#2 카페인이 없는 커피

간혹 우리 카페에 와서 디카페인decaffeinated 커피는 없냐고 묻는 손님들이 있다. 그럴 때마다 '죄송하지만 저희는 디카페인 커피가 없어요'라고 말씀드린다. 디카페인 커피를 찾는 손님이 없는 것은 아니지만, 그렇다고 꾸준히 찾는 손님이 있는 것도 아니어서 〈메쉬 커피〉에서는 디카페인 커피를 판매하지 않는다. 신선하게 로스팅한 원두가 생명인 로스터리를 운영하는 입장에서 원두를 재고로 쌓아 두고 파는 것은 용납할 수 없다. 그래서 디카페인 커피를 취급하기 어렵다고 판단한 것이다. 게다가 커피시장 전체에서도 수요가 많지 않아서 좋은 품질의 디카페인 생두를 한국에서 꾸준히 수급하는 것도 쉽지 않다.

카페인 성분이 커피에만 있는 것은 아니지만 카페인은 커피에서 발견되어 이름이 붙여졌다. 그래서 커피하면 누구나 카페인을 떠올린다. 쓴맛을 내는 성분인 카페인은 특유의 각성 효과로 피로를 잊게 하고, 집중력과 운동 능력이 향상되는 데도 도움을 준다. 게다가 카페인은 분자량이 무거운 편에 속해 카페인이 많이 함유된 커피일수록 커피를 마실 때 촉감도 더 묵직하다. 다만 과다 섭취하면 자야 할 때 잠들지 못하거나 심장이 빨리 뛰는 등 부작용이 생긴다.

사람마다 카페인에 반응하는 민감도가 다르기 때문에 하루에 커피를 몇 잔씩 마셔도 숙면을 취하는 사람이 있고, 한 모금만 마셔도 심장이 두근거려 밤새 잠을 설치는 사람도 있다. 나 같은 경우만 해도 처음 에스프레소를 마셨을 때 심장이 너무 두근거려서 당황했던 기억이 있다. 하지만 커피에 푹 빠진 이후로는 하루에 열 잔을 마셔도 거뜬했다. 지금은 한두 잔만 마셔도 하루를 견딜 카페인이 충분하고, 컨디션에 따라 오후 6시 이후에 커피를 마시면 잠을 못 이루는 날도 생겼다.

남들처럼 커피는 마시고 싶은데, 카페인이 두려워 커피 마시기를 주저하는 사람들을 종종 봤다. 디카페인 커피를 팔 생각이 없는지 물어보는 손님들을 만날 때마다 커피를 마시고 싶은 그 마음을 잘 알기에 항상 안쓰럽다.

이런 사람들을 위해 커피회사들은 일찍부터 커피에서 카페인을 제거하는 기술을 연구했다. 초창기에는 화학적 용매로 카페인을 제거하는 방식을 택했기 때문에 디카페인 커피는 몸에 좋지 않다는 편견이 있었다. 화학적, 인공적이라는 단어에 대한 사람들의 거부감 때문인데, 사실 우리 몸에 해가 될 문제는 전혀 없다. 이에 〈스위스 워터 Swiss Water〉라는 회사에서는 독창적인 기술을 개발해 뜨거운 물과 카본 필터 carbon filter로 생두에 들어 있는 카페인 성분의 99.9%를 제거하는 '스위스 워터 프로세스Swiss Water Process'를 개발해 시장에 내놓았다.

카페인을 제거하면 커피가 맛없어진다는 우려도 있었다. 하지만 스페셜티 커피등급의 디카페인 커피들을 맛보면 디카페인 공정 자체에는 문제가 없다는 것을 알게 될 것이다. 디카페인 커피시장이 일반 커피시장에 비해 규모가 현저히 작기 때문에 좋은 커피를 만날 확률이 상대적으로 적어서 그런 이야기가 도는 건 아닐까 싶다.

라우리나Laurina라는 이름의 카페인이 적은 커피품종도 있다. 마다가스카르 섬 동쪽에 있는 레위니옹Réunion 섬에서 유래했는데, 이 섬은 프랑스 혁명 전에는 부르봉Bourbon 섬으로 불렸고, 대표적인 커피품종인 버번이 여기서 나왔다. 일반적인 아라비카Arabica 생두의 카페인 함량은 1.0~1.6%고, 라우리나는 0.6% 정도로 그 절반이다. 보통 에스프레소 1oz에는 카페인이 30~50mg, 필터 커피 8oz에는 65~120mg 들어있는데, 라우리나 품종으로 커피를 내린다면 커피 한 잔을 다 비워도 다른 커피의 절반 정도만 카페인을 섭취한 셈이다. 참고로 아라비카 품종이 아닌 로부스타Robusta 품종은 카페인 함량이 약 2.2%로 높은 편인데, 카페인에 민감하다면 로부스타 품종이 많이 섞인 커피는 피하는 것이 좋다.

Oh! Yeah! 커피 칵테일의 매력

내가 처음 칵테일의 매력에 눈을 뜨게 된 곳은 바가 아니라 이탈리아 사람이 운영하는 한국의 피자집에서였다. 이탈리아 셰프 마르코Marco는 고향의 여느 피자집처럼 가게를 운영하길 원했고, 이에 일반적인 피자집과는 다르게 매장 한쪽에 바를 만들어 조각 피자와 함께 곁들일 맥주와 와인, 그리고 이탈리아식 칵테일 메뉴를 준비해 두었다.

당연히 우리가 아는 피자집이 아닌, 낯선 스타일의 가게는 잘 될 수가 없었다. 덕분에 나는 매일 저녁 편안하게 매장에 앉아 피자와 맥주를 즐기면서 마르코와 친해질 수 있었다. 그러다 문득 그가 준비한 칵테일을 맛보고 싶어졌다. 이전까지 내가 아는 칵테일이라고는 콜라에 〈잭 다니엘Jack Daniel's〉 위스키를 섞은 잭콕Jack&Coke이나 오렌지 주스에 보드카를 섞은 스크류 드라이버Screwdriver가 전부였다. 칵테일 메뉴판을 찬찬히 살펴 보다 '네그로니Negroni'라는 이름이 눈에 들어왔다. 진Gin, 〈마티니Martini〉 로쏘Rosso, 〈캄파리Campari〉 리큐어가 1oz씩 들어

#2 DRINK

가고 오렌지로 장식한 메뉴라고 써 있었다. 일단 〈캄파리〉라는 술이 궁금했다. 마르코에게 물어보니 이탈리아 사람들이 식전에 마시는 술이라고 했다. 그는 네그로니를 한 번 마셔보라고 추천했다. 진과 마티니에 〈캄파리〉를 적당히 섞자 얼음을 채운 잔이 붉은 색으로 예쁘게 물들었다. 마르코는 거기에 마지막으로 오렌지 조각을 넣었다. 보기 좋은 만큼 맛도 좋았다. 〈캄파리〉를 제외하고는 전부 내가 아는 재료를 사용해 만든 칵테일인데, 예상치 못한 전혀 새로운 맛이 났다. 놀라운 경험이었다. 이전에도 칵테일을 여러 번 마셔 봤지만, 내 기억에 가장 깊이 남은 첫 칵테일은 네그로니가 되었다. 새콤달콤한 칵테일은 자연스레 스페셜티 커피를 떠올리게 했다. 갑자기 케냐 커피와 이 칵테일을 섞으면 어떻게 될지 궁금해 졌다. 그렇게 나의 커피 칵테일 여정은 시작되었다.

커피 칵테일 가운데 제일 유명한 것은 아이리쉬 커피Irish Coffee와 에스프레소 마티니Espresso Martini일 것이다. 이 두 메뉴는 수많은 커피 칵테일 가운데 클래식이라고 불릴 만큼 오랫동안 많은 사람의 사랑을 받아 왔다.
아이리쉬 커피는 1940년대 초반 셰프 조 셰리단Joe Sheridan이 추위에 떨면서 비행기를 기다리던 승객들을 위해 만들었다. 이 칵테일을 마신 손님이 그에게 브라질 커피로 칵테일을 만들었냐고 물었는데, 아일랜드 사람이었던 그는 아이리쉬 위스키가 들어갔기 때문에 '아이리쉬 커피'라고 대답했다고 한다. 그렇게 아이리쉬 커피가 탄생했다. 진하게 내린 따뜻한 커피에 위스키와 설탕을 넣고, 마지막으로 차갑고 부드러운 생크림을 올리는데, 한 번 맛을 보면 아이리쉬 커피의 매력에서 빠져나오기 힘들다. 에스프레소 마티니는 1980년대 런던의 한 바에서 딕 브래드셀Dick Bradsell이라는 바텐더가 손님의 요청으로 처음 만든 메뉴다. 에스프레소 마티니는 셰이커에 진하게 추출한 에스프레소와 보드카, 커피 리큐어인 〈깔루아Kahlua〉, 설탕 시럽을 넣고 샤커레토처럼 강하게 셰이킹한 다음 마티니 잔에 부어 만든다. 간혹 재미를 위해 원두 한 알을 장식으로 올리기도 한다.

커피 칵테일의 매력은 낮과 밤처럼 서로 대비되는 두 문화가 절묘하게 어우러지면서 시너지를 발휘하는 데 있다. 커피와 술이 섞이면서 전혀 기대하지 않았던 향미가 나타나면, 그 즐거움은 정말 크다. 하지만 커피와 술이 섞였을 때 커피맛을 구별해 내는 것은 좀처럼 쉬운 일이 아니다. 케냐 커피에서는 누구나 과일 향미를 쉽게 느낄 수 있는데, 이를 커피 칵테일로 만들어 과일맛이 강한 술이나 커피 리큐어와 섞으면 커피맛이 어디에서 비롯된 것인지 헷갈리기 시작한다. 섬세한 향미를 지닌 커피와 술의 밸런스를 조절하는 것은 참 어려운 작업이다.

월드커피인굿스피릿이라는 세계적인 커피 칵테일 대회가 있다. 예전에는 국내 대회에 바리스타로 참가해 파이널에 진출하기도 했고, 최근에는 같은 대회의 심사위원을 맡기도 했다. 올해는 또 운이 좋게도 2017년 챔피언이었던 마틴 후닥을 만나 그의 마스터 클래스도 들었다. 나는 그에게 어떻게 하면 커피와 술의 균형을 잘 잡을 수 있냐고 물었다. 그는 좋은 품질의

#2　DRINK

스페셜티 커피를 사용하는 것이 무엇보다 중요하고, 그 커피가 지닌 고유의 향미를 강화시켜 주거나 부족한 향미를 채워 줄 수 있는 술을 조합하는 식으로 커피 칵테일을 제조한다고 했다. 세미나 마지막에 그가 직접 만들어 건넨 아이리쉬 커피와 그의 시그니처 음료는 정말 훌륭했다.

좋은 커피 칵테일을 마시면 복합적인 향미와 새콤달콤함이 느껴지고, 알코올이 주는 강렬함은 커피와 어우러져 독특하고 풍부한 맛이 난다. 커피는 칵테일을 목 뒤로 넘긴 후에 은은하고 기분 좋게 쏙 등장한다. 특히 애프터테이스트에서 커피의 존재가 더욱 잘 드러난다. 간혹 커피 칵테일을 제조할 때 커피를 그저 쓴맛이나 초콜릿 향을 내기 위한 용도로 사용하는 경우가 있다. 그렇게 만든 커피 칵테일은 진심을 다해 사양하고 싶다. 커피의 긍정적인 향미를 잘 끌어내는 것이야말로 정말 맛있는 커피 칵테일을 만드는 방법이다. 커피와 술을 둘 다 즐기는 사람이라면 분명 잘 만든 커피 칵테일과 사랑에 빠질 것이다.

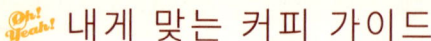 내게 맞는 커피 가이드

우측 표를 따라가며 내게 맞는 커피를 찾아보자.

#2 DRINK

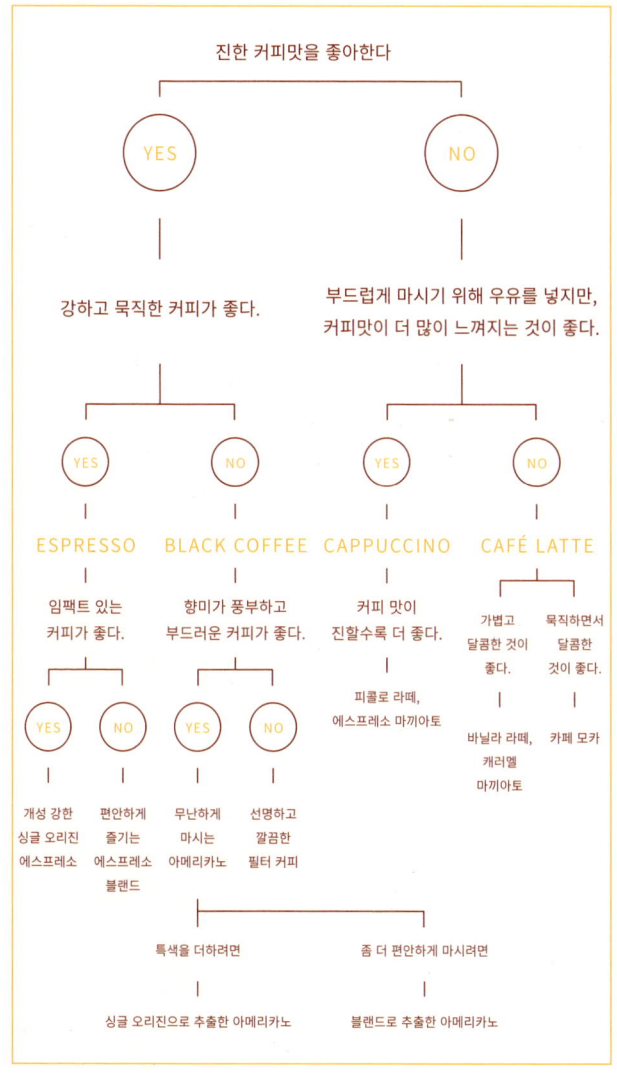

OH YEAH SPECIALTY COFFEE

#3 COFFEE

Oh! Yeah! 씨드 투 컵

#3 COFFEE

특별함을 뛰어넘는
스페셜티 커피

커피에 관심 있는 사람들이라면 '스페셜티 커피', '써드 웨이브 3rd wave'라는 말을 한 번쯤은 들어 봤을 것이다. 정확한 뜻은 모르더라도 대략 어떤 느낌인지 짐작은 갈 거다. 커피업계에서는 너무 자주 언급되어서 이제는 진부하게 느껴지기도 하는 이 단어들은 고급 커피를 의미하는 대명사로 자리를 잡아 커피산업에 지대한 영향을 끼쳤다.

이탈리아의 정통 에스프레소와 카페를 미국식으로 변형한 베리에이션 커피와 대형 커피 프랜차이즈가 성행한 시기를 일컫는 '세컨드 웨이브 2nd wave'의 대표 주자였던 〈스타벅스〉역시 '스타벅스 리저브 Starbucks Reserve'라는 콘셉트의 프리미엄 매장을 선보이면서 공격적으로 써드 웨이브 흐름에 대응했다. 이에 대형 커피 프랜차이즈들도 뒤따라 프리미엄 브랜드로 스페셜티 커피매장을 오픈했고, 이제는 일반인들도 스페셜티 커피에 접근하기가 쉬워졌다. 하지만 여전히 누군가 스페셜티 커피가 뭐냐고 물어보면 확실하게 대답해 주는 사람을 찾기가 쉽지 않다. 저마다 생각하는 스페셜티 커피의 기준이 다르기 때문이다.

품질을 기준으로 본다면, 커피품질을 평가하고 등급 감정에 대한 전문 자격을 부여받은 큐그레이더Q-grader가 평가 항목별로 커피에 점수를 매겨 합산 점수가 80점이 넘으면 스페셜티 커피로 인정한다. 평가 항목에 따라 각각의 특징이 강하게 드러나거나 개성이 있는 커피는 더 높은 점수를 받는다. 일반적으로는 커피맛이 깔끔하며 향미적 결함이 없고, 테루아terroir라고 부르는 산지의 특성이 잘 드러나면 스페셜티 커피로 간주한다.

커피를 평가하는 기준을 들여다보면 스페셜티 커피에서 깔끔한 맛이 얼마나 중요한지 알 수 있다. 깔끔한 맛은 커피체리의 수확부터 커피 추출까지 이어지는 커피체인의 전 과정에서 커피가 잘 관리되었다는 것을 증명하는 요소다. 이 깔끔함을 커피업계에서는 클린컵clean cup이라고 부른다. 화려하고 다른 커피에서는 느낄 수 없는 독특한 향미가 있어도 조금이라도 오염된 맛이 느껴지면 스페셜티 커피로 인정받지 못한다. 반면 눈에 띄는 특징이 없어도 클린컵이 뛰어나면 스페셜티 커피로 인정하기 때문에 볼멘소리를 하는 사람들도 더러 있는데, 이는 스페셜티 커피에 대한 오해에서 비롯된 것이다.
커피의 생산 이력과 고유 향미를 확인하는 작업인 커핑cupping을 통해 평가한 점수가 86점을 넘은 커피들을 살펴보면 일반 커피보다 비싼 가격임에도 불구하고 향미가 화려하기보다는 깨끗하고 산지나 품종의 특성이 잘 드러나는 경우가 많다. 90점 이상을 받는 커피를 프레지덴셜 커피Presidential Coffee라고 하는데, 이 정도 급은 되어야 커피에서 과일이나 꽃다발을 가득 안은 듯한 풍부하고 다채로운 향미가 드러나고 커피 평가의 중요한 축인 클린컵까지 모두 충족하는 놀라움을 느낄 수 있다.

가끔 〈메쉬 커피〉에 와서 특별히 스페셜티 커피를 찾는 사람들이 있다. 그들에게 "저희가 취급하는 커피는 전부 스페셜티 커피예요. 요즘 우리나라의 커피환경이 많이 좋아져서 저가 커피가 아닌 이상 커머셜 커피를 만나는 게 더 어려워요"라고 말하면, "아 그게 아니라 CoE나 파나마 게이샤 같은 커피요"라고 대답한다. 스페셜티 커피의 저변이 확대되다 보니 생기는 일이다. 이렇게 프레지덴셜 급의 커피를 찾는 소비자들이나 스페셜티 커피시장이 형성되기 전부터 고품질 커피를 수입하기 위해 노력했던 많은 분들 덕분에 이제는 해외에서도 귀하다는 커피들이 종종 한국에 수입된다. 만약 이런 커피를 만날 기회가 있다면 가격이 비싸도 한 번쯤은 도전해 보는 것도 좋은 경험이 될 것이다.

그런데 단순히 커피품질만 놓고 스페셜티 커피를 판단할 수 없는 것이 생두라는 농산물의 가변성 때문이다. 커피는 커피체리일 때부터 한 잔의 커피가 되기까지 수많은 과정을 거치게 되는데, 이는 그만큼 맛이 손상될 여지도 많다는 뜻이다. 등급을 매긴 다음에도 생두나 원두의 보관 상태가 좋지 않으면 품질이 하락되기 쉽다. 그래서 스페셜티 커피는 단순히 향미만 뛰어난 것이 아니라 '씨드 투 컵'이라고 부르는 커피체인의 전 과정을 중요하게 여긴 커피를 말하기도 한다.

#3   COFFEE

대형 커피회사가 아닌 작은 규모의 로스터리들은 스페셜티 커피의 태동과 함께 산지에서 일어나는 일들을 궁금해 했다. 교역량에 비해 생두 가격은 수십 년 동안 거의 변동이 없었고, 심지어 과잉 생산이 되면 생산 원가에도 못 미치는 가격에 거래되기도 했다. 이는 지속적인 커피 생산을 위협했다. 커피 생산자와 소비자 모두에게 도움이 되도록 생두 거래 가격의 기준선을 정하고 중간 유통 과정을 줄이는 방식을 도입하는 것이 시급해졌다. 무역 회사를 통해 생두를 구매하던 로스터들은 결국 직접 산지에 가서 커피 생산자들을 만나 함께 의견을 나누고 좋은 품질의 생두를 합리적인 가격에 사오기 시작했다.

그렇게 그린빈 바이어green bean buyer와 농부가 품질을 기반으로 하는 상생하는 생두 직거래를 하기 시작했고, 이를 '다이렉트 트레이드direct trade'라고 불렀다.

다이렉트 트레이드는 거래의 투명성을 보장할 뿐만 아니라 소비자와 생산자의 적극적인 소통을 이끌어 내기도 했다. 그린빈 바이어가 자신과 다이렉트 트레이드를 하는 농부에게 소비국의 의견을 전달하고 다른 산지에서 발견한 새로운 농법을 알려 주며, 서로 머리를 맞대고 더 나은 커피를 생산하기 위해 함께 연구하고 실험하는 경우가 많아졌다. 근 십 년 사이에 커피 품질이 급속도로 좋아진 것은 이러한 교류의 성과가 아닐까?

써드 웨이브, 제3의 물결은 스페셜티 커피를 바탕으로 진행되었다. 제1의 물결은 커피 소비 자체가 급격하게 늘었던 커피의 대중화 시기를 말하고, 제2의 물결은 〈스타벅스〉와 같은 대형 커피회사들의 영향으로 커피가 단순한 카페인 음료에서 발전해 고급스러운 이미지를 구축해 가며 다시 한 번 크게 성장한 시기를 말한다. 이 시기에 집보다 카페에서 커피를 마시는 인구가 증가했고, 그에 상응해 카페도 많이 생겼다. 제3의 물결은 앞서 이야기한 스페셜티 커피가 지향하는 품질과 가치가 기반이 된다.

제3의 물결을 따라가고 스페셜티 커피의 겉모습만 쫓는 것은 사실 자본이 충분하면 누구나 할 수 있는 일이다. 돈이 된다는 소문은 여지없이 자본을 끌어들였고, 지금의 스페셜티 커피는 본래의 의미를 잃은 채 유행처럼 번져가고 있다. 얼마 전까지 사람들은 제2의 〈스타벅스〉를 꿈꿨다면 이제는 제2의 〈블루 보틀 커피〉를 꿈꾼다.

미국의 일부 도시에서 시작된 스페셜티 커피의 흐름이 정말 물결처럼 전 세계로 멀리 퍼져 나가고 있다는 것은 분명 좋은 일이다. 이제는 세계 어느 도시에 가도 손님들에게 좋은 스페셜티 커피를 소개하는, 작지만 열정적인 로스터리들을 어렵지 않게 만날 수 있다. 스페셜티 커피의 진가는 이러한 사람들 사이의 관계와 가치관에서 비롯된다.

스페셜티 커피에서 중요한 역할을 하는 다이렉트 트레이드도 서로 인정하고 존중하는 상생의 가치가 없었다면 그저 마케팅을 위한 도구에 불과했을 것이다. 이미 커피산업의 많은 사람이 걱정하는 것처럼 나 역시 스페셜티 커피가 단순히 유행처럼 소비되지 않았으면 하는 바람이 있다. 농부, 로스터와 바리스타 그리고 이를 지지하는 고객들이 이뤄 낸 가치를 인정받아 커피제국 〈스타벅스〉를 위협했다는 사실을 잊으면 안 된다.

#3 COFFEE

Oh! Yeah! 산지에서 리스타트

한동안 슬럼프에 빠진 적이 있었다. 커피일을 하는 것이 그저 먹고사는 수단으로 변해 지루하고 재미없었다. 그때 처음 커피 산지에 갔다. 〈엘카페 커피 로스터스El Cafe Coffee Roasters〉에서 근무할 때였는데, 양진호 대표가 우리랑 다이렉트 트레이드를 하고 있는 농장에 가 보고 CoE에도 참관할 겸 엘살바도르에 다녀오라고 했다. 처음 그 말을 들었을 때는 모든 것이 귀찮게 여겨졌다. 그러다 문득 이런 생각이 들었다. '내가 언제 또 커피 산지에 가 보겠어? 커피가 만들어지는 시작점에 갔다 오면 뭔가 달라지지 않겠어?' 직접 산지에 다녀오면 커피를 대하는 태도가 달라지고, 커피를 더 깊게 이해할 수 있을 것이라고 생각했다. 오랜만에 가슴이 두근두근 뛰기 시작했고, 곧바로 커피 산지와 관련된 자료들을 찾아보며 먼저 다녀온 사람들의 이야기를 들으러 다녔다.

한국에서 중미에 위치한 엘살바도르까지 바로 가는 항공편이

#3 COFFEE

없어서 미국 로스엔젤레스까지 간 다음 엘살바도르의 수도인 산살바도르로 가는 비행기로 갈아탔다. 정말 길고 진이 빠지는 여정이었다. 두려움과 설렘이 가득한 채로 저녁 느즈막히 공항에 도착했는데, 농장주인 마우리시오 에스칼론Mauricio Escalon이 마중을 나왔고 그의 픽업트럭을 타고 커피농장 엘베티아Finca Helvetia로 향했다.

다음날 아침, 마우리시오와 함께 차를 타고 한참을 올라가 해발 1,200m에 다다랐다. 차에서 내려 들어간 숲 한가운데에 서서 주위를 둘러봐도 도무지 커피나무는 보이지 않았다. 마우리시오에게 커피나무는 어디쯤 있냐고 물어보니 눈에 보이는 것이 전부 커피나무라고 했다. 그제서야 사진으로 보던 길쭉한 나뭇잎들이 눈에 들어왔다. 걸어 다니기 힘들 정도로 좁고 비탈진 산길을 따라 커피나무와 바람을 막아 주는 사이프러스cypress 나무가 적당히 섞여 자라고 있었다. 흔히 떠올리던 구획 정리가 잘 된 평지의 농장과는 전혀 딴판이었다. 자세히 살펴보니 나무가 마냥 빽빽이 들어선 것처럼 보이던 숲에도 일정한 규칙이 있고 나무들 사이에도 적당한 간격이 있었다.

사진으로만 보던 정리가 잘 된 농장은 커피를 대량으로 빠르게 생산하는 플랜테이션 방식을 택한 곳이었고, 기계가 지나다닐 수 있도록 고도가 낮은 평지에서 커피나무를 기르는 경우가 많았다. 하지만 엘베티아 농장처럼 생산량은 적어도 향미가 뛰어난 스페셜티 커피를 다루는 농장들은 대체로 고도가 높은 곳에 위치하고 있었다. 높은 고도의 선선한 기후에서 커

피체리가 천천히 익어야 산미가 강해지고 커피의 단맛도 좋아지기 때문이다.

엘베티아 농장에 가기 위해서는 픽업트럭 한 대가 겨우 지나다니는 곳에서 내린 다음, 거기서도 또 한참을 좁은 길로 걸어 들어가야 했다. 당연히 이곳에는 수확 기계가 들어오지 못하고, 사람들이 나무들 사이를 헤치며 손으로 일일이 커피체리를 수확해야 했다. 그래서 잘 익은 커피체리만 골라 따는 숙련된 피커picker의 능력이 매우 중요했다.

오후 2시 쯤이 되자 바다에서 불어오는 따뜻한 공기와 높은 산의 찬 공기가 만나 안개가 짙게 깔리면서 뜨거운 햇빛을 자연스레 가려 주었다. 그 와중에 마우리시오가 커피꽃을 발견하곤 나를 불렀다. 하얗게 핀 커피꽃이 얼마나 아름답던지. 한참

#3 COFFEE

을 감탄하고 있다가 빨갛게 잘 익은 커피체리를 건네받았다. 그 자리에서 바로 껍질을 까 얇은 과육을 빨아 먹으니 은근히 달콤했다.

커피체리가 자라는 농장의 위치와 토양, 기후 조건 등을 통틀어 테루아라고 부른다. 와인에서 말하는 테루아와 같은 의미다. 이 테루아는 커피향미를 형성하는 데 많은 영향을 끼치는데, 농장에 가보니 일 년 내내 커피나무를 돌보는 농부만큼은 아니지만 그 힘을 몸소 느낄 수 있었다.
천부적인 자연환경을 벗어나기는 힘들지만 농사를 짓는 사람의 노력도 중요하다. 농장에서 병충해를 방지하기 위해 산비탈을 힘겹게 돌아다니며 커피나무에 골고루 농약을 뿌리는 일꾼을 만나 인사를 나누었다. 커피나무의 잎 뒷면이 녹슨 것처럼 누렇게 변하는 커피녹병은 버번이나 파카스Pacas, 파카마라 Pacamara처럼 유독 맛이 좋기로 유명한 커피품종들이 특히 취약하다. 산지에서는 커피녹병을 로야Roya라고도 부르는데, 잘 관리하려고 해도 주변 농장에서 커피녹병이 발생하면 금새 옮아 생산량이 급격히 줄어든다고 했다. 지속적으로 신경 쓰는 것 외에는 방법이 없다고도 했다. 그래서인지 마우리시오는 농장을 돌아다니는 내내 계속 잎의 뒷면을 확인했다.

내가 농장에 방문했을 때는 이미 수확철이 끝난 시기였기 때문에 그가 관리하는 다른 농장들을 마저 빠르게 둘러보고 바로 가공시설로 이동했다. 커피는 잘 익은 커피체리를 수확하는 것에서 끝나지 않기 때문에 가공이나 등급 분류 등 생산 과정 전

반을 꼼꼼히 둘러보는 것이 중요하다. 후가공이 잘 이뤄져야 생두 자체가 지닌 깨끗하고 풍부한 향미가 온전해진다. 그래서 산지를 방문할 때는 농장을 살피는 것 이외에도 가공시설이 어떻게 관리되고 있는지 확인하는 것이 필수다.

커피체리를 수확하고 난 다음에는 수조에 담궈 물에 뜬 덜 익은 것을 건져내고 펄퍼pulper로 과육을 벗긴다. 과육을 제거한 후에는 파티오patio라고 부르는 넓은 마당에 널어 말리는데, 커피체리째 말리기도 한다. 커피품질을 고르게 만들기 위해 아프리칸 베드african bed라고 부르는 건조대에서 천천히 말리는 경우도 있다. 이러한 방식들은 시간이 오래 걸리고 많은 양을 한번에 처리하기가 힘들어 농장의 여건에 따라 기계식 건조를 선택하기도 한다. 내과피에 둘러싸인 채로 건조된 것을 파치먼트parchment라고 부르는데, 바이어들이 원하는 파치먼트의 적당한 수분함량은 10~12%정도고 농장에서도 이에 맞춰 커피체리를 건조시킨다. 이후 파치먼트를 벗겨 내는 작업인 헐링hulling을 거치고, 기계나 사람을 통해 결점두나 이물질을 골라내 포장하면 생두를 수출할 준비가 끝난다.

마우리시오와 헤어지기 전까지 우리는 커피산업에 대해서 많은 이야기를 나눴다. 산지에서 일어나는 일들이 중요하다고 막연하게나마 생각했지만, 미처 알지 못했던 생산자들의 이야기를 들으며 내가 그동안 얼마나 좁은 시야를 가지고 있었는지 깨달았다.
마우리시오는 3대째 커피를 재배하는 자신과 가족들의 오랜 경

#3   COFFEE

험으로 미루어 봤을 때, 커피 농사는 장기적인 투자가 필요한 일이라 지금은 큰 돈이 되지 않아도 먼 미래를 보고 스페셜티 커피를 생산한다고 했다. 당장 수익이 손에 들어오지 않는 일이라 산지에서는 스페셜티 커피를 하는 사람을 두고 바보나 로맨티스트라고 부른다고도 했다.
또 그는 스페셜티 커피를 거래하는 사람들은 열정과 신뢰를 바탕으로 장기적인 관계를 맺기 때문에 자신이 알고 있는 모든 정보를 기꺼이 나눠준다고 했다. 많은 생각을 하게 만든 말이었다. 소비국에서 카페를 운영하는 나 역시 이 때의 기억을 깊이 새기고 지금까지 커피를 해 오고 있다.
산지에 다녀오고 변한 내 모습을 손님들이 먼저 알아보았다. 커피 이야기를 할 때마다 눈이 반짝반짝 빛난다고 했다. 거대하게만 보였던 커피산업에서 내 역할에 대한 사명감이 생겼다.

원두 포장지 읽는 법

내 취향에 맞는 원두를 찾는 가장 좋은 방법은 바리스타나 로스터에게 직접 물어보는 것이겠지만, 상황이 여의치 않다면 원두 포장지에 적혀 있는 정보만 꼼꼼히 봐도 많은 것을 알 수 있다. 그렇지만 원두에 대한 수많은 정보를 작은 포장지에 모두 표시하기에는 한계가 있어서 보통은 간략하게 표현해 둔다. 그래서 준비했다. 로스터가 원두 포장지에 적어 둔 정보를 어떻게 해석해야 하는지 하나씩 알아보자. 어디 가서 '커피 좀 아는 사람'이라고 뽐낼 수 있을 만큼 커피지식이 쌓일 것이다.

싱글 오리진/블랜드

원두를 고를 때는 가장 먼저 해당 원두가 싱글 오리진인지 블랜드인지 확인하자. 싱글 오리진이라는 말은 단일 원산지라는 뜻으로 예전에는 '단종 커피'라고 불렸지만, 최근에는 스페셜티 커피산업을 이끄는 영미권의 영향으로 싱글 오리진이라 표시하는 곳이 많아졌다. 싱글 오리진은 산지마다 다른 자연환경

#3　COFFEE

과 커피품종 등이 빚어내는 고유의 특징이 잘 살아 있어서 각 원두의 개성을 비교하며 즐길 수 있다.
커피체리는 국가와 지역마다 수확되는 시기가 다르기 때문에 한국에 생두가 입고되는 시점도 산지별로 차이가 있다. 계절마다 입고되는 싱글 오리진을 기다리며 그때그때 가장 신선한 커피를 맛보는 재미가 은근 쏠쏠하다. 예를 들면 봄에는 에티오피아, 볼리비아, 과테말라에서 생산된 커피를 만날 수 있으며, 여름에는 케냐, 가을이 다가오면 코스타리카, 온두라스, 엘살바도르와 같은 중미 지역의 커피들이 등장하고, 겨울에는 브룬디, 르완다 커피들을 만날 수 있다. 싱글 오리진 마니아들은 좋은 와인을 다른 좋은 와인과 섞어 마시는 것이 무의미한 것과 마찬가지로 싱글 오리진 커피 역시 각자의 매력을 고스란히 즐기는 것만으로도 충분하다고 말한다.

블랜드는 서로 다른 개성을 지닌 싱글 오리진을 재료로 활용하여 균형감 있게 섞어 로스팅한 것이다. 때로는 로스팅을 마친 원두를 섞어 블랜드를 만들기도 한다. 각 재료가 서로 부족한 부분을 채워 커피 자체의 완성도를 높이기도 하지만, 시너지를 발휘해 복합적이고 새로운 맛을 만들어 내기도 하는 것이 블랜드다. 로스터들은 블랜딩하는 생두의 산지를 달리하거나 배합 비율을 바꿔가며 추구하는 맛을 끌어낸다. 블랜딩을 중요하게 생각하는 사람들은 블랜딩 노하우를 굉장한 비법으로 생각하곤 한다. 하지만 로스터에 따라 같은 생두를 사용해도 산미를 중심으로 새콤달콤함을 재밌게 표현하기도 하고, 반대로 묵직하고 부드러운 느낌과 초콜릿 같은 뉘앙스를 더하기도 한다.

싱글 오리진은 산지명으로 판매되는 것에 반해 블랜드는 로스터리별로 그 특징에 따라 이름을 짓는다. 〈블루 보틀 커피〉의 '헤이스 밸리Hayes Valley' 블랜드처럼 동네 이름에서 따오기도 하고, 영국 〈스퀘어 마일 커피 로스터스Square Mile Coffee Roasters〉의 '스윗숍Sweetshop'처럼 커피향미가 잘 연상되는 단어로 짓기도 한다.

싱글 오리진이 자연적이라면 블랜드는 인간적이랄까? 기분에 따라 커피를 골라 마시는 재미를 좋아한다면 싱글 오리진을, 익숙하고 편안한 맛을 원한다면 블랜드를 추천한다.

원산지

싱글 오리진은 앞서 말한 것과 같이 커피가 지닌 고유의 캐릭터가 중요하다. 이를 드러내기 위한 방법 중 하나로 원두 포장지에 생두의 이력을 활용해 이름을 표기하는데, 주로 생산 국가명, 지역명, 농장명 순서로 적는다. 우리가 와인을 고를 때 프랑스산을 살지 칠레산을 살지 고민하고, 보르도Bordeaux나 부르고뉴Bourgogne처럼 와인으로 유명한 지역 또는 라벨에 적힌 와이너리 이름을 보고 사는 것과 같은 이치다.

커피 역시 생산 국가나 지역, 농장에 따라 맛이 크게 달라진다. 대표적인 커피산지인 브라질과 에티오피아의 커피만 놓고 비교해 봐도 확연히 다른 것이 느껴진다. 대체로 브라질 커피는 구수하면서 산미가 적고 견과류 향미가 많이 나는 데 반해, 에티오피아 커피는 꽃향기나 베리류의 과일, 초콜릿이나 홍차 같은 느낌이 나고 화사한 편이다. 하지만 브라질에서도 고지대에

#3   COFFEE

서 재배되고 잘 관리된 커피는 에티오피아 커피에서 느껴지는 향미들이 나오기도 해서, 국가나 지역별로 향미에 대한 선입견을 가지는 것은 좋지 않다.

국가나 지역마다 향미가 달라지는 이유는 토양이나 기후 조건이 다르고, 주로 재배하는 커피품종이나 커피체리를 수확한 후 진행되는 가공방식도 다르기 때문이다. 심지어 같은 농장 안에서도 다른 품종을 심거나, 품종이 같아도 커피나무를 심은 고도나 위치가 다르면 향미에서도 차이가 드러난다. 우리가 등산할 때 같은 산인데도 어떤 곳은 햇볕이 잘 들어 따뜻한 느낌을 받는 곳이 있고, 반대로 나무가 무성히 자라 서늘하고 때로는 음산한 기분마저 드는 곳을 발견하는 것과 마찬가지다. 커피농장도 자연환경에 많은 영향을 받는다.

그래도 다행히 한 농장에서 재배한 같은 품종과 가공방식의 생두라면 작황에 따라 조금은 달라지긴 하지만, 대체로 비슷한 맛이 난다. 그래서 유명한 커피농장의 경우에 생두를 구매하려는 사람들이 줄을 서서 기다린다.
콜롬비아 나리뇨Nariño나 코스타리카 따라주Tarrazu처럼 원두의 이름이 지역명까지만 표시된 경우는 해당 지역의 여러 농장에서 재배한 생두가 섞인 것이라 이름은 같아도 서로 다른 맛이 날 확률이 굉장히 높다. 이런 점을 방지하고자 스페셜티 커피는 어떤 농부가 어떻게 생두를 수확하고 가공했는지 이력을 추적할 수 있도록 커피 생산과 관련된 모든 정보를 기록한다. 그래서 스페셜티 커피는 '얼굴 있는 커피'로도 불린다.

재배고도

원두 포장지에 재배고도를 표시하는 이유는 커피향미와 산미의 강도가 고도의 영향을 받기 때문이다. 일반적으로 고품질 커피는 고지대에서 재배되는데, 고도가 높아질수록 기온이 내려가 커피체리가 천천히 익어 풍미가 깊어지고 산미도 강해진다. 고랭지 채소가 단단하고 맛이 좋은 것과 같은 맥락이다.
하지만 재배고도가 낮은 곳이라고 항상 품질이 떨어지는 것은 아니다. 고도가 낮아도 생두가 지닌 본래의 특성을 잘 살리고, 달콤함을 최대로 끌어올리는 가공방식을 거치면 깜짝 놀랄 만한 맛이 나오기도 한다. 산미가 강한 커피를 선호하지 않는다면 낮은 고도의 원두를 선택하는 것이 좋다.

커피품종

커피도 과일처럼 품종에 따라 맛이 다양하다. 과테말라의 한 농장주가 내가 일하던 카페에 왔을 때였다. 그가 메뉴판을 보면서 내게 제일 먼저 건넨 말이 "이 커피는 어떤 품종인가요?"였다. 그만큼 품종은 커피향미를 결정짓는 데 중요한 역할을 한다. 커피품종은 티피카Typica, 버번, 파카마라, 게이샤, 카투라Caturra, 카투아이Catuai, 비야 사르치Villa Sarchi, SL - 28 등 수많은 종류가 있으며, 그 향미 또한 다양하다.
각각의 품종들이 가진 고유의 캐릭터는 전부 다르고 그 특징을 잘 살리는 것도 중요하지만, 해당 품종이 재배환경과 얼마나 잘 어울리는지도 굉장히 중요하다. 전 세계적으로 열풍을 일으키고 있는 게이샤 품종은 아무 데나 심는다고 다 좋은 결과가 나오진 않는다. 코스타리카나 콜롬비아에 심은 게이샤는

#3 COFFEE

화려함이 적어 '게이샤 같다'는 느낌만 살짝 나는 경우도 있다. 반대로 어떤 품종을 전통적인 재배지역에서 벗어나 다른 지역에 심었을 때 이전과는 다른 독특한 향미가 발현되는 경우도 있다. 그래서 케냐에서 주로 재배되던 SL-28이라는 품종을 중미에서 재배하거나, 파나마에서 성공적으로 정착한 게이샤 품종을 다시 커피의 탄생지인 에티오피아로 가져와 심기도 하는 등 산지 곳곳에서는 다양한 시도가 이루어지고 있다.

주요 아라비카 커피품종
Coffea Arabica

에티오피아 원종 Ethiopian Heirloom
- 수단 루메 Sudan Rume
- 카파 Kaffa
- 짐마 Djimmah
- 아가로 Agaro
- 시다모 Sidamo
- 하라르 Harrar
- 게라 Gera
- 월라가 Wellega
- 게샤 Gesha

티피카 Typica
- 자바 Java
- 마라고이페 Maragogype
- 켄트 Kent
- 블루 마운틴 Blue Mountain
- 산 라몬 San Ramon
- 비야로보스 Villalobos
- 코나 Kona
- 수마트라 Sumatra
- 파체 Pache

버번 Bourbon
- 라우리나 Laurina
- 문도노보 Mundo Novo
- 카투라 Caturra
- 파카스 Pacas
- 파카마라 Pacamara
- 비야 사르치 Villa Sarchi
- 모카 Mocha
- SL-28
- SL-34
- 잭슨 Jackson

로부스타 교배종 Robusta Hybrid
- 카티모르 Catimor
- 콜롬비아 Colombia
- 이카투 Icatu
- IHCAFE90
- 루이루 11 Ruiru 11
- 사치모르 Sarchimor
- 카스티요 Castillo
- 파라이네마 Parainema

중미 이식 종
- 게이샤 Geisha
- 우쉬우쉬 Wush-wush

티피카 + 버번 교배종
- 아카이아 Acaia
- 카투아이 Catuai
- 마라카투라 Maracaturra

가공방식

커피는 같은 품종이어도 어떤 방식으로 가공했는지에 따라 맛이 천차만별로 달라진다. 때로는 품종이나 재배환경보다 더 직접적으로 커피향미에 영향을 끼치기도 한다. 가장 전통적인 가공방식은 내추럴 프로세스natural process다. 여기서 내추럴은 요즘 우리가 떠올리는 친환경이나 유기농을 뜻하는 단어가 아닌 워시드 프로세스washed process에 대비되는 의미로 쓰인다.

내추럴 프로세스는 가공과정에서 물을 사용하지 않고, 커피체리의 과육을 제거하지 않은 채 그대로 건조하는 방식이다. 내추럴 커피에서는 말린 과일이나 견과류가 연상되고 묵직한 느낌이 나며 산미는 비교적 약하게 느껴진다. 워시드 프로세스는 펄퍼로 커피체리의 과육을 벗기고 남아 있는 점액질을 물로 발효시켜 제거한 다음 건조하는 방식이다. 워시드 커피는 내추럴 커피에 비해 달콤함은 줄어들지만 산미가 잘 느껴지고 깔끔하고 섬세한 향미가 잘 드러난다.

두 가지 가공방식의 장점만 살려 달콤하면서도 산뜻한 산미를 강조하기 위해 만든 것이 세미 워시드semi washed, 펄프드 내추럴pulped natural, 허니honey 프로세스다. 이들은 과육과 점액질을 전부 제거하여 건조하는 워시드 프로세스와는 달리 파치먼트에 점액질이 남아 있는 상태로 건조하는 방식을 일컫는다. 이들은 국가별로 부르는 방식에 차이가 있을 뿐, 가공 과정 자체는 크게 다르지 않다.

전체 가공과정에서는 건조단계가 가장 중요하다. 건조가 제대로 이뤄지지 않아 가공을 마친 파치먼트의 수분함량이 너무 높으면 곰팡이가 번식하기 쉽고 너무 낮으면 품질이 떨어진다. 건조시간이 너무 짧아도 좋지 않다. 맨바닥에서 커피체리나 파치먼트를 햇빛에 노출시켜 빠르게 말리는 파티오 건조보다, 지면에서 어느 정도 간격을 두고 아프리칸 베드를 설치해 공기가 잘 통하는 망에서 서서히 말리는 방법이 커피품질을 고르게 유지하는 데 유리하다. 너무 빠르게 말리면 겉은 마른 것처럼 보여도 속이 덜 마르는 경우가 발생하기 때문이다. 그래서 건조시간이 긴 생두일수록 더 많은 정성을 들인 것이라고 생각해도 된다. 원두 포장지에 아프리칸 베드에 며칠 동안 천천히 말렸다는 문구가 적혀 있다면 믿고 구매해도 좋다.

로스팅 포인트
커피는 기호 식품이라 마시는 사람의 취향이 제일 중요하다. 그중에서도 취향이 가장 명확하게 반영되는 부분이 로스팅 포인트다. 생두를 강하게 볶았는지, 다소 약하게 볶았는지에 따라 커피취향은 확연하게 갈린다. 배전도가 높은, 즉 로스팅 정도가 강한 다크 로스팅일수록, 흔히 커피하면 떠올리는 고소한 견과류나 쌉싸름한 초콜릿 맛과 더불어 무겁고 스모키smoky한 느낌이 두드러진다. 반대로 배전도가 낮은 라이트 로스팅의 경우 꽃향기나 과일의 산미가 돋보이고 은은하고 깔끔한 느낌이 난다.

로스터가 생두 자체가 지닌 캐릭터를 최대한 살리는 데 중점을 둔다면 라이트 로스팅을 하는 경우가 많으며, 로스팅 과정에서 일어나는 화학적인 변화를 통해 단맛을 끌어올리고 싶다면 로스팅을 강하게 하는 경향이 있다. 예전에는 품질이 낮은 생두의 부정적인 향미를 숨기기 위해 다크 로스팅을 진행한다는 이야기가 있었지만, 커피를 좋아하는 사람들이 많아진 요즘엔 그렇게 로스팅하면 곧바로 들통난다. 더군다나 저품질의 재료를 강하게 볶는다고 품질이 나아지거나 맛이 좋아지는 것도 아니다.

취향에 따라 로스팅 포인트를 확인하고 원두를 고르는 것이 안전한 선택이겠지만, 혹시 모르니 새로운 스타일에 도전하는 것도 추천한다. 의외의 취향을 발견할지도 모르니까.

로스팅 날짜
커피는 신선도가 중요한 식품이며 불안정한 '향'을 즐기는 음료다. 그래서 원두는 무엇보다 신선할 때 구매하는 것이 가장 좋고, 이를 위해 원두 포장지에 적힌 로스팅 날짜를 확인하는 것이 필수다. 문제는 신선함의 기준을 어떻게 판단하느냐는 것이다. 원두는 신선할수록 좋다고 하는 사람들이 있는 반면, 어떤 이들은 며칠 동안 숙성시켜야 맛있다고 한다. 과연 누구의 말이 맞을까?

로스팅 후 커피향미는 지속적으로 손실된다. 로스팅 직후 신선하고 향이 풍부한 상태의 원두는 2 - 3주 정도 안정적으로 향미가 유지되고 이후에는 점점 신선도가 떨어진다. 안정적인 시기가 지나도 불쾌한 향미가 느껴지지 않는다면 원두는 아직 신선한 상태라고 봐도 좋다. 원두는 어느 정도 숙성되어야 맛있

#3 COFFEE

다고 생각하는 사람들은 얼마나 보관해야 좋은지 묻곤 하는데, 커피의 향은 어디로 튈지 몰라 사실상 예측이 불가능하다. 커피가 가장 맛있는 베스트 포인트를 기다리기보다 매일 커피를 마시며 점점 향미가 변하는 과정을 지켜보는 것을 추천한다. 단, 원두는 필요한 만큼만 구매해 빠르게 소비하는 것이 좋고, 원두를 보관하는 환경이 좋지 않으면 상미 기간은 급속도로 나빠지니 유의해야 한다.

테이스팅 노트
원두 포장지에 커피향미를 묘사한 테이스팅 노트가 적혀 있다면 커피맛을 짐작해 보는 데 큰 도움이 된다. 테이스팅 노트는 주로 해당 원두를 로스팅한 로스터와 이를 다루는 바리스타가 커피에서 느낀 향미들을 적어 둔 것이다. 예전에는 테이스팅 노트에 플로럴floral, 재스민jasmine, 몰티malty, 블랙커런트blackcurrant, 넛맥, 실키silky 등 커피업계의 전문가들이 자주 사용하는 화려한 용어를 많이 써 두는 것이 유행이었는데, 요즘은 누구나 이해하기 쉽고 직관적으로 파악할 수 있는 향미 두세 개만 적는 경우가 많다. 스페셜티 커피가 유입된 초반에는 바리스타가 손님들에게 커피를 가르치려 했다면, 지금은 친근하고 편안하게 다가가려고 노력하기 때문이다.

테이스팅 노트에 평소 좋아하는 음식들이 적혀 있다면, 그 원두는 당신의 입맛에 잘 맞을 확률이 높다. 과일을 좋아한다면 오렌지나 포도가 적힌 원두를, 산미를 즐기지 않는다면 초콜릿이나 아몬드가 적힌 원두를 고르는 것이 성공할 확률이 높다.

만일 원두 포장지에 있는 테이스팅 노트와 집에서 내린 커피에서 느껴지는 향미가 다르다면 바리스타에게 조언을 구하자. 추출 레시피나 사용하는 물, 원두의 분쇄 상태 등 여러 요인에 의해 커피맛은 달라질 수 있기 때문이다.

#3 맛있는 커피

맛있는 커피는 어떤 것일까? 일반 사람들은 물론, 커피 전문가라도 맛있는 커피가 무엇인지 콕 집어서 이야기할 수 있는 사람은 드물다. 그래서 대부분의 사람들이 맛있는 커피를 상상 속의 용처럼 신비한 존재, 뭐라고 표현할 수 없는 무언가로 여긴다. 자, 쉽게 생각하자. 맛있는 커피가 뭔지는 잘 몰라도 분명 매일 마시게 되는 이상한 매력을 지닌 커피는 있다. 그런 커피를 마시면 우리 모두 기분이 좋아지지 않는가?

'맛있는 커피를 찾으라니. 어떤 것이 좋은 것이고 나쁜 것인지 구별도 안 되는데 어떻게, 그리고 뭘 찾으라는 거지? 뭔가 다른 것 같긴 한데, 이걸 어떻게 표현해야 하지? 과일맛이 나는 것도 같은데 과일이라고 해도 되나? 은은한 꽃향기가 나는데 무슨 꽃인지는 정확히 모르겠고….'
내가 처음 〈커피 리브레Coffee Libre〉에서 커핑 수업을 들었을 때 떠오르던 생각들이다. 그래서 커피에 막 관심을 가지기 시작한

사람들이 커피향미를 표현하는 것을 얼마나 힘들어 하는지 잘 알고 있다. 그래서 그들을 보면 유용한 팁을 하나 알려 준다. 머릿속에 세상에서 제일 맛있는 커피를 그려 보는 것. 커피로는 잘 상상되지 않는다면, 여러 가지 과일을 갈아 넣은 주스나 칵테일, 복합적인 와인, 때로는 해산물 샐러드 같은 음식 등 자신이 평소에 자주 접하는 것들로 대체해도 좋다. 그 모든 것을 아울러 가장 맛있다고 느끼는 맛. 그 맛이 완벽한 커피 한 잔의 맛이다.

#3　COFFEE

커피산업이 나날이 발전해 상상만 하던 경이로운 커피를 만나는 일이 가끔 있다. 특히 스페셜티커피협회Specialty Coffee Association, SCA의 커핑 시트cupping sheet를 기준으로 90점 이상의 점수를 받은 커피만 취급하는 스페셜티 커피회사인 〈나인티 플러스 커피Ninety plus Coffee〉의 커피나 CoE, 베스트 오브 파나마Best of Panama와 같은 최고의 생두들이 출품되는 옥션에서 자주 등장한다. 이런 커피를 맛보면 처음에는 놀라운 감정에 휩싸이고, 그 다음에는 해당 커피를 생산한 농부와 자연환경에 대해 존경심을 품게 된다. 그리고 이어지는 생각은 '내가 이 커피를 살 수 있을까'하는 욕심이다. 이렇게 완벽한 커피들은 한 해에 수확되는 생산량 자체도 적은데다 결점을 줄이기 위해 선별 작업을 여러 번 진행하기 때문에 그 양은 더 적어지기 마련이다. 게다가 훌륭한 커피는 원하는 사람들이 많기 때문에 가격은 천정부지로 치솟는다. 그래도 잠깐이나마 이런 커피를 경험하게 되면 돈 문제와 같은 현실은 저 멀리 묻어둔다.

"어떻게 맨날 비싸고 좋은 것만 먹고 사냐?"
우리 엄마 이종미 여사가 먹고 마시는 일에 유달리 깐깐한 나에게 한 말이다. 물론 매일 좋은 것만 먹고 살 수는 없다. 그렇다고 맛없는 커피를 마시면서 살 것까지는 없지 않은가? 최소한 좋은 커피와 나쁜 커피가 어떤 것인지 정도는 알아두자.

좋은 커피
좋은 커피는 무엇보다 신선하고 맛이 깨끗하다. 이런 커피는 컵을 들기만 해도 향긋한 향이 올라온다. 과일 같은 산미가 새콤달콤하면서 맛에 재미를 더한다. 처음 한 모금 마셨을 때는 너무 부드러워서 연한 커피인 줄 알았는데, 마시다 보니 점점 맛이 깊어지고 입안도 촉촉해진다. 누가 알려주지 않아도 복숭아나 캐러멜, 재스민 같은 말들이 자연스럽게 툭툭 떠오른다. 커피맛이 다양하게 느껴지는 게 신기해서 홀짝홀짝 마시다 보니 어느새 바닥이다. 아쉬워서 커피 한 잔을 더 주문한다. 기다리는 동안에도 입안에 남아 있는 커피향에 미소가 번진다. 이번에는 아까와는 다른 싱글 오리진을 주문했는데, 완전히 다른 맛이 느껴진다. 이 커피를 같이 나눠 마시면 좋을 것 같은 사람이 생각난다.

나쁜 커피

나쁜 커피는 지나치게 오래 보관했거나 품질이 좋지 않아서 맛이 이상하고 기분 나쁜 냄새가 난다. 커피를 마실수록 입이 마르고 텁텁해진다. 산미가 없는 게 차라리 낫겠다 싶을 정도로 시큼하다 못해 날카롭고, 무언가 찌르는 듯한 맛도 난다. 분명히 바리스타가 해당 커피의 원산지가 케냐라고 했는데 그 특징이 전혀 느껴지지 않는다. 브라질 같기도 하고, 블랜드 같기도 하고. 혹시나 해서 다른 싱글 오리진을 주문해 봤지만 그 맛이 그 맛이다. 쓰다. 밑도 끝도 없이 쓰다. 물을 아무리 희석해도 소용없고, 설탕을 넣어도 쓴맛이 줄지 않는다. 커피가 식으니 더 맛이 없어져 더 이상 마시기 싫다. 이상하게 혓바닥과 목구멍이 따끔거리는 것도 같고. 잘못 먹은 것도 없는데 배가 살살 아파 온다. 아까부터 머리도 지끈거린다.

#3   COFFEE

내가 생각하는 완벽한 커피

'재스민처럼 향긋하고 섬세한 꽃향기가 난다. 망고, 구아바, 파파야, 파인애플 같은 열대 과일이나 살구, 자두, 복숭아 같은 핵과류와 레몬, 라임, 오렌지, 자몽처럼 시트러스 계열의 과일맛도 난다. 포도, 사과, 라즈베리 블루베리, 딸기도 느껴진다. 여기에 벌꿀이나 캐러멜, 설탕의 달콤함이 더해진다. 바닐라와 초콜릿 향도 어우러져 새콤달콤하고, 빙하수보다 깨끗하고 부드러운 촉감에 커피를 삼켜도 뒷맛aftertaste이 끊임없이 올라온다.'
만약 이런 커피를 만난다면 나는 100점 만점에 주저없이 99점을 줄 수 있다.

커피맛을 표현하는 방법

커피향미를 평가하는 방법을 알아 둔다면 훨씬 다양한 관점에서 커피를 즐길 수 있다. 맛있는 커피를 마시고 기뻐하는 손님들에게 어떤 맛이 느껴지냐고 물어보면 대체로 분명하게 대답하지 못한다. '잘은 모르겠는데 그냥 맛있어요'라고 이야기한다. 맛있는 음식은 누구나 본능적으로 맛있게 느끼지만 그것을 표현하는 방법을 모를 뿐이다. 향미를 표현하는 언어를 숙지하고, 혹시 틀렸다는 생각이 들더라도 자꾸 말하는 습관을 들이다 보면 어느새 커피맛을 자연스럽게 표현할 수 있다.

다만 모든 언어에는 어떤 것이 좋은 것이라고 사회적으로나 문화적으로 정의하는 경우가 있다는 것을 유의해야 한다. 우리 문화권에서는 좋은 맛이 다른 문화에서는 나쁜 맛이 될 수도 있다는 이야기다. 커피가 어려운 이유도 그래서다. 한국은 커피를 마셔온 역사가 상대적으로 짧다. 그래서 커피향미에 대한 명확한 규범이 존재하지 않는다. 그나마 다행인 점은 좋은 커피에 대한 편견이나 오해도 그만큼 적다.

#3 COFFEE

커피에는 다양한 향과 더불어 흔히 말하는 신맛, 쓴맛, 단맛이 들어 있다. 다섯 가지로 나뉘는 미각 중에서 감칠맛과 짠맛은 잘 언급하지 않는데, 커피에는 짠맛을 인지하게 만드는 염화이온이 일반 사람들이 눈치챌 수 있을 만큼 들어 있지 않다. 다만 농도가 아주 진한 느낌을 솔티salty하다고 이야기할 때가 있긴 하다. 또 감칠맛이 느껴지는 커피가 아예 없는 것은 아니지만, 커피맛에서 차지하는 비중이 크지 않다. 우리가 커피를 마실 때 혀로 직접 느끼는 맛은 신맛, 쓴맛, 그리고 정말 약한 강도의 단맛뿐이다.

나머지 우리가 표현하는 향미들은 전부 맛이 아닌 향이다. 이 향들이 맛과 결합하여 새콤한 과일이나 달콤한 캐러멜 등을 연상시킨다. 그래서 커피맛을 이야기할 때 향미라는 표현을 쓴다.

커피향미를 표현할 때는 그 향미가 긍정적인지 부정적인지 밝히는 것이 좋다. 특정한 향미가 누군가에게는 좋은 것일 수도 있지만 다른 사람에게는 나쁜 것일 수도 있다. 예를 들어 단순히 '커피가 옥수수 같아요'라고 이야기한다면, 그 향미가 좋다는 건지 아닌지 알 수가 없다. 누군가는 옥수수 같이 달콤하다고 생각할 수 있지만, 덜 익은 원두에서 느껴지는 뉘앙스도 옥수수 같다고 표현할 수 있기 때문이다. 이러한 오해를 피하고 평가의 명확한 기준을 세우기 위해 커피업계에서는 커피향미를 다양한 항목으로 나눠서 평가한다. 커피를 마실 때 아래 항목들에 집중해서 향미를 표현하면, 내가 좋아하는 커피가 어떤 커피인지 묘사하기 쉬워질 것이다.

아로마 aroma

커피향미를 평가하는 커핑을 진행할 때 아로마는 분쇄원두에서 느껴지는 드라이 아로마 dry aroma (프래그런스 fragrance라고도 한다)와 분쇄원두에 물을 부었을 때 커피표면에 뜨는 크러스트 crust와 크러스트를 스푼으로 깨뜨린 break 다음 올라오는 웻 아로마 wet aroma로 나눈다. 아로마를 평가할 때는 신체의 모든 감각을 코에 집중하고, 커피의 향을 맡으면서 평소에 경험했던 다양한 향들 가운데 비슷한 느낌이 나는 향을 찾아 매치하면 된다.

커피의 향이 가벼운 듯한 느낌이 나면 꽃향기나 허브, 과일 같은 느낌의 아로마일 때가 많다. 가볍지만 채소와 가까운 느낌이 든다면 결점으로 평가한다. 이보다 약간 무게감이 있는 아로마는 아몬드나 밤, 헤이즐넛과 같은 견과류, 또는 설탕이나 캐러멜, 초콜릿처럼 달콤한 계열이 많다. 더 무거운 아로마는 향신료나 박하처럼 화한 느낌이 드는데, 이는 로스팅 과정에서 생기는 강렬한 향이다.

클린컵 clean cup

커피가 얼마나 깔끔한지를 평가하는 클린컵은 가장 중요한 평가 지표다. 생두는 가공이 잘못되거나 유통 과정에서 문제가 생기면 오염되기 쉽다. 그러면 커피에서는 지푸라기 같은 맛이 나고, 심하면 생선 비린내나 하수구 냄새처럼 불쾌한 향미가 느껴지기도 한다. 세제 같은 화학 물질이나 혀가 따끔거리는 매운맛이 느껴질 수도 있다. 나쁜 향미가 직접적으로 드러나지 않아도 전체적으로 커피가 탁하다는 인상을 받을 때도 있다.

이런 커피들을 통틀어 클린컵이 떨어진다고 이야기한다. 클린컵이 좋은 커피는 물보다 더 깨끗하다는 느낌이 드는데, 마치 크리스탈처럼 투명한 커피는 일 년에 몇 번 만나기 힘들다.

단맛 sweetness

우리가 커피에서 느낄 수 있는 단맛은 정말 미미하다. 하지만 그 미약한 단맛이 커피향미 전반에 끼치는 영향력은 어마어마하다. 단맛 덕분에 쓴맛이 줄어들고, 산미와 잘 어우러지면 향미를 한층 복합적으로 만든다. 단맛 없이 산미만 있는 커피는 날카로운 느낌이 강해진다.

커피의 단맛을 통해 산지에서 얼마나 잘 익은 커피체리를 골라 수확했는지도 가늠할 수 있다. 잘 익은 커피체리에서만 자연스러운 단맛이 나오기 때문이다. 이때 단맛은 과일이나 초콜릿에서 느껴지는 '단 향'과는 다른 것임을 유의하자.

산미 acidity

긍정적인 신맛을 의미하는 산미는 커피에 활력을 불어넣는 역할을 한다. 산미를 부담스러워하는 사람들에게는 미안한 소리지만, 산미가 없는 커피는 너무 심심하고 지루하다. 레몬이나 오렌지 같은 시트러스 계열의 활기찬 구연산 citric acid, 잘 익은 사과와 포도, 베리류의 과일에서 느껴지는 부드럽고 우아한 사과산 malic acid, 적당한 양이 커피에 들어 있다면 와인을 연상시키는 아세트산 acetic acid 등 여러 산 성분들 가운데 하나만 느낄 수 있어도 좋은 커피다. 두 가지 이상의 산 성분이 복합적으로 나타나면 상승 작용을 일으켜 망고나 파인애플 같은 열대 과일의 산미를 연상시키기도 한다. 프루트카테일fruit cocktail처럼 다양한 과일이 떠오르는 산미를 지닌 커피는 언제나 사랑받지만 흔하게 만날 수 있는 것은 아니다.

과일주스처럼 느껴지는 높은 톤의 산미도, 말린 과일에서 나는 낮은 톤의 산미도 얼마나 긍정적이고 복합적이냐에 따라서 평가가 나뉜다.

촉감mouthfeel

커피에서 촉감은 입안에서 느껴지는 무게감과 감촉을 지칭한다. 촉감이 부드러운데 가벼우면 실키하다고 표현하고, 묵직하면 벨벳 같다고 이야기한다. 촉감은 기분 좋게 느껴지면 가볍든 무겁든 전부 커피가 가진 장점으로 평가한다.

간혹 클린컵과 촉감을 혼동하는 경우가 있는데, 클린컵이 떨어지는 커피가 촉감도 나쁜 경우가 많기 때문이다. 하지만 클린컵이 좋아도 촉감은 좋지 않을 수 있다. 커피의 투명도와 촉감을 사람의 감각만으로 명확히 구별해내기는 쉽지 않다. 꾸준히 그 둘의 차이를 인식하며 연습하는 것이 최상의 방법이다.

플레이버flavor

플레이버는 커피를 마셨을 때 입안에서 복합적으로 느껴지는 전체적인 향미의 뉘앙스를 말한다. 커피를 마실 때 사람들은 평소 자신이 자주 접하는 식재료나 사물에 빗대어 플레이버를 묘사하는 경향이 있다. 그래서 같은 플레이버여도 사람마다 다르게 표현하는 경우가 종종 있는데, 이러한 현상은 국가 단위로 범위를 넓히면 그 차이가 더 심해진다.

#3 COFFEE

아시아, 유럽, 아메리카, 호주 등 세계 각지에서 온 커퍼cupper들이 모이는 CoE 심사에 가면 문화권에 따라 커피의 선호도가 조금씩 다르고, 향미를 표현하는 방식에도 차이가 있다는 것을 알 수 있다. 대부분 자신에게 익숙한 표현을 기준으로 테이스팅 노트를 기록하기 때문이다. 어떤 문화권에서는 흔한 식재료여도 다른 문화권에서는 쉽게 접할 수 없는 경우가 있는가 하면, 같은 과일이라도 지역에 따라 맛의 차이가 있다.

아시아 지역의 커퍼들은 클린컵이나 촉감에 민감한 편이지만 향미를 구체적으로 표현할 때는 주저하는 경우가 많다. 다른 국가의 커퍼들은 다양한 표현을 활용해 커피를 풍부하게 묘사하지만, 떫은 느낌을 잘 잡아내지 못하거나 촉감에 둔감할 때가 있다. 대부분의 커퍼들은 식문화의 차이에서 비롯되는 개인의 차이를 잘 알고 있어, 이를 충분히 감안한 후 품질평가를 진행한다.

여운aftertaste

아무리 매력적인 커피라도 여운이 길게 남지 않으면 뭔가 아쉽다. 커피를 목으로 넘긴 다음 입안에 남는 느낌을 뜻하는 여운은 오래 지속될수록 당연히 좋은 평가를 받는다. 하지만 좋은 여운이라고 해서 단순히 길게 지속되는 것이 아니라 강렬하게 남아 있기도 하고, 은은하게 계속 맴돌기도 한다.

여러 잔의 커피를 마시면서 평가를 하다 보면, 급한 마음에 여운을 미처 다 느끼지 못하고 다음 잔으로 넘어가는 경우가 많았다. 최근에는 『와인을 위한 낱말 에세이』라는 책을 읽다가 와인과 마찬가지로 커피의 여운이 얼마나 중요한지를 다시 한 번

커피에서 느낄 수 있는 다양한 향미 표현

재스민 jasmine
장미 rose
라벤더 lavender
아카시아 acacia
커피꽃 coffee flower
꽃다발 혹은
꽃바구니 bouquet

핵과류
복숭아 peach
자두 plum
살구 apricot

베리류
라즈베리 raspberry
크랜베리 cranberry
블루베리 blueberry
블랙베리 blackberry
딸기 strawberry

시트러스 계열
레몬 lemon
라임 lime
오렌지 orange
자몽 grapefruit

열대과일 계열
리치 lychee
구아바 guava
파파야 papaya
망고 mango
파인애플 pineapple

그외
포도 grape
사과 apple
대추 jujube
건포도 raisin
건자두 prune
무화과 fig
과일 바구니 fruit basket

설탕 sugar
원당 raw sugar
꿀 honey
메이플 시럽
maple syrup
초콜릿 chocolate

시나몬 cinnamon
카다멈 cardamom
홍차 tea

되새기게 되었다. 이제는 여러 잔의 커피를 마실 때면 중간중간에 멈춰 여운을 충분히 즐기는 연습을 한다. 커피는 무엇보다 여운이 아름다운 음료다.

향미 결함, 디펙트defects
일반적으로 좋은 맛을 구별해 내기는 어려워도 나쁜 맛을 감지하는 것은 쉽다. 사람들도 상대의 장점을 발견하는 것보다 눈에 잘 띄는 단점을 쉽게 찾아내지 않는가. 커피도 마찬가지다. 나를 포함해 많은 사람이 커피에서 나는 나쁜 향미는 기가 막히게 집어낸다. 그렇게 커피에서 기분 나쁜 맛이 나는 것을 흔히 향미에 결함이 있는 디펙트라고 이야기한다. 향미를 평가할 때 디펙트가 나타나면 과감히 점수를 깎는다.
디펙트는 불쾌한 향미나 지푸라기 같은 맛, 혀가 따끔거리는 매운맛과 화학적인 맛을 포함해 한국 사람들은 홍삼맛처럼 느끼는 포테이토 디펙트potato defect가 대표적이다. 이외에도 고무 타이어 같은 향, 식초 맛, 쿰쿰한 된장 맛, 심하게 발효된 묵은지 맛, 젖은 양말 냄새 등 커피에서 나는 향미라고는 상상할 수 없을 만큼 수많은 디펙트가 있다.

간혹 디펙트를 맛있다고 느끼는 사람들이 있다. 커피는 기호식품이니 취향에 따라 정말 그럴 수도 있겠다 싶다. 우리나라의 삭힌 홍어나 청어를 발효시킨 스웨덴의 수르스트뢰밍Surströmming, 과일의 왕이라고 불리는 두리안처럼 문화에 따라 고약한 향을 전통적인 음식으로 즐기기도 하니까. 디펙트가 맛있다고 다른 사람들에게 강요하지만 않으면, 뭐 그리 해가 될 일도 아니다.

반대로 보통 사람보다 쓴맛에 극도로 예민해서 아주 조금만 써도 커피를 입에 대지 못하는 사람들이 있다. 커피업계에서는 이런 사람들을 '슈퍼 커퍼super cupper'라고 부른다. 일반적으로 커피를 평가할 때 슈퍼 커퍼들의 의견은 제외된다. 설탕을 넣고 또 넣어도 소용이 없는 약처럼 쓴 커피는 당연히 디펙트라 판단하지만, 슈퍼 커퍼는 커피가 가진 좋은 쓴맛도 부정적으로 느껴 보통 사람들과는 다른 평가를 내리기 때문이다. 미각이 예민한 사람이라 좋은 커퍼라고 생각할 수도 있겠지만, 감각이 매우 둔감한 사람들과 마찬가지로 평가를 진행할 때는 그들의 의견이 전체 평가에 지장을 줄 때가 있다.

#3 가장 좋은,
그러나 가장 비싼 커피

한때 세계 3대 커피라 불리던 하와이 코나Kona, 자메이카 블루마운틴Blue Mountain, 예멘 모카가 있었다. 당시에는 청담동 사모님들이나 마시는 비싼 커피라고도 했다. 일반 사람들에게는 미디어에서 너도나도 소개하는 바람에 이상하게 알려진 코피 루왁Kopi Luwak이 더 유명한 커피일지도 모른다. 회사 과장님이나 부장님처럼 보이는 손님들은 내게 '커피 전문가면 루왁 커피 마셔 봤냐'고 그렇게들 물어본다. 죄송하지만 나는 그런 악취미를 즐기지 않는다. 루왁 커피는 시벳Civet이라고도 부르는 사향고양이가 커피체리를 먹고 뱃속에서 소화되지 않은 파치먼트를 배설물과 함께 내보낸 것을 건조시켜 만든 커피다. 품질이 좋아서가 아니라 희귀하고 희소하기 때문에 가격이 오른 것이다. 심지어는 세상에서 제일 비싼 커피로 언론에 자주 노출되어 수요가 급증하자, 좁은 우리에 사향고양이를 가두고 강제로 커피체리를 먹여 루왁 커피를 생산하는 현상이 일어나 동물학대 논란까지 빚어졌다.

커피업계 사람이나 커피 애호가들은 CoE 옥션, 혹은 〈나인티 플러스 커피〉의 커피에 열광한다. 게이샤 품종만 가지고 생두 경연 대회를 진행해 세상에서 제일 비싼 커피 가격을 기록하기도 했던 파나마의 에스메랄다 스페셜 옥션Esmeralda Special Auction과 과테말라의 엘 인헤르토 옥션El Injeroto Auction 커피도 마찬가지다. 해를 거듭할수록 옥션을 통해서만 구할 수 있는 커피에 대한 수요가 늘어 낙찰 가격은 매해 치솟고 있다.

2018 과테말라 CoE 옥션에서 1위를 기록한 생두를 일본 〈마루야마 커피〉의 도움으로 함께 낙찰을 받았는데 낙찰가가 55.6$/lb였다. 이때 이야기하는 생두 가격은 선적 전 금액으로, 운송과 통관 과정을 거치면 원화로는 kg당 20만 원이 훌쩍 넘는 금액이 된다. 이 금액은 뉴욕 증권거래소 기준 커피가격(2018년 10월 25일 기준)의 46.3배로 매우 비싼 가격이지만, 당시에는 가격이 많이 오르지 않아서 다행이라고 생각했고 좋은 가격에 낙찰을 받았다고 주변에서 축하도 받았다. 왜냐하면 직전에 열린 코스타리카 CoE 옥션에서 1위를 차지한 생두의 가격이 300.09$/lb로 역대 최고가를 갱신했기 때문이다. 만일 이 생두가 한국까지 온다면 1kg에 약 백만 원 정도가 들었을 것이다. 커피 한 잔에 들어가는 생두 가격만 무려 23,000원이 넘는다. 그런데 이 커피가 역사상 가장 비싼 커피는 아니다. 작년에 처음 열린 2017 베스트 오브 나인티 플러스 옥션Best of Ninety Plus Auction에서 우승한 생두의 낙찰 가격이 2,273.1$/lb이었다. 그해 최고가를 기록한 생두의 가격이 601$/lb였는데 몇 달만에 바로 경신한 것이다. 〈메쉬 커피〉도 에티오피아의 시먼 어베이

#3 COFFEE

Semeon Abay 랏lot을 낙찰 받기 위해 실시간으로 옥션을 지켜봤는데, 끝나기 전 마지막 몇 분 동안 가격이 올라가는 모습은 가히 충격적이었다. 아마도 당분간 깨지기 힘든 기록이 아닐까 싶다. 뉴욕 증권거래소 기준 커피가격 대비 무려 1,894배에 달한다. 옥션에 참가하기 위해 샘플을 맛본 것만으로 만족한다.

옥션에 참가하는 것 자체는 어려운 일이 아니다. 보통 옥션이 열리기 몇 달 전에 해당 산지에서 세계 각국의 커피 전문가들을 초청해 출품된 커피샘플들을 커핑하고 점수를 매겨 순위를 가린다. 그 후에 옥션에 참가하고 싶은 사람들이 미리 온라인으로 샘플을 신청하면, 대회를 주최하는 곳에서 옥션에 오를 커피샘플을 보내 준다. 옥션에 참가하는 바이어는 한 랏당 대략 200g 정도의 샘플을 받아 로스팅하고 커핑해서 마음에 드는 커피를 찾아낸다.

바이어 개인의 기호에 맞는 커피샘플을 선택하기도 하지만, 주변의 커피 애호가나 관계자들을 불러 무료로 혹은 약간의 비용을 받고 공개 커핑을 열고 샘플에 대한 사람들의 평가를 취합하기도 한다. 생두를 구매할 당사자의 취향도 중요하지만, 옥션 커피는 가격이 비싸기 때문에 낙찰을 받은 후 이어지는 판매를 위해서는 여러 사람에게 의견을 듣는 것이 큰 도움이 된다.

보통 옥션은 개별 온라인 홈페이지를 통해서 진행된다. 옥션 시간이 다가오면 세계 각국의 바이어들은 컴퓨터 앞에 앉아 낙찰을 받기 위한 전략을 점검한다. 산지의 농부를 응원하는 마음에서라면 경매 가격을 올리는 것이 좋은 일이긴 하다. 하지만 바이어와 카페 오너의 입장에서는 손님들의 주머니 사정도 생각해야 하기에 생산자와 소비자 모두가 만족할 수 있는 품질에 합당한 가격을 정해 입찰에 참여하는 것이 좋다. 옥션 시스템은 과도한 경쟁을 불러일으키기 때문에 예산보다 무리하기 쉬우니 주의해야 한다.

입찰 금액의 상한선을 정해둔 다음에는 컴퓨터 화면을 보면서 짧게는 세 시간, 길게는 여섯 시간 동안 계속 변하는 숫자를 확인하고 시시각각 전략을 점검해가며 버텨야 한다. 온라인은 현실 세계가 아니라 가격에 둔감해지기도 한다. 옥션 초반에는 0.25$의 차이도 크게 와닿아 손이 떨리지만, 나중에는 1$씩 상승해도 무감각해진다. 낙찰 받고 싶은 욕심에 경쟁이 과열되면 10$씩 올라가는 일도 부지기수다. 앞서 말한 나인티 플러스 옥션의 경우 몇 초만에 몇 백 달러가 올라가기도 했다.

단 몇 박스에 불과하는 옥션 커피라도 일반 스페셜티 커피로 환산하면 수십 백은 살 수 있는 가격이다. 좋은 커피에 대한 열정도 좋지만, 옥션에 참가하려면 정말 신중에 신중을 기울여야 한다. 물론 옥션에서 낙찰을 받는다면 정말 경이로운 커피를 질리도록 손님들과 나눠 마실 수 있다. 이 맛에 도박처럼 옥션을 끊지 못한다.

#3 COFFEE

2018 브라질 디스팅티브 컵
컴페티션 옥션을 마치고 남긴 메모

옥션은 이상이 아닌 현실이다. 특별한 전략이 필요하다. '가성비'를 생각하면 경쟁이 적을 것으로 예상되는 생두를 낙찰 받아야 이득일테지만 어떻게 사람 마음이 그러한가. 이미 마음 속에 들어와 한쪽 구석에 자리잡은 그 커피가 있는데.

올해도 옥션 커피를 두고 고민하던 중 브라질스페셜티커피협회Brazil Specialty Coffee Association, BSCA로부터 새로운 생두 경연 대회의 초청장을 받았다. 솔직히 말하자면 직접 산지에 가서 커피를 맛보기 전까지 '브라질이 브라질이지'라는 편견을 갖고 있었다. 그런데 심사장에서 평가한 몇몇 컵은 브라질 커피라기보다 그냥 '완벽한 커피'에 가까웠다. 놀라운 감탄과는 별개로 여전히 브라질 고유의 특성이 담긴 커피가 좋은지, 아니면 탈브라질 커피의 새로운 매력이 좋은지는 고민스러웠다.

심사 후 예산을 충분히 확보하고 '가성비 보다는 품질!'로 방향을 정해 옥션 전날 새벽까지 전략을 세웠다. 옥션 당일이 되자 우리는 생각보다 순조롭게 원하던 생두를, 예상보다 많이 낮은 가격인 8.45$/lb에 낙찰 받았다. 그리고 또 다른 좋은 생두는 부산의 <웨이브온 커피Waveon Coffee>, 서울 잠원동의 <플로우 커피 웍스Flow Coffee Works>와 함께 '한국 그룹'의 이름으로 옥션에 참여해 5.5$/lb라는 적당한 가격에 낙찰을 받기도 했다.

이번 옥션이 치열하지 않았던 이유 중 하나가 짧은 기간 동안 함께 심사에 참여했던 커퍼들끼리 너무 친해졌기 때문이다. 옥션은 서로 경쟁하면서 가격이 오르게 되는데 입찰에 참가한 당사자들끼리 친분이 쌓이다 보니 아는 사람이 특정 생두를 강력히 원하면 굳이 입찰 경쟁에 참가하지 않는 태도를 은연 중에 유지했던 것이다. 그래도 상위 세 개 랏은 9$ 즈음에 도달할 정도로 치열했다. 만약 이런 품질의 커피가 브라질이 아닌 다른 중미 지역의 옥션에 나왔다면 가격은 훨씬 더 비쌌을 것이다.

커피업계의 에르메스

커피산업 전체를 통틀어 항상 화제의 중심에 있는 것은 단연 게이샤다. 발음과 표기가 같아서 많은 사람들이 오해하곤 하지만, 일본의 그 게이샤가 아니라 커피품종의 한 종류다. 지금은 커피를 좀 마셔 본 사람이라면 누구나 게이샤를 알고 있고, 가격과 상관없이 맛보고 싶어하거나 실제로 마셔 본 사람도 많아졌다. 하와이 코나와 자메이카 블루 마운틴이 오랫동안 쓰고 있던 빛나는 왕관은 이제 파나마 게이샤에게 넘어갔다.

불과 몇 년 전까지만 해도 카페에서 게이샤 커피를 판매하려면 게이샤와 관련된 커피인들의 모험과 열정, 가격이 비싼 이유 등 수많은 에피소드를 일일이 나열해 손님들을 설득해야 했다. 그때는 게이샤 생두를 구하는 것 자체도 쉽지 않았다. 겨우 발견한 게이샤 생두를 구매해 로스팅하려고 해도 높은 가격 때문에 구매와 판매 모두에 어려움을 겪어야 했다. 그런 연유로 게이샤는 바리스타 챔피언을 위한 대회용 커피라는 말도 있었다. 하지만 여러 위험을 감수할 만큼 게이샤 커피는 마땅한 가

#3 COFFEE

치를 지니고 있었다. 그 아름답고 놀라운 맛을 표현한 단어가 있는데, 마이클 와이즈먼Michaele Weissman이 지은『신의 커피God in a Cup』라는 책 이름이다.

게이샤 품종은 커피의 시작점인 에티오피아에서 1930년경에 발견되었다. 당시 영국의 한 외교관이 여러 종류의 야생 커피 품종들을 수집했는데, 그중 에티오피아 게샤Gesha 지역에서 발견해 'Geisha'라고 라벨을 붙인 품종이 지금의 게이샤가 되었다. 그가 수집한 종자들은 케냐, 탄자니아, 코스타리카에 있는 커피 연구소로 보내져 각 나라에 1953년에 처음 심어졌다. 이후 1960년대에 들어서 파나마의 농림부 직원이 병충해에 강한 커피품종을 찾아 다니던 중에 코스타리카의 연구소로부터 샘플 하나를 전달받았다. 파나마로 넘어온 이 샘플은 처음에는 해발 1,400m 정도에 심어 길렀는데, 생산량이 많지 않고 향미도 특별하지 않아 크게 주목 받지는 못했다.

그랬던 게이샤가 우연한 기회로 다시 모습을 드러내기 시작했다. 파나마 보케테Boquete 지역에서 커피 농사를 짓던 피터슨Peterson 가족은 새로 구입한 농장에서 키가 껑충하게 크고 마른 커피나무를 발견했다. 그들은 고민 끝에 커피나무를 바람이 많이 부는 산비탈에 옮겨 심었고, 시간이 흘러 해당 구역의 다른 커피나무들은 멸종했지만 그 나무만은 잘 자랐다. 그 커피나무에서 2004년에 처음으로 커피체리를 수확했고, 이를 파나마에서 개최되는 생두 경연 대회인 베스트 오브 파나마Best of Panama에 출품했다. 이것이 에스메랄다 스페셜 옥션, 그 전설의 시작이었다.

게이샤 커피는 그 맛이 참 놀랍다. 커피를 잘 모르는 사람들 입에서도 화려한 테이스팅 노트들이 술술 흘러나온다. 중미에서 자란 커피지만 에티오피아 커피에서 느껴지는 특유의 향미들이 느껴진다. 재스민, 레몬, 베르가못bergamot을 비롯해 달콤한 꿀 향기가 나고, 얼그레이earl grey 같은 느낌도 있어 은은한 차처럼 가볍고 부드럽다.

같은 게이샤도 파나마의 각 지역에 따라 특징이 다르게 나타난다. 보케테 지역은 전통적인 게이샤 느낌 그대로 은은한 향미가 돋보이고, 볼칸Volcán 지역은 베리류의 과일, 혹은 살구나 복숭아처럼 쥬시juicy한 느낌이 강하다. 농장마다 각자 선택하는 가공방식이 다르고, 그 기술도 점점 정교해지고 있기 때문에 매년 더욱 재밌고 독특한 향미를 지닌 게이샤가 생산되고 있다. 특히 내추럴 프로세스로 가공한 게이샤는 섬세하고 부드러운 향미에 풍부함을 더했다. 내추럴 프로세스로 잘 가공된 경우에는 말린 과일과 다크 초콜릿, 카카오 닙cacao nib의 향이 더해져 강렬하면서도 밸런스가 좋다.

게이샤 열풍에 코스타리카를 비롯한 콜롬비아, 과테말라 등 많은 산지에서 게이샤 품종을 어떻게든 확보해 재배하기 시작했다. 하지만 같은 품종을 심어도 모든 게이샤가 '신의 커피' 같은 맛이 나지는 않았다. 오히려 게이샤 품종이 아닌 인공 교배종인 파라이네마도 모든 조건이 잘 맞아떨어지면 게이샤 같은 향미가 날 때도 있다. 커피는 참 알 수 없다.

그래도 농부들의 꾸준한 노력 덕분인지 이제는 다른 나라에서도 파나마 게이샤와 향미가 비슷한 게이샤들이 속속 등장하고 있다. 가격 역시 파나마 게이샤만큼 높다. 게이샤 열풍은 사람들이 고품질의 품종에도 좀 더 관심을 가지게 한 계기가 됐다. 이러니저러니 해도 게이샤가 커피산업에 좋은 영향을 끼쳤다는 것만은 확실하다.

그 유명한 라이트 로스팅

전 세계적으로 북유럽식 라이프 스타일이 유행이다. 커피업계도 마찬가지다. 카페 인테리어나 소품과 더불어 북유럽의 커피문화와 로스팅 스타일도 함께 유행하고 있다. 그렇다면 북유럽식 커피는 어떤 커피일까?

일반적으로 좋은 생두가 지닌 고유의 향미를 잘 살리고 과일의 산미를 강조하기 위해 로스팅을 약하게 진행한 것을 라이트 로스팅, 혹은 노르딕 로스팅Nordic roasting이라고 한다. 〈메쉬 커피〉 역시 라이트 로스팅 방식을 좋아하고 이를 지향한다. 주변에서 생두를 익히다 말았다며 '커피 샤브샤브'라고 놀리더라도 꿋꿋이 커피향미의 밝은 뉘앙스를 살려 생두를 볶는다.

우리는 노르웨이의 〈팀 윈들보〉, 〈테일러&요르겐Talor& Jørgen〉, 덴마크의 〈커피 컬렉티브〉, 〈라 카브라 커피 로스터스La Cabra Coffee Roasters〉, 〈에이프릴 커피 로스터스April Coffee Roasters〉, 스웨덴의 〈드롭 커피 로스터스〉, 〈코피〉의 열성적인 팬이다. 정기적으로 이들의 원두를 주문해서 내려 마시곤 하는데, 이를 통해 노르딕 로스팅의 전반적인 흐름도 읽기도 한다. 우리가 이토록 좋아하는 라이트 로스팅이 무엇인지 자세히 설명하기에 앞서 일반적인 로스팅부터 알아보자.

로스팅
간단히 말해 로스팅은 생두에 열을 가해 향미를 발현시키고, 강조하고자 하는 특징을 끌어내는 과정이다. 로스팅 초반에 생두는 열을 받아 청록색에서 약간 노르스름하게 변하는 옐로우 포인트Yellow Point에 접어든다. 이후 열에 반응한 당과 단백질 성분이 멜라노이딘Melanoidine이라는 물질을 형성하며 생두가 갈색으로 변하는 마이야르 반응Maillard Reaction이 일어난다. 이 복잡한 화학 작용을 통해 커피향미가 완성된다.
솔직하게 이야기하자면, 나는 커피 전문가이기는 하지만 안타깝게도 과학자는 아니어서 마이야르 반응이나 멜라노이딘에 대해서 구체적이고 명료하게 설명하기가 어렵다. 관련 서적을 아무리 들여다봐도 이해가 안 될 때가 많다. 하물며 전공자들에게 물어봐도 그들 역시 쉽게 풀어내기가 힘들다고 말한다. 로스팅할 때 중요하게 언급되는 유체 역학은 더 어렵다. 예측하기 힘든 화학 반응을 정밀하게 제어한다는 것 자체가 불가능한 일이다. 무식하기는 하지만 로스터는 수많은 실패와 실수, 그리고 가끔의 성공을 통해 쌓인 경험을 바탕으로 로스팅을 이끌어 간다고 보는 게 더 현실적이다.

단단한 구조로 이뤄진 생두는 열을 받을수록 생두 내부에서 생성된 가스와 수증기로 인해 압력이 계속 높아진다. 어느 순간

임계점이 지나면 '딱' 하는 소리와 함께 센터컷center cut이라고 하는 생두 가운데 갈라진 부분이 터지면서 벌어지는 현상이 발생한다. 생두 내부에 갇혀 있던 가스와 수증기가 밖으로 분출되는 것인데, 이를 1차 크랙1st crack 또는 1차 파핑1st popping이라고 부른다. 1차 크랙이 절정을 이루고 그 소리가 점점 작아지는 동안 생두의 부피는 커지고 표면의 주름도 팽팽해진다. 이후에도 열을 계속 가하면 2차 크랙2nd crack 또는 2차 파핑2nd popping이 일어난다. 이때는 1차 크랙 때보다 소리가 좀 더 자잘하게 들린다. 2차 크랙의 절정을 지나고도 계속 로스팅을 진행하면 소위 말하는 〈스타벅스〉의 원두처럼 새카만 색으로 변한다.

로스팅 진행 과정								
생두 상태	투입 전	터닝 포인트	옐로우 포인트	1차 크랙 시작	1차 크랙 절정	1차 크랙 종료	2차 크랙 직전	2차 크랙 이후
드럼 내부 온도	190~220°C	70~90°C	150°C	195~200°C	200~205°C	205~210°C	212~215°C	215~223°C
로스팅 포인트				라이트	라이트 미디엄	미디엄	미디엄 다크	다크

라이트 로스팅의 역사

지금과는 다르게 커피산업 초창기에 라이트 로스팅은 그저 무게를 늘리기 위한 상술로 여겨졌다. 일반적으로 로스팅을 강한 화력으로 오래 진행하면 생두의 수분과 다양한 커피성분들이 날아간다. 그래서 로스팅을 약하게 진행할수록 원두가 무

#3 COFFEE

거워지는데, 일부 판매업자들이 이를 악용해 이익을 챙겼다.
사실 커피 소비가 급격하게 늘어난 퍼스트 웨이브1st wave 시기에 미국인들이 선호하던 커피는 지금도 '아메리칸 로스팅American roasting'이라 부르는 라이트에서 라이트 미디엄 사이로 로스팅한 커피였다. 그런데 〈스타벅스〉 설립에 큰 영향을 준 〈피츠 커피Peet's Coffee〉의 알프레드 피트Alfred Peet 같은 유럽 이민자들이 주도한 세컨드 웨이브 시대에는 오히려 프리미엄 생두의 향미를 최대한 끌어올리려면 유럽처럼 다크 로스팅을 해야 한다고 생각했다.
그러다 스페셜티 커피업계의 선구자 중 한 명인 조지 하웰이 주변의 다른 커피회사들과 달리 라이트 로스팅을 시도하기 시작했다. 그는 라이트 로스팅을 한 커피야말로 생두가 지닌 특성을 잘 표현한다고 생각했다. 조지 하웰을 존경하고 그에게서 많은 영향을 받은 써드 웨이브 커피회사들도 자연스레 라이트 로스팅을 선택하기 시작했다.

당시 샌프란시스코에서 건축가로 일하던 로버트 소레센Robert Thoresen은 그의 고향인 노르웨이 오슬로로 돌아가 자신이 경험한 샌프란시스코 스타일의 카페를 열기로 결심했고, 1998년에 〈자바 에스프레소바Java Espressobar〉를 오픈했다. 〈스타벅스〉 스타일의 세컨드 웨이브가 미국을 넘어 세계적으로 막 퍼져 나가기 시작하던 시절이었다. 당시 오슬로도 마찬가지였다. 원래 노르웨이는 대부분의 사람들이 카페보다 집에서 커피를 즐기는 문화였던 걸 감안하면 놀라운 변화였다.
얼마 뒤 그는 2000년에 최초로 개최된 월드바리스타챔피언십에서 우승하고 〈모카Mocca〉라는 이름의 로스터리를 새로 열었다. 때마침 미국에서 10년 정도 로스팅을 경험한 트리쉬 로드갭Trish Rothgeb이라는 로스터가 남자친구를 따라 오슬로에 머물고 있었다. 로버트는 트리쉬를 〈모카〉의 로스터로 고용하고 다른 카페와는 완전히 다른, 묵직한 향미가 아닌 가벼운 스타일의 커피를 함께 연구했다. 그때 만든 블랜드를 '카페 크레센도Caffe Cresendo'라고 불렀는데, 이것이 지금도 커피업계에서 북유럽 스타일이라고 이야기하는, 천천히 라이트하게 로스팅하는 '슬로우 로스팅Slow roasting'의 시작이었다.

생두는 밀도가 단단하여 열을 잘 흡수하지 못하기 때문에 골고루 익히려면 시간을 두고 천천히 로스팅하는 것이 좋다. 게다가 대부분의 로스터들이 사용하는 드럼 방식의 로스터는 열효율이 좋지 않기 때문에 로스팅 과정에서 커피향미가 제대로 발현되려면 충분한 시간이 필요하다. 다만 로스팅하는 시간이 너무 길어지면 대부분의 커피성분이 사라져 맛이 없어질 수 있다.

그래서 라이트 로스팅을 할 때 산뜻하고 밝은 뉘앙스의 향미를 살리면서 원두를 고르게 익히는 것은 굉장히 어렵다. 슬로우 로스팅이 말은 쉬워 보여도 여러 위험성이 있어서 까다롭게 작업해야 한다.

이러한 로스팅 방식은 곧 노르웨이를 넘어 북유럽 전체에 널리 퍼졌고, 노르딕 로스팅 방식이라 불리기 시작했다. 노르딕 로스팅은 이제 역으로 미국의 유명 로스터리에도 전파되어 몇몇 재능있는 로스터들에 의해 발전을 거듭해가며 전 세계에 많은 영향을 끼치고 있다.

로스팅은 정답이 없어서 재밌는 사실들이 끊임없이 쏟아진다. 최근에는 슬로우 로스팅을 표방하던 북유럽 로스터들이 로스팅 시간을 점점 단축시켜 가고 있는 것을 발견했다. 북유럽에서는 '노르딕 로스터 포럼Nordic Roaster Forum'이라는 세미나를 매년 개최한다. 새로운 커피 트렌드를 고민하고, 같은 생두를 각자 나름의 방식으로 로스팅한 커피를 나눠 마시며 로스터리들의 로스팅 노하우를 공유하는 자리다.

올해는 노르딕 로스팅에 대해 더 자세히 알아 보고, 북유럽식 커피를 직접 경험해 보고자 노르웨이에서 열린 '노르딕 로스터 포럼'에 다녀왔다. 노르딕 로스팅의 기본 아이디어가 슬로우 로스팅이라는 생각으로 포럼에 참가했던 나는 생두가 가진 본래의 느낌을 잘 살리기 위해 다소 빠르게 로스팅하고 있다는 팀 윈들보의 이야기를 듣고 적잖이 놀랐다.

로스팅 기술이 발전하고 세계 각국의 다양한 로스터들과 교류하다 보니, 북유럽 로스터들도 라이트 로스팅을 할 때 예전처럼 긴 시간을 두고 로스팅하지 않아도 본연의 커피향미를 잘 표현할 수 있는 방법을 발견한 것이다. 물론 로스팅에는 여러 변수가 복합적으로 작용하기 때문에 여전히 정답은 없다. 하지만 몇 년째 '노르딕 로스터 포럼'에서 1등 로스터의 자리를 지키고 있는 팀 윈들보가 이야기한 그의 로스팅 시간은 빠르다면 빠르고, 느리다면 느린 10분 내외였다. 이미 그의 커피맛을 확인한 후 들은 이야기였기 때문에 그 의견에 수긍할 수밖에 없었다. 이날 포럼에 참가한 열 곳의 로스터리에서 로스팅한 커피를 맛본 결과, 전부 같은 생두였지만 저마다 개성이 뚜렷해 서로 다른 향미를 느낄 수 있었다. 하지만 공통적으로 생두가 지닌 고유의 특성이 잘 드러나게 로스팅하려는 그들의 철학은 다르지 않다는 것을 알 수 있었다. 결국 모두의 목표는 기본적인 로스팅 철학을 바탕으로 맛있는 커피 한 잔을 만드는 것이다. 이를 기준으로 삼으면 슬로우 로스팅을 하든, 짧게 로스팅을 끝내든 방법은 유연하게 적용할 수 있다.

북유럽에서 이야기하는 라이트 로스팅

〈커피 컬렉티브〉의 오너들이 공동 집필한 『좋은 커피 God Kaffe』에 적힌 바에 따르면, 북유럽에서 라이트 로스팅을 선호하는 이유는 그들의 식습관이 미국과 달리 산미와 자연스러운 단맛을 추구하기 때문이라고 했다. 또한 라이트 로스팅은 우리가 커피를 떠올릴 때 짐작하는 묵직한 맛보다 원재료인 생두가 지닌 본래의 향미를 표현하는 데 초점을 두기 때문에 사람들이 라이트 로스팅한 커피를 좋아하는 거라고 했다. 사실 원재료를 중요하게 여기는 흐름이 북유럽에만 있는 것은 아니다. 와인, 초콜릿, 맥주, 요리를 아우르는 각국의 식문화 전반에서 이러한 흐름은 계속 이어져 왔다.

북유럽 스타일의 커피가 유행이라고 하지만, 때로는 차처럼 느껴지는 커피가 낯선 것도 사실이다. 재료의 특성을 부각시키는 라이트 로스팅은 재료의 상태가 좋지 않으면 결점이 고스란히 드러난다. 마찬가지로 로스팅 기술이 부족하면 원두가 제대로 익지 않아 소비자들을 실망시킬 때도 있다. 이러한 위험성 때문에 많은 로스터리가 다시 다크 로스팅을 하는 방식으로 되

#3 COFFEE

돌아가기도 했다.
하지만 요즘 무섭게 떠오르는 커피시장인 한국과 중국, 일본 같은 아시아 국가의 로스터들이나 전 세계의 새로운 커피세대들은 다채로운 향미를 느낄 수 있고 가볍게 마시기 좋은 커피를 선호하는 성향이 강하다. 나 역시 아직까지는 라이트 로스팅을 한 커피를 사랑한다.

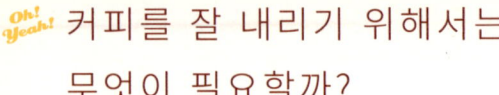 커피를 잘 내리기 위해서는
무엇이 필요할까?

10년이 넘은 경력의 바리스타로서 이야기하자면, 커피를 잘 내리는 것은 정말 쉽지 않다. 역사상 전 세계의 수많은 사람이 커피를 맛있게 만들기 위해서 갖은 노력을 해왔지만, 노력한 만큼 결과가 나오지 않는 일도 허다했다. 전문가가 꼼꼼히 알려 준다고 해도 직접 나서서 해보지 않으면 별로 소용이 없다. 운동선수나 예술가들이 반복해서 훈련하고 습작을 남기는 것처럼 커피도 부단히 연습하고 연구해서 경험을 쌓아야 한다. 커피를 잘 내리는 길은 멀고도 험난하다.

'내 마음대로 안 되는 것, 이게 진짜 커피의 매력이지.'
이상하게 내가 내린 커피는 맛이 없어도 남이 내려 준 커피는 기가 막히게 맛있다. 아무리 고민해 봐도 그 이유는 알 수 없지만 커피하는 사람들이라면 누구나 공감하는 만고불변의 진리다. 그래서 다른 사람에게라도 맛있는 커피를 제공하기 위해 커피 잘 내리는 방법을 터득하려 노력한다. 남 좋은 일을 여러

#3 COFFEE

번 하다 보면 언젠가 내가 내린 커피도 맛있게 느껴질 날이 올 것이다. 같은 고민을 하고 있는 사람들을 위해 조금이나마 도움이 되고자 몇 가지 팁을 소개한다.

좋은 재료, 원두와 물

요리할 때와 마찬가지로 커피를 내릴 때도 가장 중요한 것은 재료다. 좋은 재료를 고르는 것도 실력이다. 좋은 원두를 구하는 데 돈을 아끼지 말자. 품질이 상당히 뛰어난 원두여도 평범한 원두와 가격 차이가 심하게 나지 않고, 맛도 확실히 보장된다. 물도 정말 중요하다. 바리스타들처럼 물의 경도와 산도, 미네랄 함량을 따져가며 집에서 커피를 내릴 수는 없겠지만, 한 가지 당부하자면 수돗물은 바로 사용하지 않는 것이 좋다. 수돗물에 들어 있는 염소 성분때문에 커피가 탁하고 쓰게 느껴지기 때문이다. 염소 성분만 걸러내 정수한다면 우리나라 수돗물은 대체로 커피를 내리기에 적당한 상태가 된다. 같은 원두라도 물에 따라서 맛의 결이 다를 때가 많은데, 시판되는 다양한 종류의 생수를 이용하면 그 차이를 느끼며 커피를 다채롭게 즐길 수 있다.

커피 추출에 사용할 물을 좀 더 전문적으로 다뤄 보고자 하는 이들을 위해 '써드 웨이브 워터 Third Wave Water'라는 재밌는 제품도 있다. 물의 성분 함량을 커피 추출에 적합하게 조절해 주는 제품이다. 증류수나 생수에 넣고 녹이면 끝이어서 사용법도 간단하다.

적합한 그라인더

커피를 맛있게 내리기 위해서 적절한 그라인더는 필수다. 같은 원두를 사용해, 같은 추출 레시피로 내려도 내가 내린 커피와 바리스타가 내려 준 커피맛이 많이 다르다면, 그라인더가 문제일 가능성이 크다. 물론 가정용 그라인더가 성능이 좋은 상업용 그라인더를 따라가기는 쉽지 않다. 비싸고 좋은 그라인더일수록 원두를 분쇄할 때 입자가 균일하고 향미 손실이 적기 때문이다.

홈 바리스타라면 예산을 정한 다음, 그 안에서 제일 좋은 그라인더를 사는 것을 추천한다. 바리스타들이 홈 바리스타에게 자주 추천하는 〈코만단테Comandante〉라는 독일제 수동 그라인더는 정교하게 만들어져 상업용 그라인더 못지않게 성능이 뛰어나다. 하지만 손잡이를 일일이 돌려가며 원두를 갈아야 하는 수동 그라인더는 과정이 재밌긴 해도 꽤나 큰 노동력을 필요로 한다. 전자동 그라인더는 〈바라짜Baratza〉 사의 '버추소Virtuoso'나 '엔코Encore'를 추천하고, 그보다 저렴한 버전으로는 〈윌파Wilfa〉에서 나온 그라인더도 좋다. 성능은 가격에 비례한다. 블레이드 형 그라인더는 추천하지 않는데, 발열도 심하고 원하는 분쇄도로 맞추는 것이 거의 불가능하다. 블레이드 형 그라인더를 사용할 바에는 차라리 원두를 구입할 때 바리스타에게 전부 갈아 달라고 한 다음 분쇄된 원두로 커피를 내려 마시는 것이 훨씬 낫다.

#3 COFFEE

정확한 계량 도구

커피는 재료의 양이 아주 미세하게만 달라져도 맛이 많이 변한다. 커피를 수없이 내려 눈짐작으로도 추출을 조절하는 커피 장인이 아닌 이상, 매번 일정한 양을 유지하기는 힘들다. 커피를 일정하게 내릴 수 있어야 향미의 강도도 임의로 조절할 수 있는데, 재료의 양과 추출량이 달라지면 커피맛은 번번이 다르게 나올 수 밖에 없다. 가능하면 0.1g 단위까지 측정되는 저울 하나쯤 사는 것이 좋다. 커피를 내릴 때마다 달라지는 맛 때문에 스트레스를 받을 걸 생각하면 충분히 하나 장만할 만하다. 생각보다 비싸지도 않고, 주방에서 은근히 두루두루 쓸 데도 많다. 저울과 관련된 자세한 이야기는 다음 장에서 좀 더 자세히 다루겠다.

추출도구와 커피 추출에 대한 지식

추출도구마다 추출원리가 다르기 때문에 커피를 내리는 레시피에도 차이가 있다. 크게 프렌치프레스French press나 에어로프레스처럼 분쇄원두를 물에 담가 커피성분을 침출하는 방식immersion이 있고, 하리오Hario V60나 모카포트, 에스프레소 머신처럼 분쇄원두에 물을 투과시켜 커피성분을 녹이는 방식drip이 있다. 또 추출방식에 따라 같은 원두여도 적절한 추출시간이 달라지고 분쇄도도 바뀐다. 심지어 분쇄원두와 물이 교반되는 횟수나 물 온도에 따라서도 맛이 변한다.

커피 추출에 대한 기본적인 원리를 이해하고 응용할 수 있어야 내 입맛에 맞는 커피를 내릴 수 있다. 생각보다 공부할 것이 많고, 실제로 커피를 여러 번 내려 보면서 본인만의 경험도 쌓아야 한다. 맛있는 커피가 무엇인지도 알아야 하기 때문에 좋은 커피를 마시러 카페 투어도 자주 다니면 좋다.

청소

커피를 맛있게 잘 내려 마셨다고 해서 모든 과정이 끝난 것은 아니다. 사용한 도구들을 깨끗이 씻어 두어야 비로소 커피 추출이 마무리된다. 귀찮다고 청소를 소홀히 해서 사용한 도구들에 커피 찌꺼기가 남으면, 다음번에 커피를 내릴 때 불쾌한 맛이 나올 가능성이 매우 높다.

프렌치프레스로 대표되는 플런저 팟plunger pot이나 모카포트는 완전히 분해해서 씻기가 귀찮고 번거로워 적당히 헹궈서 사용하는 경우가 많다. 이를 특히 주의해야 한다. 플런저 팟에 우유를 넣어서 거품을 내면 집에서도 손쉽게 카푸치노를 즐길 수 있는데, 이때 우유거품을 낸 플런저 팟을 꼼꼼히 닦지 않으면 한동안 우유 썩는 냄새에 시달리게 된다.

추출도구만 청소를 잘해 둬야 하는 게 아니다. 그라인더도 마찬가지로 주기적으로 날을 청소해야 더 맛있는 커피를 즐길 수 있고, 수명도 오래 유지할 수 있다.

#3　COFFEE

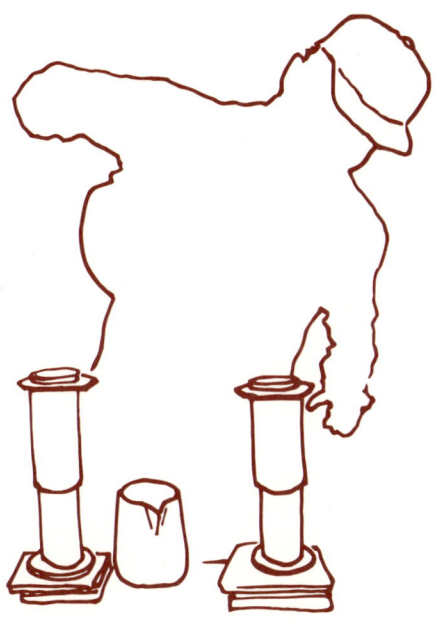

저울과 온도계의 소중함

저울

〈메쉬 커피〉에 오면 매장 곳곳에 저울이 있다는 것을 확인할 수 있다. 우선 에스프레소 머신 근처에는 도징dosing용, 추출용으로 각각 하나씩, 커피 바 뒤쪽에는 우유나 시럽을 계량하기 위한 저울이 하나 또 있다. 드립 바에는 에어로프레스 추출용으로 두 개가 있고, 원두 계량용으로 하나가 더 있다. 모두 커피 추출의 전 과정을 매 순간 정확하게 측정하기 위해서 준비한 것이다.

어디 가서 사람들에게 바리스타라고 이야기하면 어떻게 하면 커피를 맛있게 내릴 수 있냐는 질문을 항상 받는다. 매장에서는 말할 것도 없다. 그럴 때마다 매번 같은 말을 되풀이한다. 커피는 조금의 수고를 들여야 맛있어지는 음료라고. 약간의 수고란, 재료의 양과 온도를 꼼꼼히 체크하는 것이다. 소위 말하는 커피장인들처럼 감과 손맛만으로 맛있는 커피를 내리려면 엄청난 시간이 걸린다. 수많은 시행착오를 겪고 나서야 커피 추

#3   COFFEE

출에 사용할 물의 양과 온도, 원두의 양과 분쇄도 등을 눈 감고도 알 수 있게 되는 것이다.
나는 아직 그런 장인의 반열에 오르지 못했고, 사실 숭고한 장인으로 살기에는 세상이 내게 건네는 재밌는 유혹이 너무나 많고 할 일도 산더미다. 그래서 저울이라는 문명의 도움을 받아 조금은 편하게 커피를 내리고 있다. 이 조그만 저울 하나가 추출에 끼치는 영향은 대단하다. 실제로 커피향미를 표현하고 유지하는 데 어려움을 겪을 때마다 저울은 큰 도움이 되었고, 다른 사람에게 커피를 내리는 방법을 알려줄 때도 저울을 사용해 설명하면 간단하면서도 정확하게 내용을 전달할 수 있었다.

원두와 물의 비율은 상상하는 것보다 커피향미에 더 많은 영향을 끼친다. 계량스푼으로는 1~2g 이상의 오차가 생기기 마련이고, 주전자에서 흘러내리는 물을 눈대중으로 맞추기도 쉽지 않다. 단 5 - 10g의 물 때문에 커피맛은 들쭉날쭉한다. 바리스타야 수많은 시행착오와 반복 작업을 통해서 어느 정도는 일정하게 커피를 내릴 수 있지만, 집에서 한두 잔씩 커피를 내려 마시는 사람들이 재료의 비율과 양을 꼼꼼히 맞춘다는 것은 여간 어려운 일이 아니다. 카페에서도 저울을 사용해 커피를 내리기 시작한 지는 그리 오래되지 않았는데, 바리스타들이 저울을 곁에 두기 시작한 이후로 추출은 전보다 훨씬 정교해졌고 매번 균일하게 커피맛을 유지할 수 있게 되었다. 레시피가 정확해진 덕분에 커피맛을 조절하기도 한결 수월해졌다. 개인적으로는 저울 덕분에 전 세계적으로 커피맛이 좋아졌다고도 생각한다.

온도계

커피를 내릴 때 일정한 온도를 유지하는 것도 정말 중요하다. 그래서 〈메쉬 커피〉에서는 온도 조절이 가능한 전기 커피포트를 사용한다.

일반적으로 물의 온도가 높으면 더 많은 커피성분이 녹아나고, 온도가 낮으면 덜 녹아난다고 알려져 있다. 그래서 다크 로스팅을 한 원두는 낮은 온도의 물로 커피를 추출해 쓴맛을 내는 성분을 줄여 향미의 밸런스를 맞춰야 하고, 반대로 라이트 로스팅을 한 원두는 높은 온도의 물로 커피를 추출해 더 많은 커피성분을 녹여 균형을 맞춰야 한다고 이야기한다.

같은 원두를 사용해 같은 추출법으로 커피를 내려도 물의 온도가 다르면 향미는 크게 달라진다. 로스팅이 잘 된 원두라면 팔팔 끓인 물을 살짝만 식혀서 커피를 내려도 충분히 맛있지만, 물의 온도를 정확하게 알고 커피를 내린다면 다음에 추출할 때 다른 뉘앙스를 표현해 보거나 다른 원두로 비슷한 향미를 끌어내는 데 큰 도움이 된다.

커피를 맛있게 내릴 수 있는 이상적인 물의 온도는 없다. 개인적으로는 89~93℃의 물로 내리는 편이지만, 팔팔 끓인 물이나 비교적 낮은 80℃의 물로 내린 커피에서도 독특한 향미를 느낄 수 있다. 고정된 레시피를 벗어나 다양하게 모험해 보는 것도 커피를 내리는 재미다.

#3 COFFEE

OH YEAH SPECIALTY COFFEE

#4 CULTURE

카페의 하루

카페는 낭만적이고 새로운 사람과 사건이 끊이지 않는 매력적인 공간으로 보인다. 입가에 미소를 띤 다양한 사람들이 오가고, 카페 분위기에 찰떡같이 어울리는 노래가 흘러나오며 맛있는 커피와 디저트가 가득한 곳. 보통 사람들은 '카페'하면 매일같이 반복되는 자신의 일상과는 다른 활기차고 멋진 공간을 떠올린다.

그래서인지 사람들은 카페에서 본인이 사랑하는 커피를 일로 삼아 사는 바리스타들을 부러워한다. 그들 눈에 나는 이미 성공한 사람이다. 하지만 온종일 카페에서 무슨 일이 일어나는지 속속들이 아는 사람이 과연 몇이나 될까? 행복이 가득한 카페에 출근하는 내 하루를 TV 다큐멘터리 《인생극장》의 주인공처럼 재구성해 봤다.

채원이하고 예원이가 아침부터 순서대로 떼를 쓰는 바람에 어린이집에 늦게 데려다줬다. 100% 지각이다. 〈메쉬 커피〉의 오

#4　CULTURE

픈 시간은 오전 10시지만 9시까지는 출근해야 한다. 손님들이 오기 전에 매장을 정리하고, 입금해야 하는 명세서나 회계사에게 넘길 계산서들을 모아두는 동시에 부족한 재료는 없는지 확인해서 발주도 넣어야 하기 때문이다. 틈틈이 새로운 레시피를 짜거나 기존 메뉴들의 판매 전략도 구상해야 하고, 지난달에 옥션으로 낙찰 받은 생두를 통관하기 위해 여기저기 이메일도 보내야 한다. 그리고 무엇보다 가장 중요한 일은 첫 손님이 오기 전에 커피 추출의 세팅값을 잡는 것이다.

할 일은 산더미인데 9시에 출근하던 게 10분, 30분, 45분씩 늦어지다 요즘같이 아이들이 말을 안 듣는 나이가 되면서 10시를 넘기는 일도 잦아졌다. 함께 일하는 김기훈 바리스타가 있어 든든하지만, 혹 그가 어젯밤 늦게까지 술을 마셔서 같이 지각하는 일이 없기를 바라면서 '카톡'을 보낸다.

매장으로 출근하기에 앞서 근처 슈퍼마켓에서 메뉴를 제조할 때 쓸 신선한 재료들과 점심으로 만들어 먹을 재료도 산다. 며칠 전부터 구멍이 나서 물이 새는 고무장갑도 새로 하나 사고, 또 뭘 사야 하나 고민하는데 잘 기억나지 않는다. 나중에 생각나면 사기로 하고 일단 밖으로 나선다. 아 맞다! 락스를 사야 했는데⋯. 또 이렇게 사야 할 물건 리스트는 차곡차곡 쌓여만 간다.

정신없이 카페로 출근하는 길에 친한 동네 가게 사장이나 단골 손님과 마주치면 간단히 인사를 나누기도 한다. 어떤 분은 나처럼 지각했나 보다. 눈인사만 빠르게 하고 뛰기 시작한다. 다행히 그렇게 많이 늦지는 않았고, 김기훈 바리스타 덕분에 커피 바는 완벽하게 준비가 끝났다.

카페 문을 연 지 1~2년쯤 되었을 때만 해도 기물들의 각을 칼같이 잡아 두며 모든 것을 깔끔하게 정리했지만 점점 나이가 들어서 그런지 투박하고 인간미 넘치는 분위기가 만들어졌다. 처음의 세련된 멋은 사라졌지만 손님도, 우리도 서로 편한 게 좋은 것이라고 생각하기로 했다.

이제 본격적으로 에스프레소와 필터 커피를 내려 맛을 보고 추출 세팅값과 레시피에 대해서 김기훈 바리스타와 의논한다. 커피는 어쩌면 이렇게 매일 다르고 또 하루에도 몇 번씩 변덕스럽게 변하는지 놀라울 정도다. 그래서 계속 향미를 확인하며 세팅값을 조정해야 우리가 추구하는 맛을 잘 드러낼 수 있다. 추출한 커피의 상태를 확인하는 것이 우리의 일상이라, 따로 커피를 마시지 않아도 하루에 필요한 카페인 섭취는 충분하다. 그래도 오전 느지막하게 내가 좋아하는 카푸치노나 카페 라떼 한 잔씩은 꼭 챙겨 마신다.

세팅값을 잡고 난 후에는 어제 로스팅한 원두의 품질을 확인하기 위해 커피샘플을 커핑한다. 단골손님들은 〈메쉬 커피〉의 일과 중 이 순간이 제일 전문적이고 멋있어 보인다고 하는데, 정말 그렇다. 커피품질이 가장 중요한 우리에게 커핑은 원두의 향미가 일관되게 유지되는지 확인하는 작업이자 앞으로의 로스팅과 추출의 방향을 조절하는 과정이라 한껏 집중할 수밖에 없다. 만약 원두에서 결점이 발견되면 그때 로스팅한 원두는 전량 폐기해야 하기 때문에 늘 긴장감을 갖고 커핑한다. 커핑 결과를 확인한 다음에는 로스팅하거나 바 업무를 돕는데,

#4 CULTURE

오늘은 다행히 로스팅 일정이 없다. 요즘은 날씨가 너무 더워서 로스팅하는 것 자체가 고역이다. 가만히 있어도 더운데 뜨거운 로스터 앞에 서 있어야 하니, 아무리 커피를 좋아해도 스트레스다. 오랜만에 오전 로스팅이 없어서 같은 시간에 매일 오는 손님과 세상 돌아가는 이야기를 하면서 얼마 전 새로 들여와 테스트 중인 커피를 내려 나눠 마신다. 커피에 대해 잘 모르는 손님이었는데 어느새 커피향이며 품종이며 제법 말이 통하게 됐다.

남들이 점심을 즐기는 잠깐의 휴식이 바리스타들에게는 '러시 rush'라고 부르는 제일 바쁜 시간이다. 보통 점심을 먹고 온 회사 동료 네다섯 명이 동시에 주문하는 경우가 많고, 이때 오는 손님들은 사무실로 돌아가야 하는 시간도 얼추 비슷하기 때문에 좁은 가게가 미어터진다. 이렇게 정신없는 와중이지만 손님들끼리도 거의 매일 마주쳐서 그런지 서로서로 질서를 잘 유지해 큰 혼잡은 없다. 쉬는 시간이 소중한 직장인들의 심정을 누구보다 잘 알기 때문에 정확하고 맛있게, 그리고 무엇보다 빠르게 커피를 만드는 데 집중한다. 자주 오는 단골들의 커피는 특별히 주문을 받지 않아도 얼굴이 보이면 벌써 제조에 들어간다.

바쁜 시간이 지나면 30분 정도 잠깐의 틈이 생기는데 이때 밥을 먹지 못하면 종일 굶는다고 봐야 한다. 규모가 큰 카페고 일하는 사람이 많으면 서로 돌아가면서 밥을 먹을 수 있지만, 직원이라고는 동업자뿐, 스스로를 고용한 자영업자들은 어디 나가지도 못한다. 배달 음식으로 끼니를 때우는 것도 하루 이틀이라 커피 바 뒤쪽에 마련한 작은 주방에서 간단하고 빠르게 음식을 만들어 먹는다. 바리스타들 사이에서 통하는 법칙이 하나 있다. 밥을 시키면 바로 손님이 온다는 것. 특히 짜장면이나 국수 같은 면 종류의 음식일 경우, 애잔하게도 99.9%의 적중률을 보인다. 다 먹고살자고 하는 일인데 먹고사는 게 그렇게 힘들다.

지역 주민이 아닌 멀리서 소문을 듣고 찾아오는 손님이나 같은 업계에서 일하는 바리스타와 로스터들이 오면 반가운 마음에 이런저런 커피 이야기로 시간을 보낸다. 어쩌다 손님이 뚝 끊기는 이상한 날이 오면 동네 단골들을 불러 간단한 파티를 열기도 한다. 사람을 만나는 것은 바리스타의 주된 업무이기도 하다. 생각해 보면 살면서 이렇게 주변에 좋은 친구들이 많았던 때가 있었나 싶다. 가끔 흔히 말하는 '진상' 손님을 만날 때도 있지만 따지고 보면 다 내가 부족해서 그런 것이 아닐까 하고 넘긴다. 하지만 바리스타도 사람이라 진상 손님을 만나면, 온종일 기분이 좋지 않고 자연스레 커피도 맛없어지기 십상이다. 피하는 것이 상책!

늦은 오후. 5시 30분이 되면 에스프레소 머신을 마감하기 시작한다. 매장은 6시까지 운영하지만 맛있는 커피를 내리기 위해 특히 신경 써야 하는 것 중 하나가 에스프레소 머신 관리다. 하루 종일 사용하는 에스프레소 머신을 잘 청소하는 것은 최상의 커피품질을 유지하기 위한 당연한 비결이다.
왜 이렇게 일찍 문을 닫냐고 아쉬워하며 마감 즈음에 에스프레소 메뉴를 원하는 손님들도 있다. 일부러 찾아오신 손님에게는 죄송하지만 지금까지 커피일을 해오면서 깨달은 것이 하나 있는데, 나와 내가 사랑하는 가족이 행복해야 우리 매장을 방문하는 손님들도 행복해질 수 있다는 사실이다. 그래서 다소 이른 시간에 영업을 마감한다. 카페 문을 닫은 후에도 하루 매출을 정산해야 하고, 오전에 미처 하지 못한 일들을 마무리해야 한다. 카페도 사업이라 처리해야 하는 서류들이 넘친다. 김기훈 바리스타와 오늘 하루를 돌아보고 내일 할 일을 이야기하다 보면 어느새 7시. 이렇게 매일 비슷하지만, 그럼에도 행복한 하루가 지나간다.

힙스터 바리스타

불과 몇 년 전까지만 해도 '바리스타'하면 사람들은 흰색 와이셔츠에 앞치마를 맨 단정한 모습에 부드러운 인상을 떠올렸다. TV 드라마 《커피 프린스》에 나오는 잘생긴 바리스타처럼 말이다. 하지만 요즘은 스페셜티 커피를 만드는, 흔히 말하는 '힙스터hipster' 바리스타가 대세다. 힙스터 바리스타는 외모와 패션부터 이전과 확연히 다르다.

일단 남녀를 가리지 않고 몸 어디든 잘 보이는 곳에 타투가 있어야 한다. 손을 많이 쓰는 직업이라 그런지 주로 팔뚝에 많이 한다. 올드스쿨old-school 스타일의 문양이나 자신이 좋아하는 구절같이 일반적인 타투를 많이 하지만, 커피산업을 사랑하는 자신을 표현하기 위해 커피체리나 커피꽃이 달린 나뭇가지를 그려 넣기도 하고, 커피책에서나 볼 법한 커피체리 단면도를 새기기도 한다. 분쇄원두를 다지는 도구인 탬퍼tamper나 포터필터, 에스프레소 머신이나 커피 그라인더, 데미타세 등 커피와

#4　CULTURE

관련된 기구들을 새겨 넣기도 한다. 타투가 없으면 스페셜티 커피를 하는 바리스타가 아니라는 농담도 있다.
가장 재밌었던 타투는 2015년 월드체즈베/이브릭챔피언십World Cezve/Ibrik Championship, WCIC에서 우승한 다비데 베르티Davide Berti의 것이었다. 그는 대회 때 사용한 재료와 콜라 캔을 뒤로 숨긴 자신과 코치의 모습을 본따 만화『아스테릭스Asterix』의 캐릭터들로 표현해 팔뚝에 문신으로 새겨 재치 있게 자신의 세계 대회 우승을 기념했다.

팔 전체를 덮은 타투 때문에 자칫 바리스타가 무서운 사람으로 보일 수 있지만, 그들과 이야기를 나눠 보면 의외로 착하고 순박한 사람들인 것을 금방 알 수 있다. 펑크족이나 로커rocker들이 다른 사람들의 간섭에서 자신들을 보호하기 위해 가죽 자켓에 압정이나 핀을 잔뜩 박고, 뾰족한 머리 스타일에 염색까지 하며 거친 사람인 척 외모를 꾸미는 것과 비슷하지 않을까? 바리스타들 가운데 자유로운 예술가나 디자이너 출신이 많은 것도 사실이다.

여기에 더해 지역 공방에서 만든 가죽이나 데님 소재의 앞치마도 필수다. 하루 종일 서서 일하는 직업의 특성상 신발에 집착하는 모습을 보이기도 한다. 이로써 힙스터 바리스타 패션이 완성된다. 이를 두고 힙스터 문화의 유행이 시작된 것으로 여겨지는 포틀랜드나 다양한 문화가 뒤엉킨 샌프란시스코 스타일이라고도 평가한다. 흔히 '킨포크kinfolk' 스타일이라고도 부르는 세련되고 무심한 듯하지만 친근한 패션도 있다.

반면 로스터들의 이미지는 공사장의 노동자에 가깝다. 그들은 주로 무거운 커피자루를 나르면서 뜨거운 로스터 앞에 서 있다. 사람들과 만나 이야기를 나누는 바리스타와 달리, 로스팅은 기계와 대화하는 외로운 작업이라 보통은 대충 차려입기 마련이고, 기껏해야 스냅백snapback이나 트러커trucker 자켓 정도로 멋을 낸다.

#4 바리스타들만의 문화

어렸을 때 스케이트보드에 푹 빠져 있었다. 그때는 땀을 뻘뻘 흘리면서 열 시간을 내리 타도 시간이 부족했고, 머릿속은 온통 스케이트보드 생각으로 가득했다. 끊임없이 도전하며 타는 것, 그것만으로도 짜릿하고 재미있었지만, 애들이나 타는 바퀴 달린 나무판으로 취급받던 스케이트보드가 하나의 문화로 인정받고 프로들의 스포츠 산업으로도 발전한 것이 신기했다. 외국에서 사람들을 만날 때도 스케이트보드를 타던 사람이면 친구가 되기 쉬웠다.

스케이트보드를 타는 사람들은 패션 센스도 남다르다. 이 독특한 패션을 '스트리트 패션street fashion'이라고 부르는데 최근에는 일반 사람들 사이에서도 크게 유행하고 있다. 뉴욕의 스케이트보드 가게로 시작한 〈슈프림Supreme〉이라는 브랜드는 패션 명품 브랜드 〈루이비통Louis Vuitton〉과 콜라보레이션을 진행해 사람들을 깜짝 놀라게 했다. 〈슈프림〉에서 특별한 제품이 발매되는 날이면 며칠 전부터 매장 앞에 길게 줄을 선 사람들을 볼 수 있다.

스케이트보드와 스페셜티 커피는 공통점이 많다. 스케이트보드도 스페셜티 커피산업이 활발한 미국 서부에서 시작되었다. 특히 샌프란시스코는 스케이트보드의 성지에 가깝다. 과거 '세계 유명 스페셜티 커피숍'하면 거론되는 카페들이 대부분 미국에 있었던 것처럼, 스케이트보드가 제일 잘 나가던 시절에는 미국 브랜드가 대부분이었다. 모두가 하나로 뭉쳐 함께 열광했던 미국 스케이트보드의 벨 에포크La Belle Époque, 아름다웠던 그 시절을 그리워하기는 하지만 〈인스타그램〉이나 〈유투브Youtube〉를 통해서 빠르게 공유되는 여러 나라의 독특한 로컬 브랜드들을 발견하는 재미가 더 커졌다. 미국에 비해 훨씬 작은 시장인 태국의 스케이트보드 브랜드 런칭 소식을 듣고 한국에 있는 우리 집에서도 쉽게 제품을 구매할 수 있는 세상이 된 것이다.

문화라는 것은 사람들을 매혹하는 참 신기한 구석이 있다. 같은 문화를 즐기는 사람들끼리 정보를 공유하는 재미가 어찌나 쏠쏠한지. 커피도 그렇다. 전 세계 사람들이 사랑하는 음료인 커피에도 일반인들은 잘 모르는 바리스타들만의 문화가 있고 유행이 있다.

바리스타 길드Barista Guild

〈메쉬 커피〉에 카페 투어를 하는 중인 바리스타가 오면 혹시 오늘 커피를 너무 많이 마시지 않았는지 물어본다. 나 역시 다양한 커피를 맛보고 싶은 욕심으로 여러 번 고생한 경험이 있기

#4 CULTURE

때문이다. 그래서 이럴 땐 카페인이 없는 다른 음료를 권하는 경우가 많다. 그래도 커피를 마시고 싶어 하면 커피 바 아래 숨겨 둔 먹을거리를 같이 꺼내어 준다.

바리스타가 커피를 추천해 달라고 하면 아무래도 내 자존심이 걸린 문제라 당연히 제일 맛있는 커피를 내려 주기 위해 고민한다. 커피는 신선함이 생명이라 비싸고 좋은, 게이샤 같은 원두는 항상 넉넉하게 준비되어 있지 않고 아슬아슬하게 재고를 관리하는 경우가 많다. 그래서 뭔가를 보여 줄 기회가 와도 최상의 원두는 안타깝게도 똑 떨어질 때가 있다. 그럼 왠지 분하다. 그날 온 바리스타에게 다음에 꼭 다시 한 번 더 와달라고 부탁한다.

한국에서도 마찬가지지만 세계 어느 카페를 가도 바리스타라고 소개하면 만사 오케이다. 그 지역에서 가 볼 만한 다른 카페 정보뿐 아니라 바리스타가 검증한 맛집, 숨겨진 관광 명소 등 아는 사람들만 아는 비밀스러운 정보를 쉽게 얻을 수 있다. 확실히 카페는 사람들이 많이 모이는 사랑방 같은 곳이라 돌아다니는 정보가 많고 공유 속도도 엄청 빠르다. 같은 바리스타로서 이것저것 챙겨 주기도 하는데, 서비스 커피는 덤이다. 외국에 있는 바리스타 친구의 카페를 가면 친구들이 커피부터 식사까지 풀코스로 대접해 준다. 누구도 약속한 것은 아니지만 바리스타들 사이에는 이런 암묵적인 규칙이 있다. 물론 그 친구들이 한국에 왔을 때도 마찬가지. 멀리서 온 반가운 손님을 대하는 문화는 만국 공통인 것 같다. 전 세계 커피업계 사람들이 한국으로 모이는 '서울카페쇼Seoul CafeShow' 기간에는 바리스타 친구들 덕분에 정신이 하나도 없다.

이러한 바리스타들의 문화를 공식적으로 묶는 모임도 있다. 스페셜티커피협회에서 만든 '바리스타 길드Barista Guild'와 '커피 로스터스 길드Coffee Roasters Guild'가 대표적이다. 앞서 나온 바리스타들 사이의 끈끈한 정은 느끼기 힘들지만, 나름 '바리스타 캠프Barista Camp'나 '커피 로스터스 길드 리트리트Coffee Roasters Guild Retreat' 같이 커피인들을 모아 각자의 정보와 경험을 공유하고 직업적 동질감을 나누는 자리를 마련한다.

한국에서도 바리스타들은 다른 직업군에 비해서 두루두루 친하게 지내는 것 같다. 〈헬 카페Hell Cafe〉 임성은 바리스타가 결혼했을 때였다. 같은 카페에서 일한 적도 없고 자주 얼굴을 보

#4 CULTURE

지는 못해도 의리로 응원하는 사이라 서로 청첩장을 주고 받았다. 모두가 알다시피 카페의 규모가 커도 한 카페에서 같이 근무할 수 있는 바리스타들이 얼마나 되겠는가? 결혼식 때 부를 수 있는 직장 동료라고 해봐야 고작 몇 명이 전부다. 그런데 그날 우리나라에서 꽤 이름난 카페의 사장님들과 바리스타, 로스터들이 총출동했다. 같은 날 비슷한 시간에 〈180 커피 로스터스180 Coffee Roasters〉의 주성현 로스터의 결혼식이 있어서 서로 나눠서 참석하느라 그렇지, 먹고사느라 바빠 얼굴 보기 힘든 사람들을 오랜만에 한자리에서 만났다. 이날 결혼식에 온 병과점 〈합〉의 신용일 셰프가 말했다.

"커피하는 사람들은 참 대단한 것 같아요. 같은 가게에서 일하는 것도 아닌데, 여러 카페에서 축하해 주러 모이는 것을 보면 신기해요. 제 결혼식 때 떡 만드는 사람들이 이렇게 많이 왔겠어요?"

그렇다. 바리스타들은 어떻게 보면 서로 경쟁 상대이지만 그보다 대수롭지 않게 안부를 나누는 동료 사이에 더 가깝다. 친한 바리스타에게 자기 카페 근처로 매장을 이전해 오라고 말하는 경우도 있다. 어쩔 땐 카페의 비법도 서슴없이 알려 준다. 그날 피로연 자리에 모인 바리스타들도 '먹고살기 힘들다', '요즘 재밌는 거 없냐'며 앓는 소리를 하고, 새로운 장비나 좋은 생두에 대한 정보를 나누느라 바빴다.

이런 바리스타들만의 문화가 생긴 이유는 도대체 무엇일까 곰곰히 생각해 본 적이 있다. 아마도 한국에서 혹은 전 세계적으로 커피로 밥 벌어먹고 살기가 참 어렵기 때문이 아닐까 싶다. 그래서 자연스럽게 서로 정보를 공유하며 유대를 다지는 문화가 발전한 것이 아닐까? 사실 우리들 사이에서 아무리 크다고 해도 대형 커피 프랜차이즈들에 비하면 그저 난쟁이에 불과하다. 그래서 서로 기대고 의지하는 수밖에 없다.

#4 호주에서 북유럽으로,
바야흐로 스페셜티 커피의 시대

요즘은 소셜 미디어를 통해서 모든 정보가 오가는 시대다. 그 덕분에 외국 친구들과 교류하는 것도 쉬워졌다. 그래서 그런지 각 나라의 커피문화도 전 세계로 퍼지고 확장되면서 서로 다 연결되어 있는 것처럼 느껴질 때가 많다.

미국의 스페셜티 커피문화가 조금씩 알려지던 초창기에는 지금처럼 소셜 미디어가 발달하지 않아서 아무래도 정보가 다른 문화권에 도달하려면 시간이 조금 걸렸다. 사람과 사람이 직접 만나면서 퍼져 나갔다고 봐야할 것 같다. 샌프란시스코의 활기찬 커피문화를 경험한 노르웨이 사람이 오슬로에 스페셜티 커피 전문 카페를 열고, 때마침 미국에서 오랫동안 로스팅 경험을 쌓은 사람이 오슬로에 머물고 있어서 그들이 함께 북유럽 스페셜티 커피의 전설을 만든 것처럼 말이다. 지금은 인터넷에서 공유되는 정보가 워낙 많고, 그 또한 빠르게 확산되기 때문에 만약 미국에서 새로운 로스팅 아이디어가 공개되면 북유럽이고 한국이고 할 것 없이 소식이 퍼져나가는 데 하루나 이틀,

길어야 일주일이면 충분하다. 요즘은 새로운 커피기물이 출시됐다 하면 〈인스타그램〉이 벌써부터 시끌시끌하고 각 나라에서 '인증샷'들이 순식간에 올라온다. 북유럽식 라이트 로스팅 커피도 그렇게 빠르게 번져 나갔다.

북유럽 스타일의 커피가 유행하기 전에는 한참 동안 호주식 커피가 유행이었다. 플랫 화이트나 롱블랙, 거기에 곁들이는 화려한 브런치. 아, 브런치에 곁들이는 커피가 맞겠다. 바리스타들은 항상 커피를 먼저 생각하는 나쁜 버릇이 있다. 비유가 좀 그렇지만 호주에서 카페는 한국의 예쁘장한 〈김밥천국〉 같은 느낌이 아닐까 상상한 적이 있다. 한국과는 달리 호주에서는 카페에서 식사를 해결하는 것이 일반적이기 때문인데, 판매되는 브런치나 커피의 종류도 다양하다. 인기 있는 카페는 너무 바빠서 커피를 다 마시고 느긋하게 있으려고 하면 직원이 '더 필요한 건 없으시죠?'라고 물어보고 재빨리 테이블을 치운다고 한다. 그 이야기를 듣고 〈김밥천국〉이 떠올랐다.
호주 카페들은 매출이 좋은 만큼 업무의 강도가 세기는 하지만 바리스타 급여가 높은 편이다. '빅맥 지수 Big Mac index'처럼 바리스타의 시급으로 카푸치노를 몇 잔이나 사 마실 수 있는지 '카푸치노 지수'를 조사한 적이 있었는데, 호주가 단연코 높았다. 한국은 우울하니 이야기하지 말자. 이제는 나도 카페 사장이 되었지만, 오랫동안 고생하며 바리스타로 일해서 그런지 급여에 관해서는 참 할 말이 많다. 대우가 좋으니 전 세계의 바리스타들이 호주로 모였다. 원래도 워킹 홀리데이로 유명했고. 그렇게 호주에서 바리스타로 일했던 사람들이 다시 자국으로 돌

#4 CULTURE

아가 호주식 커피를 유행시켰다.

그중 가장 대표적인 나라가 프랑스다. 프랑스는 카페의 역사가 오래된 곳으로 유명하다. 동시에 커피업계에서는 특히 맛없는 커피로 유명하다. 와인이나 빵, 디저트, 요리 등 음식과 관련해서는 모든 것이 완벽한 천국인데 커피만큼은 지옥을 경험할 수 있다. 이건 바리스타들 사이에서 돌던 공공연한 비밀이었다. 그런데 호주에서 좋은 커피를 경험한 젊은 친구들이 이러한 판도를 바꿔 놓았다.
파리에서도 호주 스타일의 커피와 간단한 디저트를 팔기 시작한 것이다. 이건 정말 큰 사건이었다. 《타임Time》 지에 커피 관련 칼럼을 기고하는 기자 올리브 스트랜드Olive Strand가 파리가 변했다며 충격에 빠져서 기사를 쓰기도 했다. 그는 그 전년도에 '왜 파리의 커피는 맛이 없나'라는 칼럼을 연재했다. 이제는 파리에서도 전 세계 유명 로스터리에서 원두를 공급받아 사용하는 카페를 포함해 자체적으로 로스팅하는 로스터리도 많이 늘었다. 스페셜티 커피산업의 성장을 발판으로 삼아 프랑스의 바리스타 샬롯 말라발Charlotte Malaval은 2015, 2016년 월드바리스타챔피언십에서 파이널 라운드에 진출하기도 했다.

아시아 국가들의 발전도 눈부시다. 특히 한국은 스페셜티 커피 산업에 속한 전 세계 사람들이 주목할 만큼 빠르고 크게 성장했다. 언제나 그렇듯 유행의 속도에서는 우리나라를 이기기가 참 힘들다. 미국, 호주, 일본을 포함해 북유럽 국가들의 커피 문화가 동시다발적으로 국내에 소개되었고, 한국은 이를 빠르게 흡수하여 발전시켰다. 요즘은 미국의 햄버거 프랜차이즈 〈쉐이크쉑Shake Shack〉이 한국에서 크게 성공한 이후로 대기업에서 〈타르틴 베이커리Tartine Bakery〉와 같은 미국의 베이커리나 스페셜티 커피 브랜드를 들여오는 것이 유행처럼 번지고 있다. 언제가 될지 모르겠지만 〈블루 보틀 커피〉도 서울에 매장을 열 것이라고 선언한 상태다.

독자적인 커피문화를 바탕으로 전 세계 스페셜티 커피시장을 이끄는 한 축인 일본 역시 라이트 로스팅이라는 교집합이 있는 젊은 바리스타들이 뭉쳐서 새로운 커피문화를 만들어 내고 있다. 그중에서 〈글리치 커피 로스터스〉는 북유럽보다 더 극단적인 라이트 로스팅 방식을 채택하며 자신의 로스팅 경험을 커피에 열정이 있는 사람들에게 거리낌 없이 무료로 알려 주고, 로스터도 사용하게 해주는 '쉐어 로스트Share Roast' 프로젝트를 만들어 세계적으로 큰 주목을 받았다. 지금 일본에서 인기를 끌고 있는 '도쿄 커피 페스티벌Tokyo Coffee Festival'도 〈글리치 커피 로스터스〉의 수장 키요카즈 스즈키Kiyokazu Suzuki의 영향으로 기획되었다.

중국의 커피시장은 정말 폭발적이다. 원래 커피보다는 차를 주로 마시는 나라였는데 젊은 세대로 갈수록 커피에 대한 관심이 높아졌고 그만큼 소비도 많이 늘었다. 처음 중국에 갔을 때 '이러다 조만간 우리나라보다 스페셜티 커피가 훨씬 발전하겠는데'라는 인상을 받았다. 최근에는 매해 중국을 방문하는데, 매번 놀라움을 금하지 못한다. 이전에는 스페셜티 커피의 외형만 따라하는 느낌이었다면, 지금은 조금씩 본질에 접근하고 있다. 워낙 시장의 규모가 크고 자본도 몰리고 있어서 그 성장세는 어마어마하다. 우리나라가 그랬던 것처럼 이제는 세계 커피 산업의 이목이 모두 중국을 향하고 있다.

동유럽도 중국과 비슷하다. 같은 유럽이어도 동유럽에서는 좋은 커피보다 좋은 차를 마시기가 더 쉬웠다. 하지만 휴양이나 관광으로 이름나기 시작한 도시를 중심으로 유럽의 자본이 동유럽으로 몰려 스페셜티 커피를 다루는 카페들이 엄청난 수로 증가하고 있다. 이렇게 우리는 스페셜티 커피가 대유행하는 시대에 살고 있다.

카페 투어 중독

사람들은 커피가 카페의 기본이라고 생각하지만 의외로 커피가 맛있는 곳을 찾기가 쉽지 않다. 내가 바리스타다 보니 커피 맛에 대한 기준만 너무 높아져서 그런 것은 아닐까 싶던 적도 있었는데, 손님들에게 요즘 맛있는 커피를 파는 곳을 물어도 다들 깊은 고민에 빠진다. 도리어 "커피 전문가시니 저보다 더 잘 아시지 않으세요?" 내지 "커피가 맛있는 카페를 찾기가 너무 힘들어요"라는 푸념만 돌아온다. 그러면 나는 "그래도 전에 비하면 맛있는 커피를 파는 카페가 동네마다 많아졌죠. 우리나라는 경쟁이 치열해서 기본적인 커피품질이 좋아요. 외국하고 비교해 보면 바로 알 수 있을 거예요. 저 같은 커피쟁이는 먹고 살기 힘들어요. 손님들에겐 좋은 거지만요"라며 카페 사장 입장에서 다시 한숨 섞인 넋두리를 전한다. 그럼에도 불구하고 막상 맛있는 커피를 마시러 나서면 가는 곳은 한정되어 있다.

카페의 밀도가 높기로 유명한 한국에서 왜 이렇게 맛있는 커

#4   CULTURE

피를 내는 곳을 찾기가 힘들까? 커피를 잘하는 고수들은 일부러 동네 구석에 숨어 단골들만 상대하며 서로 '꽁냥꽁냥' 행복하게 지내는 걸까? 아니면 우리가 생각하는 맛있는 커피의 기준이 '신의 커피'만큼 너무 높은 걸까? 아니다. 맛있는 커피를 파는 카페들은 분명 많이 있다. 단지 내 주변에만 없을 뿐. 좋은 카페들이 근처에 있는 사람은 정말 크나큰 복을 받은 거라고 생각한다. 그들을 부러워하다가 갑자기 오기가 발동했다. 그렇게 나도 맛있는 커피를 찾아다니는 손님들처럼 카페 투어를 시작했다.

'꼭 맛있는 커피를 파는 카페를 찾아내야지!' 속으로 굳은 다짐을 외치고 난 후, 우선 맛있는 커피를 마시러 다녔던 카페들을 어떻게 처음 찾아냈는지 떠올려 봤다. 역시 커피를 좋아하는 사람들에게 추천을 받는 방법이 확률이 높았다. 말하고 보니 "기타를 치고 싶은데 좋은 기타를 사려면 어떻게 해야 하나요?"라는 질문에 "악기점에 기타를 잘 치는 사람하고 같이 가세요"라는 대답을 들은 것 같은 뻔한 기분이 든다. 사실 어느 분야든 전문가나 애호가, 혹은 믿을 만한 사람에게 물어보는 것이 가장 확실한 방법이다.

대부분의 바리스타들은 자신이 좋아하는 카페 몇 곳을, 사람에 따라 수십 군데를 적은 리스트가 있다. 물론 지역별 카페 투어를 위한 최적의 동선도 계획해 두었을 것이다. 사실 바리스타들끼리는 서로 안부를 묻거나 세상 돌아가는 이야기를 하는 것만큼 최근에 생긴 좋은 카페나 태어나서 처음 마신 경이로운 맛의 커피, 업계에서 제일 핫한 커피기물에 대한 이야기를 많이 한다. 사장님이 나를 얼마나 괴롭히는지 따위의 이야기도 덧붙이고. 어찌 됐든 정보의 양이 일반 사람들보다 월등히 많기 때문에 커피산업에 있는 누군가에게 카페를 추천받는 것이 가장 좋다. 모두가 잘 알다시피 한국에는 카페가 이렇게나 많고, 그만큼 수많은 바리스타가 있기 때문에 한 다리만 건너면 분명 친구나 친인척 중에 카페에서 근무하는, 혹은 근무했던 사람이 있을 것이다.

바리스타들의 추천과 더불어 인터넷 검색이나 소셜 미디어로 카페를 찾는 방법도 의외로 유용하다. 소셜 미디어에 자주 노출되서 올라오는 카페들이 결국 나와 취향이 비슷한 사람들이나 커피 애호가들이 다녀갔을 확률이 높기 때문이다. 일단 사진으로 보이는 인테리어와 기물 배치로 공간을 구성하는 센스와 카페 오너의 취향을 간접적으로 파악한다. 그리고 짧은 글 사이에 숨어 있는 사장이나 바리스타의 커피에 대한 생각과 열정을 확인한다. 이런 방법은 잘 모르는 사람을 만나는 소개팅과 같아서 일단 외모와 첫인상으로 많은 것을 파악해 내야 한다. 그것도 결국 내 재주다. 다만 말 그대로 '인스타용' 카페처럼 사진과 글에서 본 모습과는 영 딴판이거나 생각보다 커피와 공간이 만족스럽지 못한 카페들도 종종 있으니 주의할 필요가 있다. 그나마 핫한 카페라면 '나도 가 봤어' 정도는 말할 수 있으니 위안을 삼을 만하다.

겨우 정한 카페 리스트를 들고 카페 투어를 다닐 때는 중간중간 허기질 것을 대비해서 그 지역의 맛집을 알아 두는 것도 꼭 필요하다. 끼니를 잘 챙겨 먹어야 다음 커피를 마실 수 있는 힘

#4 CULTURE

도 생긴다. 카페 투어라는 게 말은 좋지만 커피를 하루 종일 마시는 일이라 몸에 무리가 된다. 그래도 한국에서 카페 투어를 할 때는 몸이 힘들면 나중에 다시 하면 되니까 일정 중간에 그만둘 수도 있지만 해외에 나갔을 때는 사정이 다르다. 바쁜 와중에 다시 시간을 내기도 힘들고, 아무리 비행기 티켓을 저렴하게 끊었다고 해도 본전 생각이 날 수밖에 없다. 심지어 스케줄도 무리하게 짜는 경우가 많아 낯선 외국에서 이게 무슨 생고생인가 싶을 때도 있다.

내가 처음 외국으로 카페 투어를 간 곳은 꿈에 그리던 로스앤젤레스였다. 당시 로스엔젤레스는 〈인텔리젠시아 커피〉, 〈블루 보틀 커피〉, 〈스텀프타운 커피 로스터스〉, 〈버브 커피 로스터스〉, 〈G&B 커피〉 등 수많은 업체들이 앞다투어 카페를 오픈한, 말 그대로 세계에서 제일 핫한 곳이자 평소 동경하던 카페들을 한눈에 둘러볼 수 있는 곳이었다. 한국에서 원두를 구해 내려 마실 수도 있지만, 현지에서 마시는 것과는 분명히 다를 거라 생각했다. 바리스타들이 커피를 내리는 기술부터 그 맛까지 모두 머릿속에 담아 오겠다고 호언장담했다. 엘살바도르에서 CoE 심사를 마치고 돌아오는 피곤한 여행길이었지만 커피에 대한 기대감이 가득했다.
해가 뜨는 새벽 6시에 출발해서 해가 지는 저녁 6시까지 12시간 동안 〈G&B 커피〉를 시작으로 〈핸섬 커피 로스터스〉, 〈스텀프타운 커피 로스터스〉, 〈핸섬 커피 로스터스〉에서 추천 받은 〈블랙탑 커피 Blacktop Coffee〉(카페 투어를 다닐 때는 현지 바리스타들의 추천으로 일정이 추가되는 일이 흔하다), 그리고 〈G&B 커피〉의 자매 카페인 〈고 겟 엠 타이거〉, 〈인텔리젠시아 커피〉, 〈블루 보틀 커피〉, 엘살바도르에서 추천을 받은 〈메노티스 커피 스톱〉까지 총 여덟 곳을 들렀다. 카페 한 곳당 커피는 내가 선택한 것 한 잔, 바리스타 추천 한 잔으로 최소 두 잔씩은 마셨고, 밥이라고는 점심 즈음에 먹은 타코 몇 조각이 전부였으니 공항에 도착했을 때는 이미 몸도 마음도 탈진한 상태였다. 한국으로 돌아오는 비행기 안에서 급성 위염으로 고생했던 것을 생각하면 지금도 아찔하다. 돌이켜보면 어느 순간부터는 내가 커피를 마시는지 커피가 나를 마시는지 모를 정도였다. 그래도 그날 이후로 커피에 대한 기준이 더 정교해졌다.

그렇게 큰 고생을 하고도 시간이 나면 자주 카페 투어를 다녔다. 가까운 도쿄, 나가노, 교토, 호치민, 상하이, 홍콩, 항저우부터 멀리는 파리, 산살바도르, 쿠웨이트, 리우 데 자네이루 등 내 평생 다시 갈 일이 있을까 싶은 곳까지 다녀왔다. 커피로 유명하지 않은 도시여도 무조건 인터넷으로 그 지역의 카페부터 검색했다. 그러면 신기하게도 열정적이고 좋은 카페들이 나타났다. 노력 끝에 발견한 카페에 가면 먼저 나를 소개하고 바리스타들과 많은 이야기를 나누기도 했다. 그들과 친구가 되는 것은 생각보다 쉬웠다. 도시와 동네마다 독특한 카페 문화를 보고 즐기면서 주기적으로 카페 투어 병이 도졌다.
어느 정도 경험이 쌓이고 난 후로는 일정을 넉넉히 잡기 시작했다. 시간이 여유로운 만큼 가고 싶은 카페는 더 많아져 결국에는 또 무리하게 되지만 말이다. 그래도 몇 가지 팁이 생겼는데, 간단한 식사를 제공하는 카페에서 끼니를 해결하거나 적어

#4 CULTURE

도 중간에 편의점이라도 들러 배를 채운다. 커피맛보다 인테리어나 공간 자체가 영감을 주는 곳이라면 충분히 휴식을 취하면서 여유롭게 분위기를 즐기다 온다. 외국에서는 낯선 환경에 놓인 채로 이동하고 카페를 찾느라 소비하는 체력도 만만치 않아서 꼼꼼히 사전 조사를 하고 최적의 경로를 미리 찾아두는 것이 필수다.

지금도 새로운 아이디어가 필요하거나 기분 전환을 위해 때때로 국내외로 카페 투어를 다닌다. 새벽녘에 본 〈인스타그램〉 속 포스팅을 보고 그 카페의 커피맛이 궁금해서 경주까지 빗길을 뚫고 단숨에 다녀오기도 했다.
'미슐랭 가이드'에서 별 세 개를 받은 곳은 그 레스토랑에 가는 것을 목적으로 여행을 떠나도 충분하다고들 한다. 맛있는 커피를 찾아 카페가 있는 곳으로 여행하는 사람의 입장에서 어찌나 공감이 되던지. 지금 이 순간에도 가보고 싶은 카페 리스트는 차곡차곡 늘어 간다.

 말만 들어도
신나는 커피축제

요즘 커피업계를 가만히 들여다보면 어딜 가도 '커피 페스티벌'이 주목 받고 있다. 특히 도시 이름을 딴 커피 페스티벌은 큰 인기다. 런던, 암스테르담, 뉴욕, 도쿄, 오사카, 상하이, 타이완. 세계적인 도시의 이름만 들어도 벌써부터 설렌다. 거기에 내가 좋아하는 '커피'와 상상만으로도 즐거운 '페스티벌'이 더해졌다. 뉴욕, 커피, 페스티벌. 따로 불러도 멋진 이 단어들을 합치면 '뉴욕 커피 페스티벌'. 발음만으로도 어마어마한 매력을 뽐내지 않는가?

커피산업의 역사가 오래된 만큼 커피 페스티벌은 여기저기서 꾸준히 열리고 있었다. 그러나 페스티벌의 주체이자 주인공은 아무래도 자신을 홍보하기 위해 나온 참가 기업이나 페스티벌을 준비하는 주최사였다. 평소 커피에 관심이 많은 애호가나 커피 전문가들에게 어필하는 데는 유리했지만 일반 사람들이 다가가기에는 살짝 재미가 부족했을 것이다.

#4 CULTURE

인터넷이 발전하고 소셜 미디어가 활발해지면서 일반 소비자들의 영향력이 커졌고, 이에 커피산업의 무게 중심이 업계 관계자들이 아닌 대중에게로 넘어오기 시작했다. 커피 페스티벌의 주인공이 변하게 된 것은 당연한 일이었고, 더 많은 사람이 즐길 수 있는 행사를 준비하는 것이 경쟁력이 되었다.

각지에서 개최되는 커피 페스티벌 가운데 전통적으로 커피산업의 중심지였던 런던, 암스테르담, 뉴욕의 커피 페스티벌이 가장 유명하다. 한국의 커피산업 전시회인 '서울카페쇼'와 비슷하게 스페셜티 커피를 다루는 카페 외에도 다양한 커피회사들이 참가한다. 하지만 일반적인 커피 박람회와 달리 커피 페스티벌은 커피를 중심으로 다양한 문화 콘텐츠를 녹여내 사람들이 커피문화 자체를 즐길 수 있는 하나의 축제로 만들었다. 지역 뮤지션들의 음악과 더불어 길거리 음식도 즐기고, 바리스타 대회나 커피 관련 세미나로 사람들의 관심을 끌기도 했다. 무엇보다 다양한 카페의 커피를 한자리에서 경험할 수 있다는 점이 가장 큰 매력이었다.

반면 우리가 참가했던 '도쿄 커피 페스티벌'은 방향성이 조금 달랐다. 행사를 주최하는 곳도 상업적인 곳이 아닌 자원봉사자를 기반으로 지역 파머스 마켓farmer's market을 운영하는 〈미디어 서프 커뮤니케이션Media Surf Communications〉이라는 단체였다. 커피 관련 기관이 아니다 보니 시각이 좀 더 대중에게 가까워 커피를 쉽고 편하게 풀어냈다. '도쿄 커피 페스티벌'은 일본 곳곳에 숨어 있던 작은 카페들이 도쿄 시내의 UN대학교 앞에서 열리는 파머스 마켓 한쪽에 모여 자신들의 커피를 소개하는 방식으로 이뤄졌는데, 사람들에게 엄청난 호응을 얻었다. 지역에서 유명한 작은 가게들이 새로운 공간에서 평소와 다른 소비자들과 만날 기회를 갖는다는 점, 그리고 바리스타와 손님 모두를 위한 커피문화를 만들어 냈다는 점이 긍정적으로 작용했다.

'도쿄 커피 페스티벌'에 참여하는 카페들은 집에서 커피를 내리는 방식과 유사하게 커피를 추출해서 손님들에게 제공한다. 커피를 내리는 다양한 방법을 소비자들이 직접 눈으로 보고 집에서도 따라 해 보도록 배려한 것이다.

커피 페스티벌에서 커피를 시음하고 싶은 사람들은 다섯 잔을 마실 수 있는 작은 종이컵 세트를 구입해 행사장을 돌아다니며 마음에 드는 카페에서 커피를 마실 수 있다. 기회가 다섯 번이나 있다 보니 자신의 커피취향을 발견하는 데도 도움이 된다. 해외에서 초청을 받은 세계적인 카페나 일본 바리스타 챔피언의 카페는 언제나 줄이 길지만, 유명한 카페에만 매출이 집중되지는 않아서 다른 카페들도 자신의 커피를 적극적으로 홍보할 수 있다.

행사장 가운데에 설치된 무대에서는 지역 인디 뮤지션들의 라이브 공연이 계속되어 흥겨운 축제 분위기를 한껏 끌어올린다. 따로 마련된 길거리 음식 코너에서 배를 채울 수 있고, 각종 공예품이나 독립 출판물을 구경할 수도 있어 커피만으로는 아쉬워할 소비자들의 다양한 욕구를 만족시킨다.

'도쿄 커피 페스티벌'은 커피를 즐기는 문화가 탄탄히 자리 잡

#4   CULTURE

는 데 초점이 맞춰져 있다. 우리가 바라보는 일본은 이미 커피문화가 많이 발달한 곳이라고 여겨지에 그들의 기획 의도는 뜻밖이었지만, 참 좋은 아이디어라고 생각했다. 이에 '한국에서도 이런 행사를 한다면 재밌지 않을까'라는 생각이 들었고 곧바로 자료를 찾아보기 시작했다. 하지만 글로 보는 것으로는 확실히 한계가 있었고 직접 눈으로 보고 경험해야 할 것 같았다.

다행히 인연이 닿으려고 했는지, 마침 일본 바리스타 친구인 마사코 아카시Masako Akashi가 '도쿄 커피 페스티벌'에 참가한 한 타이완 카페의 통역 자원봉사를 하고 있었다. 이 친구의 도움으로 '도쿄 커피 페스티벌'에 참가 신청을 했고, 우리는 〈메쉬커피〉의 커피를 일본을 비롯한 여러 나라 사람들에게 선보이며 많은 사람들과 교류할 수 있었다. 이후에 '커피 컬렉션Coffee Collection'이라는 도쿄의 다른 커피 페스티벌에도 선발되어 참가해 보고, '상하이 커피 페스티벌'에 가서 직접 관람도 했지만 '도쿄 커피 페스티벌'처럼 소비자와 바리스타가 하나가 되는 느낌을 받기는 어려웠다.

한국에서도 우리만의 커피 페스티벌을 준비하려는 시도가 여러 번 있었다. 하지만 업계의 다양한 사람을 모아서 치뤄야 하는 행사를 성사시키기는 사실 쉽지 않았다. 참여를 원하는 카페들과 업체들의 수많은 목소리를 하나로 모을 수 있어야 하고, 페스티벌을 빛낼 참관객들에게 널리 홍보하는 것도 만만치 않은 일이다. 그럼에도 언젠가 우리나라를 대표하는 세계적인 '서울 커피 페스티벌'이 생기길 바란다.

#4 아는 만큼 보이는 커피

'아는 만큼 보인다'는 말이 있다. 당연히 커피도 제대로 이해하면 더 많이 즐길 수 있다. 조금 거창하게 말해 커피를 '공부'하려면 여러 가지 방법이 있지만 그중에서도 커피 클래스를 듣는 것을 추천한다. 인터넷을 통해 커피에 대한 정보를 쉽게 구할 수 있는 시대라고는 하지만, 검색창에 두드리면 너무 많은 자료가 쏟아진다. 사람들에게 수없이 이야기하지만 커피정보를 많이 알고 있다고 해서 커피를 잘하는 것은 아니다. 올바른 정보를 골라내고, 필요한 정보만 선택해 잘 편집할 필요가 있다. 그리고 무엇보다 커피는 실전! 글이나 사진, 동영상으로는 커피향미와 같은 눈에 보이지 않는 감각들이 제대로 전달되지 않는다. 매우 사소해 보이지만 나름 중요한 포인트들도 생략되기 십상이다. 그렇기 때문에 커피 전문가를 직접 만나서 듣는 커피 클래스가 좋다.

퍼블릭 커핑 public cupping

스페셜티 커피를 다루는 카페, 특히 로스터리라면 퍼블릭 커핑을 여는 경우가 많다. 퍼블릭 커핑은 바리스타나 로스터, 커퍼와 같은 커피 전문가들이 모이는 곳이 아니다. 커피를 전혀 모르거나 커피에 관심은 있는데 이것저것 궁금한 것이 많은 사람들을 위한 자리다. 그렇기 때문에 전혀 부담스러워 할 필요가 없다. 나만 멀뚱히 있을 것 같은 두려움을 이겨 내고 퍼블릭 커핑이 열리는 곳으로 가자. 바리스타들이 일상에서 사용하는 평범한 언어로 커피향미를 친절히 알려 줄 것이다.

퍼블릭 커핑은 준비된 커피샘플을 맛보고 이야기를 나누는 것이 전부다. 머리 아프게 공부할 것도 외울 것도 없다. 차려진 커피에 준비된 숟가락만 들고 커피를 맛보면서 느껴지는 맛을 솔직하게 표현하면 된다. 누가 구체적인 테이스팅 노트를 말하느냐는 중요하지 않다. 본인의 취향에 맞는 커피를 발견하고 커피향미에 대해 천천히 알아가는 과정이라고 생각하면 된다. 그래서 대부분의 퍼블릭 커핑은 무료로 진행되는 경우가 많다. 비용을 받더라도 옥션 커피처럼 특별한 샘플이 아닌 이상 5,000원에서 만 원 정도 선이다.

참가자들은 커피를 맛보면서 커피산지에 대한 이야기를 듣기도 하고 품종이나 로스팅 스타일, 추출 팁 등 커피에 대한 기본적인 정보를 얻는다. 편하게 세상 사는 이야기를 나누기도 하고 커핑을 진행하는 업체마다 커피를 바라보는 관점이 다르기 때문에 이를 비교하며 여러 퍼블릭 커핑을 경험하는 것도 추천한다.

#4 CULTURE

커피교실

요즘에는 카페에서 퍼블릭 커핑을 많이 진행하지만 얼마 전까지만 해도 커핑은 낯선 문화였고, 이전에는 커피교실이 있었다. 커피교실 역시 커피를 좋아하나 잘 알지 못하는 '커알못'들을 위한 클래스다. 비용은 대체로 퍼블릭 커핑과 비슷하거나 약간 더 비싸다.

퍼블릭 커핑은 정기적으로 진행되지만 내용이 이어지지 않는 단발성 클래스라면, 커피교실은 한 달 혹은 일정 기간을 두고 순차적으로 진행되는 커리큘럼이 있다. 시작은 커피가 어렵게 느껴지지 않도록 재밌는 이야기로 풀어낸다. 커피체리를 먹고 춤추는 염소나 커피소년 칼디Kaldi는 주요 레퍼토리다. 이런 이야기들은 자신보다 커피를 더 잘 모르는 사람들에게 가벼운 지식을 뽐낼 때 유용하다. 그래도 커피교실은 어쨌든 수업이라 예습과 복습을 하면 더 좋고, 종종 외워야 할 것도 생긴다. 보통 지루한 이론 수업이 몇 차례 지나면 드디어 고대하던 실전 수업이다. 다양한 추출도구로 커피를 직접 내려 보거나 전문가가 내리는 것을 지켜본다. 전문가는 원 포인트 강의로 도구별 특징과 추출 레시피들을 콕콕 집어서 알려 준다.

수업을 마치고 커피도구를 구입한후 집에서 직접 내린 커피를 맛보면 '세상에 쉬운 일이 없구나. 바리스타가 커피를 내리는 게 결코 쉬운 일이 아니었어'라고 느끼게 된다. 머릿속에 담긴 이론과 몸이 하나가 되기까지는 시간이 필요하니 너무 좌절하진 말자. 그래도 커피를 내리는 손맛은 낚시에 비할 만큼 짜릿하다. 수업 코스에 따라 집에서 간단히 로스팅하는 법을 배우기도 한다. 수망 로스터를 사용하는 간이 로스팅 방법인데, 수망을 10여 분 동안 쉬지 않고 계속 흔들어야 해서 팔은 조금 아프지만 생두가 로스팅되는 과정을 눈으로 보고 몸으로 느낄 수 있기 때문에 상당히 흥미롭다. 수망으로 볶은 원두로 내린 커피도 꽤 마실 만하다. 집에서 로스팅을 시작한 이들 중 일부는 자작 로스터에 관심을 가지게 되고, 또 그중 일부는 가정용 로스터를 구매하게 된다. 더 나아가 결국 로스터리를 차리기도 한다.

전문가 수업

전문가 수업은 커피교실을 마스터한 후에도 좀 더 커피에 대해 배우고 싶은 사람들이나 예비 창업자들, 지금보다 실력을 키우고 싶은 바리스타들을 위한 클래스다. 요즘에는 집에서도 전문가 못지않게 커피를 진지하게 내리는 사람들이 많아 홈 바리스타를 위한 집중 클래스도 인기다. 전문가 수준의 수업이라 아무래도 내용은 어려운 편이다. 심도 깊은 이론과 더불어 추출 레시피나 로스팅 프로파일을 세세하게 조절하는 법을 배우고 공식 평가 폼을 사용해 커핑도 진행한다. 스페셜티커피협회를 비롯한 여러 기관에서 진행하는 수업은 수료증이나 자격증도 준다.

이런 수업은 현장에서 바로 적용하기 힘든 지식을 배운다며 들을 필요가 없다고 생각하는 바리스타도 있다. 하지만 커피를 기초부터 체계적으로 배우고 싶은 사람이라면 분명 큰 도움이 될 것이다. 바리스타는 본인이 따로 시간을 내 노력하지 않는 이상 이론적인 부분과 추출원리들을 바쁜 현장에서 꼼꼼하게 배우기 어렵기 때문이다.

#4   CULTURE

전문가 수업답게 비용은 꽤 비싸다. 하지만 커피를 평생 해야 하는 일이라고 여긴다면 충분히 투자할 만한 가치가 있다. 최신 정보를 공유하고 사람들과 교류하는 것이 활발해진 요즘에는 해외로 나가서 전문가 수업을 듣는 사람들도 늘었다. 아무래도 트렌드를 가장 빨리 접할 수 있는 기회인데다, 외국에 나간 김에 그 나라의 커피문화도 경험할 수 있어 생각의 폭이 넓어지기 때문이다. 국내에서도 해외 커피 전문가를 초청해 진행하는 세미나가 자주 열리는 편이다.

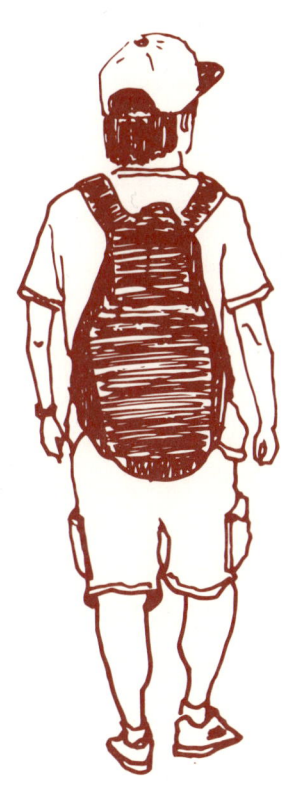

게으름뱅이들을 위한 커피 아이템

커피를 마시는 건 분명 즐거운 일이지만, 내리는 일은 귀찮을 때가 많다. 커피를 맛있게 내리기 위해서는 약간의 수고가 필요하고, 전문가처럼 완벽하게 내리려면 정말 많이 노력해야 한다. 마냥 쉽고 편하게만 마실 수는 없어도 공들인 만큼 맛있어지는 것이 커피의 매력이다.

그럼에도 불구하고 손 하나 까딱하고 싶지 않은 날이면 아주 간단하게 커피를 즐기고 싶은 순간이 있다. 휴일 아침 느지막이 일어나 한껏 게으름을 부리고 싶을 때나, 권태기처럼 커피에 대한 애정이 잠깐 식어 그저 카페인 충전만 필요할 때도 있다. 소풍이나 등산을 가서 커피를 집에서처럼 온전히 내려 마시기 어려울 때도 있고. 천만다행으로 이럴 때를 대비해 간편하게 즐길 수 있는 커피 아이템은 많다. 편리한, 그러나 맛있는 커피. 이 두 가지를 모두 충족시키기 위한 노력에 의해 커피도구의 역사가 발전해 왔다.

#4 CULTURE

사실 복잡해 보이는 도구들도 레시피에 따라 얼마든지 쉽고 편하게 내릴 수 있지만, 정말 그것마저도 귀찮을 수 있겠다는 가정을 하고 최대한 간편한 아이템으로 골라 봤다. 다만 앞에서 말한 것처럼 커피는 정성과 공을 들인 만큼 맛있어질 확률이 높다. 별로 한 것도 없는데 커피가 맛있다면 행운이라고 생각해도 좋다. 후반부에 등장하는 커피 아이템일수록 약간의 수고와 에너지를 더 들여야 한다는 점을 참고하자.

스페셜티 인스턴트커피

인스턴트커피만큼 쉽고 편한 것도 없다. '즉각적인', '순간, 아주 짧은 동안'을 의미하는 인스턴트instant의 뜻처럼, 잔에 커피가루를 담고 뜨거운 물만 부으면 커피 한 잔이 뚝딱 완성된다. 인스턴트커피라는 단어에서 느껴지는 쉽고, 편하고, 가볍고, 경쾌한 분위기는 아마 우리에게 너무 익숙한 커피여서 그렇지 않을까 싶다.

물론 인스턴트라는 말이 부정적으로 쓰일 때도 많다. 항상 건강과는 정반대의 의미로 통용되어서 인스턴트 음식을 줄여야 한다는 이야기가 끊이지 않는다. 빠르게 조리할 수 있도록 인공적인 무언가를 첨가했을 것이라는 이미지가 있어서 더욱 그렇다. 인스턴트라는 말이 워낙 부정적인 인식이 큰 탓인지 요즘에는 즉석조리 음식으로 표기하는 경우도 많아졌다. 우리는 눈으로 볼 수 없는 것에 대한 불안감이 큰데, 그것이 먹고 마시는 일과 연관되면 그 두려움은 증폭된다.

인스턴트커피는 알고 보면 우리가 흔히 말하는 원두커피와 크게 다르지 않다. 로스팅한 원두를 분쇄해서 뜨거운 물이나 수

증기로 커피를 추출하고 냉동 건조나 열풍 건조로 수분을 날려 가루 형태로 만든 것이 인스턴트커피다. 원리상 우리가 내린 커피에서 수분만 제거해서 만든 것이다. 다만 커피의 향과 맛을 보존하면서 대량으로 생산하기 위한 가공공정을 거쳐 상품화한 것이라고 보면 되겠다.

그럼에도 인스턴트커피는 맛이 없다는 의견이 지배적이다. 대량 생산하는 모든 상품들이 그렇듯 품질보다는 원가 절감이나 이윤 창출 같은 부분들이 앞서기 때문이다. 인스턴트커피 역시 좋은 재료를 사용하는 경우가 드물다. 게다가 인스턴트커피는 커피에서 나올 수 있는 모든 성분을 뽑아내기 위해 곰국을 우리듯 한없이 우려내 만든다. 인스턴트커피가 쓴맛이 강하고 텁텁하게 느껴지는 것은 그런 이유에서다. 하지만 싸고 편리한 대신 맛이 없는 것이지, 특별히 건강에 나쁘지는 않다.

'싸구려 커피의 대명사인 인스턴트커피를 스페셜티 커피로 만들면 맛도 있고 편리하겠네'라는 생각을 나만 한 것은 아니었다. 미국의 〈브알라Voilà〉나 〈스위프트 컵 커피Swift Cup Coffee〉, 〈서든 커피Sudden Coffee〉와 같이 스페셜티 커피로 인스턴트커피를 만든 회사들이 등장했다. 이들은 좋은 재료를 써서 정교하게 커피를 추출하고 냉동 건조방식으로 향미 손실을 최소화했다. 이제 뜨거운 물만 부으면 스페셜티 커피를 편하게 즐길 수 있는 시대가 왔다. 다만 아쉬운 점은 아직 한국에서는 스페셜티 인스턴트커피를 접하기 어렵다는 것과 커피 하나당 가격이 3~4,000원 정도라 밖에서 사 마시는 커피가격과 별반 차이가 없다는 것이다. 편리하긴 하지만 가볍게 즐기기에는 아직 갈 길이 멀다.

#4 CULTURE

티백 커피

차처럼 커피도 티백으로 된 제품들이 있다. 차는 찻잎을 넣은 티백을 다시 종이로 포장하지만 티백 커피는 분쇄원두를 넣은 티백을 플라스틱 재질의 포장지로 밀봉하고, 더 꼼꼼히 신경을 쓰는 경우에는 질소를 주입하기도 한다. 커피는 원두를 분쇄한 순간부터 향미가 손실되고, 공기 중의 산소에 의해 산패되어 커피맛이 떨어지기 때문이다. 티백 커피의 사용법은 일반 티백과 같다. 뜨거운 물에 넣고 우리면 끝! 게다가 티백 커피는 집에서도 쉽고 간편하게 제작할 수 있는데, 티백 종이를 산 다음 원두를 갈아 넣고 밀봉하면 된다. 이때는 커피성분이 물에 잘 녹을 수 있도록 원두를 가늘게 분쇄해 물에 닿는 표면적을 최대한 늘려야 한다.

티백 커피를 마셔 본 사람들은 잘 알겠지만, 평양냉면을 처음 먹었을 때처럼 커피가 밍밍하다는 느낌이 강하다. 평양냉면은 먹으면 먹을수록 중독되고 빠져든다는데 티백 커피는 그렇지 않은 경우가 대부분이다. 티백에 담겨서 그런 것인지 커피성분이 충분히 우러나지 않고, 온전한 커피 한 잔을 만드는 데 티백에 담긴 분쇄원두가 부족한 경우도 많다. 게다가 밀봉했다고는 하지만 오래 보관된 것이 많아서 티백 커피는 대체로 맛이 없다. 하지만 차처럼 연하고 구수한 맛을 선호하는 사람들은 좋아한다.

이런 부족한 향미에도 불구하고 사용법이 편리해서 티백 커피를 찾는 애호가들이 있다. 뜨거운 물을 붓고 커피를 충분히 우려낸 다음 티백을 건져 내면 그만이니까. 그래도 잘 만든 티백 커피는 동네의 여느 맛없는 카페의 커피보다는 맛있게 즐길 수 있다.

드립백dripbag

'필터 커피가 최고야'를 외치고 다니던 시절, 일본에 다녀온 친구가 선물로 줘서 마셔본 것이 드립백과의 첫 만남이었다. 처음에는 티백 커피인줄 알고 그냥 컵에 넣어 우려 마셨는데 아주 밍밍한 맛이 났다. 자세히 보니 티백의 디자인이 어딘가 이상했다. 일본어로 적혀 있어서 포장지는 보지도 않고 버렸는데, 다시 보니 윗부분을 찢고 좌우 날개를 펴 컵에 걸쳐 놓고 간단히 드립을 할 수 있는 형태로 되어 있었다. 세상에는 똑똑한 사람이 참 많구나 싶었다. 그래도 이렇게 엉성한 구조에서 커피가 제대로 내려질 리 없다고 생각했다. 그런데 웬걸! 평소 필터 커피를 내리듯 뜸을 들이고 물을 나눠서 부으니 그럴듯했다. 향미도 티백 커피보다 훨씬 진하고 풍부했다.

드립백이 한국에 처음 들어왔을 때는 공장에 맡겨서 OEM 방식으로 생산하는 것이 일반적이었다. 드립백도 티백 커피와 마찬가지로 원두를 분쇄해 넣어야 하기 때문에 아무리 밀봉을 잘한다고 해도 원두가 맛있는 상미 기간보다 길게 보관할 수는 없었다. 그런데 공장에 맡기는 최소 주문 수량은 어마어마해 도저히 상미 기간 안에 다 팔 수가 없었다. 이런 부담 때문에 드립백은 거대 유통망을 가진 대형 커피회사에서 만든 것이 유일했다. 하지만 최근 몇 년 새 작은 규모의 카페에서도 드립백을 직접 만들 수 있는 여건이 갖춰졌고, 이제는 유명한 카페나 로스터리마다 드립백을 출시해 소비자들이 전보다 다양한 드립백을 골라 즐길 수 있게 되었다.

#4 CULTURE

드립백으로 내린 커피를 마시기 위해서는 핸드드립을 하는 것처럼 약간의 수고가 필요하지만 커피를 내리는 즐거움이 있고 뒤처리도 간단하다. 또 가지고 다니기도 편리해 어디서든 뜨거운 물만 있으면 커피를 마실 수 있고, 선물하기에도 딱 좋다. 제조 일자를 확인해 신선한 드립백을 산다면 맛있는 커피를 쉽게 즐길 수 있다.

캡슐 커피

"네스프레소, 왓 엘스Nespresso, What else?" 할리우드 배우 조지 클루니George Clooney의 근사한 외모만큼이나 멋진 광고다. 캡슐 커피가 〈네스프레소Nespresso〉에만 있는 것은 아니지만 스마트폰하면 〈애플Apple〉의 '아이폰iPhone'이 생각나는 것처럼, 캡슐 커피하면 사람들은 머릿속에 〈네스프레소〉를 가장 먼저 떠올린다. 혹은 "캡슐 커피가 뭐야? 아, 네스프레소! 근데 네스프레소가 네스프레소 아냐?"라고 말하는 사람도 있다.

캡슐 커피는 장점이 참 많다. 캡슐 커피머신은 주방이든 사무실이든 어디에 올려놓아도 잘 어울릴 만큼 작고 디자인도 예쁘다. 캡슐 자체도 다양한 색상으로 구성되어 있어 보고만 있어도 기분이 좋아지는데, 캡슐을 보관하는 홀더랙holder rack까지 가지고 있다면 공간이 더욱 빛나 보인다. 멋도 멋이지만 무엇보다 버튼 한 번만 누르면 커피 한 잔이 뚝딱 만들어지는 간편함도 갖췄다. 캡슐 커피머신의 작동 원리가 생각보다 단순해서 고장이 날 일도 별로 없고 유지 관리도 편하다. 캡슐 커피가 전 세계적인 인기를 끌기 시작했을 때 이러다 원두를 사서 집에서 커피를 내려 마시는 문화가 없어지는 게 아니냐며 걱정해 주던 친구가 있었다. 아직까지 내가 커피로 먹고살고 있는 것을 보면 내 친구 갑선이의 걱정은 다행히 빗나간 듯하다.

다양한 종류의 캡슐과 더불어 〈네스프레소〉에서는 시기별로 스페셜 에디션 캡슐까지 선보여 캡슐 커피가 지루해질 틈이 없다. 〈스타벅스〉를 비롯한 많은 커피회사에서 〈네스프레소〉 캡슐 커피머신과 호환이 되는 캡슐 커피를 생산하기 때문에 선택의 폭은 더 넓어진다. 최근에는 한국의 스페셜티 커피업체들도 고품질 캡슐 커피를 생산해 사람들의 입을 즐겁게 만들고 있다. 하지만 편리함이 꼭 좋은 것만은 아닌 게, 최근에는 한 번 쓰고 버려지는 캡슐 때문에 환경오염 문제가 불거지기도 했다. 캡슐은 플라스틱 용기에 알루미늄 뚜껑을 씌운 구조인데다 크기도 작아서 재활용이 쉽지 않다. 캡슐 커피를 제조하는 회사에서 쓰고 난 캡슐을 회수하는 시스템을 도입해 재활용 비율을 높이겠다고 주장하고 있지만, 말처럼 쉬워 보이지는 않는다. 캡슐 커피는 참 편리하고 커피맛도 괜찮지만 환경을 위해 일회용 플라스틱 컵과 플라스틱 빨대 사용을 줄이자는 운동이 활발한 요즘, 적극적으로 권하고 싶지는 않다.

전자동 커피머신

전자동 커피머신이야말로 인간이 만든 최고의 발명품이 아닐까 싶다. 버튼을 누르기만 하면 기계가 알아서 원두를 갈고 커피를 다지는 탬핑tamping을 하며 뜨거운 물로 추출까지 한다. 남은 커피 찌꺼기는 자동으로 통에 털어 모으고, 커피를 추출한 지 15분 정도가 지나면 스스로 청소하고 꺼진다. 내가 할 일은 원두와 물을 채우고 찌꺼기 통이 꽉 차면 비우는 것. 그리고 일

#4 CULTURE

주일에 한 번 본체를 열고 추출그룹을 분해해서 물로 헹궈 주는 게 전부다. 이렇게 편하고 신기할 수가 없다.
에스프레소를 추출해 그대로 마시거나 얼음물을 넣어 아이스 아메리카노로도 만들고, 우유를 넣고 스티밍해 카페 라떼도 만들 수 있다. 커피머신에 따라 레귤러 커피 버튼을 누르면 추출 세팅값이 자동으로 조절돼 롱블랙을 즐길 수도 있다. 스팀 기능도 상업용 에스프레소 머신에 비할 수는 없지만 능숙하게 다룬다면 라떼아트까지 표현할 수 있을 정도로 훌륭하다.
그중에서도 제일 뛰어난 점은 내가 좋아하는 카페에서 사온 원두로 매장에서 마시는 것과 가장 비슷하게 커피를 내려 마실 수 있다는 것이다. 예전에 한 손님이 비싼 엘살바도르 CoE 커피를 사면서 전자동 커피머신으로 내려 드신다기에 "전자동 커피머신이라 맛을 크게 기대하긴 어렵겠지만 워낙 아름다운 커피라 괜찮을 거예요"라고 말했던 것을 후회한다. 덴마크의 유명 로스터리인 〈커피 컬렉티브〉의 파나마 에스메랄다 게이샤를 전자동 커피머신에 넣어 마신 적이 있었는데, 정말 그동안 내 손이 잘못되었나 싶을 정도로 직접 내린 필터 커피보다 훨씬 맛이 좋았다. 만약 내가 전자동 커피머신을 판매하는 세일즈맨이 된다면 판매왕까지 될 자신이 있다.
전자동 커피머신의 유일한 단점은 비싼 가격이다. 예전에는 백만 원을 훌쩍 넘는, 수백만 원대의 전자동 커피머신들이 유통되었다. 하지만 몇 년 전 글로벌 기업인 〈필립스Philips〉가 이탈리아의 커피머신 제조 회사인 〈세코Saeco〉를 인수하더니 대량 생산에 성공했는지 생각보다 저렴한 가격의 커피머신을 시장에 내놓기 시작했다. 집에서 커피를 내리려면 괜찮은 성능의

가정용 커피 그라인더와 추출도구, 드립 주전자 등 다양한 기물이 필요한데, 이것저것 사다 보면 돈이 은근히 많이 들어간다. 이렇게 저렇게 생각하면 전자동 커피머신도 비슷한 가격대에 구입할 수 있다. 온라인 쇼핑몰에서 잘 찾아보면 가끔 대폭 할인 행사를 하는 경우도 있으니 그때를 노리는 것도 좋겠다. 가격이 비싼 모델일수록 기능이 다양하지만, 부담 없이 커피를 즐기기에는 저렴한 모델이 더 좋다. 커피 추출의 기본 메커니즘은 어차피 똑같은 경우가 많고, 복잡한 기능은 추출의 변수만 늘어나 커피를 가볍게 즐기는 데 오히려 방해된다.

커피메이커 coffee maker

필터 커피의 깔끔한 맛을 따뜻하고 제일 간편하게 즐길 수 있는 방법은 커피메이커를 사용하는 것이다. 우리가 흔히 커피메이커

#4 CULTURE

라고 하지만 '일렉트릭 드립 커피메이커electric drip coffee maker'나 줄여서 '드립 커피메이커drip coffee maker', 혹은 '자동 드립 커피메이커automatic drip coffee maker'라 부르는 것이 정확하다. 커피메이커는 커피를 내리는 도구를 전부 모아 두루 일컫기 때문이다. 하지만 한국에서 커피메이커라고 하면 당연히 드립 커피메이커를 떠올릴 정도로 예전에는 사무실이나 식당, 집에서도 흔히 볼 수 있는 것이었다. 몇 번 내려 마시다가 번거로워서 찬장 어딘가에, 혹은 창고에 들어가 있을 확률이 높으니 부모님에게 물어보면 먼지 쌓인 커피메이커를 발견할 수도 있다. 커피메이커는 유럽커피브루잉센터European Coffee Brewing Center, ECBC의 인증을 받은 〈테크니봄Technivorm〉의 '모카마스터Moccamaster'나 세계적인 바리스타 팀 윈들보가 참여해 개발했다는 〈윌파〉, 〈멜리타Melitta〉 사에서 나온 상위 모델이 아니라면 성능은 대부분 비슷하다.

커피메이커는 내가 물을 끓이고 붓는 과정만 기계로 대신할 뿐 사실상 핸드드립이나 푸어오버로 커피를 내리는 것과 같다. 분쇄원두를 필터에 담아 커피메이커에 넣어야 하는데, 이때 성능이 좋은 그라인더로 분쇄도를 알맞게 맞추고, 커피와 물의 비율을 잘 조절할수록 커피맛은 좋아진다. 역시 맛있는 커피를 마시려면 공을 들여야 한다는 말은 진리다.

여러 잔을 내릴 수 있는 대용량 커피메이커의 경우, 한 번에 많은 커피를 준비할 수 있어 집에 손님들이 많이 왔을 때 유용하다. 핸드드립으로 한 잔씩 어느 세월에 그 많은 커피를 준비할 수 있겠는가. 추출 레시피를 잘 설정해 두기만 한다면 핸드드립보다 맛있게 커피를 내릴 수 있다. 예전에 〈커피 리브레〉 사무실에서 바리스타들이 모여 장난삼아 '모카마스터'로 내린 커피와 핸드드립으로 내린 커피를 놓고 대결한 적이 있었는데 웬만해서는 커피메이커를 이기기가 힘들었다. 다들 어찌나 자존심이 상했는지. 모카마스터를 이기기만 해도 핸드드립 잘한다는 이야기를 들을 수 있으니 좋은 경쟁 상대라며 애써 넘겼다. 원두를 갈아 필터에 넣고 물을 채운 후 버튼을 누르면, 달걀을 부치고 토스터기에 빵을 굽는 동안은 커피가 완성된다. 조금은 귀찮은 과정이 있지만 우리가 영화에서만 보던, 휴일 아침 느지막이 먹는 환상적인 브런치를 즐기기에 커피메이커는 완벽한 기구다.

모카포트

내가 집에서 커피를 마실 때 가장 많이 사용하는 도구는 모카포트다. 바리스타로 일하기 한참 전부터 집에서 에스프레소를 마시기 위해 모카포트를 사용했다. 오래 사용한 만큼 애착도 남다르다. 모카포트의 귀여운 디자인부터 간단한 사용법, 그리고 이탈리안 감성까지 모든 것을 사랑한다.

모카포트는 이탈리아의 알폰소 비알레티Alfonso Bialetti가 1933년에 발명한 추출도구다. 커피, 특히 에스프레소를 사랑하는 이탈리아 사람들은 집집마다 모카포트 하나씩은 다 있다고 해도 과언이 아니다. 전쟁 중일 때도 이탈리아 군인들은 모카포트를 챙겨 다녔다고 한다.

모카포트의 미덕은 단순함이다. 모카포트는 커피 추출에 사용할 물을 넣는 하단부, 분쇄원두를 담는 중간부의 바스켓, 그리고 가스렌지에 올리면 물이 끓으며 커피가 올라오는 상단부

#4 CULTURE

로 나뉜다. 커피를 추출할 물의 양을 맞추기 위해 하단부에 X자 표시까지, 혹은 '배꼽'이라고 부르는 안전밸브보다 낮게 물을 채운다. 분쇄원두도 바스켓을 적당히 채울 정도로만 넣는다. 커피를 추출하는 시간도 모든 이탈리아 요리가 그렇듯이 더도 덜도 말고, 알맞게 맞추면 된다. 눈대중으로 해도 맛은 훌륭하다.
모카포트를 사용하면 맛있는 에스프레소를 간편하게 즐길 수 있고, 커피의 농도도 진해 우유를 넣어 마셔도 잘 어울린다. 커피를 워낙 좋아하긴 했지만 주머니 사정이 넉넉하지 못한 대학생 시절에는 매일 카페에서 커피를 마시는 것이 사치였는데, 모카포트 덕분에 돈이 많이 굳었다. 더군다나 그 당시 우리나라에서는 맛있는 에스프레소를 내려 주는 카페를 찾기가 너무 어려웠고, 모카포트로 직접 내린 에스프레소가 여느 아르바이트생이 내려 준 커피보다 훨씬 맛있었다.

한 이탈리아 친구는 자기 어머니의 모카포트 추출 레시피가 최고라고 했다. 우리가 밀라노에 방문했을 당시 머물던 집에서도 저만의 레시피가 있었다. 일반적으로 추출이 끝나면 가스렌지 위에서 모카포트를 재빠르게 내리는데, 그 집에서는 통하지 않는 방법이었다. 가스렌지 위에서 펄펄 끓고 있는 커피를 지켜보던 나는 불안했지만, 집주인 아주머니는 손님인 우리의 안부와 아침 식사를 챙기느라 커피는 뒷전이었다. 뭐 조금 뜨겁긴 했지만 완벽한 이탈리아식 아침 커피였다. 아마도 모카포트를 가지고 있는 사람의 수만큼 많은 레시피가 있으리라. 저울을 사용해서 분쇄원두와 물의 양을 정밀하게 조절한다면 놀랄 만

큼 커피맛은 좋아진다.

모카포트마다 커피를 내릴 수 있는 양이 정해져 있어서 여러 잔을 한 번에 내리려면 큰 용량의 모카포트를 가지고 있어야 한다. 보통은 2~4인용 사이에서 적당한 용량의 모카포트를 구매한다. 여기서 말하는 1인용은 정말 이탈리아식 에스프레소 한 잔이라, 넉넉히 커피를 채우려면 한 사람이 2인분을 마신다고 생각하는 것이 좋다.

모카포트로 커피를 내리는 것은 간단하지만 압력이 발생해야 하는 구조로 되어 있어서 분해하는 것이 쉽지 않다. 설거지를 하는 데 여간 귀찮은 것이 아니다. 자연스레 싱크대에 방치되어 있거나 장식용으로 선반에 둘 때도 많다. 하지만 모카포트 하면 이탈리안 감성! 에스프레소로 아침 분위기를 즐기고 싶거나 드립 커피보다 진한 커피를 집에서 내리고 싶을 때 모카포트를 강력 추천한다. 딱 커피메이커로 커피를 내리는 만큼의 수고를 들이면 낭만적인 이탈리아식 커피를 즐길 수 있다.

#4 핸드드립이나
푸어오버나 그게 그거

어느 순간부터 카페 메뉴판에 핸드드립 대신 푸어오버라는 말이 많이 보이기 시작했다. 핸드드립? 푸어오버? 뭐가 다른 건지 잘 모르겠다는 사람들이 늘어난 것은 당연한 결과였다. 바리스타에게 물어보고 자세한 설명을 들은 다음에 커피를 받아보면 결국 같은 필터 커피가 나오니 더 아리송할 것이다. 카페마다 설명도 제각각이고. 핸드드립과 푸어오버는 완전히 다르다는 바리스타와 둘 사이에는 차이가 없다는 바리스타가 만난다면 한참을 서로 설득하려 들 것이 뻔하다.
흔히 물줄기를 조절하며 천천히 조심스럽게 커피를 내리는 아시아의 추출방식을 핸드드립, 말 그대로 과감하게 물을 부어 커피를 내리는 영미권이나 유럽의 추출방식을 푸어오버라고 구별한다. 수년 전에는 핸드드립도 어떻게 내리느냐에 따라 우리식, 일본식, 유럽식 핸드드립으로 구분지어 이야기하는 사람들도 있었다.

주로 한국과 일본을 중심으로 필터에 분쇄원두를 담고 주둥이가 긴 주전자로 물을 부어 커피를 내리는 것을 손으로 내리는 추출방식이라 해서 '핸드드립'이라고 부른다. 여기에 다도 문화가 발달한 아시아의 문화적 특성상 한 잔씩 정성을 다해서 내리는 방식도 포함된다. 일본은 칼리타, 하리오, 고노Kono와 같은 다양한 드리퍼의 역사가 있는 만큼 드립 커피를 즐기는 문화가 오래되었고, 그 영향으로 한국의 드립 커피문화도 성장해 왔다. 그렇기 때문에 핸드드립이라는 말은 일본에서 넘어온 것이 아닐까 추측한다.

반면 커피 소비가 활발한 영미권과 유럽에서는 에스프레소와 더불어 배치 브루어를 사용해 커피를 대량으로 내리는 드립 커피가 일반적이었다. 배치 브루어의 원리는 핸드드립과 같다. 다만 드리퍼와 서버server를 크게 만들고 물이 자동으로 공급되도록 설계한 것이다. 커피 자체가 워낙 많이 팔리다 보니 드립 커피는 가격이 저렴하고 맛이 나쁘지만 않으면 됐다. 우리에게는 '커피 앤 도넛Coffee and donuts'이라는 광고 카피로 익숙한 〈던킨 도너츠Dunkin' Donuts〉가 바로 싸고 양이 많은 드립 커피로 유명했다.

푸어오버는 기계를 이용해서 커피를 내리는 방식이 아닌 케맥스Chemex나 하리오 V60, 멜리타, 칼리타 등의 드리퍼를 사용해서 사람이 커피를 내리는 방식을 말한다. 미국에서 푸어오버 방식이 주목 받게 된 것은 사소한 우연에서 비롯되었다. 한 커피 박람회에서 〈인텔리젠시아 커피〉의 바리스타가 유리 제품으로 유명한 〈하리오〉 사에서 만든 V60라는 모델명의 드리퍼

#4 CULTURE

를 보고 관심을 가지게 된 것이 푸어오버 유행의 시발점이었다. 오직 한 사람을 위해 내린 커피가 주는 특별한 경험이 스페셜티 커피산업과 잘 통했던 모양이다. 그렇게 우리에겐 이미 익숙했던 핸드드립 방식이 전 세계로 널리 퍼지게 되었다. 에스프레소나 배치 브루어로 내리는 커피보다 추출시간은 더 걸리지만 고객이 직접 원하는 원두를 선택할 수 있다는 장점이 있다.

이제는 전 세계의 커피문화가 활발히 교류하면서 추출 스타일에 따른 구별은 점점 의미가 모호해지고 있다. 푸어오버라고 하든 핸드드립이라고 하든 별 문제가 되지 않는다. 내 취향에 딱 맞고 정성을 다해 내린 커피를 마신다는 특별한 경험은 모두에게 공통적으로 적용되기 때문이다. 때로는 매뉴얼 브루잉 manual brewing, 매뉴얼 필터 커피 manual filter coffee나 드리퍼의 이름에서 따와 V60, 케맥스, 칼리타 웨이브 커피 등으로도 불리기도 하지만 결국에는 다 같은 커피다. 무엇이든 맛있게 내리면 장땡이다.

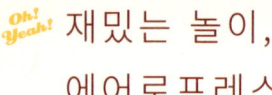 # 재밌는 놀이,
에어로프레스

에어로프레스는 커피업계를 이끄는 하나의 트렌드로 새로운 커피문화를 만들어 냈다. 에어로프레스는 공중에 던지고 노는 원반 장난감인 프리스비frisbee를 만드는 〈에어로비Aerobie〉 사의 대표이자 발명가인 앨런 애들러Alan Adler가 2005년에 개발한 커피 추출도구다. 플라스틱 소재에 큼직한 주사기처럼 생겨서 역시 장난감 회사에서 만든 장난감이 아닐까 의심할 수도 있지만, 커피를 추출하는 방법이 비교적 간단하고 커피맛도 좋아 전 세계 커피업계에서 큰 인기를 끌고 있다. 바리스타들에게 제일 좋아하는 추출도구를 물어보면 에어로프레스는 순위권 안에 꼭 든다. 개발된 지 비교적 얼마되지 않은 추출도구라 커피업계 대대로 내려오는 전통적인 추출법이 없어서 이런저런 재미있는 시도를 할 수 있다는 것이 큰 장점이다. 바리스타의 장난감으로는 손색이 없다.

추출 레시피가 다양한 만큼 커피 추출온도도 자유롭게 설정할

#4 . CULTURE

수 있다. 에스프레소나 필터 커피는 일반적으로 89~93℃의 물로 내리는 것이 적합한데, 에어로프레스는 79~85℃의 물로 내리는 것을 권장한다. 커피 전문가들이 발명가에게 직접 물어봤더니 그 온도가 제일 맛있었단다. 선택은 각자의 몫이다. 또한 손으로 압력을 가하는 힘을 조절할 수 있기 때문에 원두의 분쇄도도 마음대로 설정할 수 있고, 추출시간도 하고 싶은 대로 정해 커피의 농도를 자유자재로 맞추기 쉽다. 다른 드리퍼와 마찬가지로 에어로프레스도 컵이나 서버 위에 올려서 커피를 내리는데, '인버트invert 방식'이라고 해서 에어로프레스를

뒤집어 세워 플런저 팟처럼 사용하기도 한다. 능숙한 바리스타라면 멋지게 휙 뒤집을 수 있지만 집에서 따라 하다가 자칫하면 압력에 의해 터질 수도 있으니 조심해야 한다. 에어로프레스에는 보통 종이필터를 사용하지만 재사용이 가능한 금속필터를 쓰기도 한다. 금속필터는 구멍의 크기와 수에 따라 커피에 가해지는 압력과 미분이 걸러지는 정도가 달라 커피맛에 상당한 영향을 끼친다.

에어로프레스가 전 세계적인 인기를 끈 이유는 2008년에 처음 열린 월드에어로프레스챔피언십 때문일 것이다. 대망의 첫 대회는 노르웨이 오슬로에서 단 세 명의 참가자가 경연을 벌였고, 이 책에 자주 등장하는 팀 윈들보가 심사위원으로 나섰다. 어쩌면 재미 삼아 시작한 대회였을지도 모르지만 지금은 점점 성장해 참가하는 국가들이 늘어나면서 성공적인 세계 대회로 자리 잡았고, 각국에서 치르는 국가대표 선발전은 매년 치열해지고 있다. 2017년에는 서울에서 월드에어로프레스챔피언십이 성황리에 개최되어 커피를 사랑하는 한국 사람들에게 좋은 추억으로 남았다.

국가 대항전이고 또 경쟁하다 보면 참가자들도 진지해지기 마련인데, 에어로프레스챔피언십은 마냥 유쾌하다. 대회장 한쪽에는 푸드트럭이 있고, 지역 맥주 회사의 협찬을 받아 맥주를 마시면서 대회를 관람할 수도 있다. 대회장이긴 하지만 페스티벌에 가까워 흥을 돋우기 위한 신나는 음악이 흘러나오고 MC들도 익살스럽게 진행한다. 참가 선수들도 성적에 연연하기 보다는 대회 자체를 즐기는 편이라 말 모양의 탈을 쓰고 나

#4   CULTURE

오거나 독특한 복장으로 자신을 어필한다. 심사 절차도 단순하다. 심사위원들은 '하나 둘 셋'하는 소리와 함께 맛있다고 생각하는 컵을 손가락으로 가리키는데 더 많은 표를 받은 사람이 이긴다.

〈메쉬 커피〉에서도 하리오 V60로 커피를 내려 왔지만, 얼마 전부터는 에어로프레스로 바꿨다. 손님들이 집에서 커피를 내렸을 때 매장에서 내린 것과 제일 비슷한 맛을 낼 수 있는 추출도구가 에어로프레스라는 것을 깨달았기 때문이다. 에어로프레스 문화가 그렇듯 자유롭고 재미있게 커피를 추출하면 된다. 인터넷에 공유된 엄청난 수의 레시피를 하나씩 따라 해보는 것도 에어로프레스를 사용하는 즐거움이다.

논란의 중심에서 커피원가를 외치다

회사원도, 대학생도, 동네 아저씨도 제일 관심을 쏟는 대화 주제 가운데 하나가 커피값이다. 커피가격이 뉴스나 신문에 등장하면 언제나 시끌시끌해진다. 왜 그럴까? 돈이라는 재화는 우리 생활과 가장 밀접한 부분이기도 하지만, 무언가의 가치를 평가할 때 직관적으로 이해할 수 있는 소재다. 이건 우리나라만의 문제가 아니라 세계 어디를 가도 똑같다. 커피는 절대 비싸면 안 된다.

'커피 한 잔의 원가는 도대체 얼마인가?' 이런 자극적인 헤드라인에 커피를 마시는 사람도, 파는 사람도 모두가 난리다. 자, 이제 하나하나 원가를 따져 보자. 커피를 파는 사람이 직접 계산한 것이니 100% 믿어도 좋다.

이제 한국에서도 스페셜티 커피가 흔한 말이 되었으니, 스페

#4 CULTURE

셜티 커피를 기준으로 이야기하겠다. 일단 원재료인 생두부터. 스페셜티 커피급의 생두는 구매 가격부터 다르다. 아라비카 생두의 경우 뉴욕증권거래소의 대주주인 인터콘티넨탈 거래소 Intercontinental Exchange의 선물 거래 가격Coffee C Futures이 국제적인 기준이 되는데, 2018년 10월 현재 1.2$/lb. 하지만 품질을 기준으로 움직이는 스페셜티 커피 바이어들은 보통 3~4$에 생두를 구매한다. 더 나은 품질을 생각하면 4$ 이상은 감안해야 한다. 이때 몇 센트 단위의 작은 금액 차이도 몇 백, 많게는 한 컨테이너 단위로 계산하면 결제 금액이 매우 커지기 때문에 생두를 구입하기 전에 꼼꼼히 고려해야 한다.

우리가 한 번쯤은 들어 봤을 법한 농장들은 세계적으로 인기가 많다. 하지만 농장의 생산량은 정해져 있기 때문에 구매하고 싶다고 해도 줄을 서서 기다려야 하는 경우가 많고, 나처럼 이름 없는 로스터들은 거절당할 가능성도 높다. 보통 이런 유명 농장의 생두는 브랜드 가치 때문인지 평균적인 고품질 생두 가격에서 1$ 이상은 더 쳐줘야 한다. CoE에서 여러 차례 수상한 농장이거나 희귀한 품종을 시도해 놀랄 만큼 맛이 좋은 생두를 생산했다면 8$, 심지어는 50$ 이상을 요구하기도 한다. 여기서 말하는 가격은 선적 전 가격이므로 한국에 생두가 들어오기까지의 운송 및 통관 비용과 관세, 부가가치세가 더해져야 원재료의 가격이 최종 결정된다.

그렇게 한국에 도착한 생두 가격은 한화로 약 13,000원/kg(FOB 4$/lb) 정도다. 생두가 도착했으니 이제 로스팅을 진행한다. 일반적으로 로스팅하면 10~15%가량의 손실이 생긴다. 로스팅 프로파일을 잡기 위해 샘플 로스팅 sample roasting을 해야 하고, 커핑도 진행하려면 원두 샘플 일부는 따로 빼놔야 하기 때문이다. 중간치인 13.5%로 로스 loss의 기준을 잡으면 원두 가격은 14,755원/kg. 원두 포장지 가격 429원을 더하면 15,184원/kg이다. 여기에 더해 로스팅할 때 로스터를 돌리는 전기와 가스 요금을 약 1,000원만 책정하면 16,184원/kg. 더 계산하면 슬프니까 로스터의 인건비와 기타 비용은 빼고 생각하자.

로스터리를 하면 원가가 많이 절감된다고 도대체 누가 이야기했는지. 30,000원/kg 정도면 잘 로스팅된 원두를 편하게 납품받을 수 있다. kg당 14,000원을 아끼고자 생두를 수급하고, 관리하고, 로스팅에 시간과 노력을 들일 바에는 차라리 맛있는 샌드위치나 빵, 디저트를 준비해서 매장 매출을 올리는 데 힘쓰는 것이 여러모로 도움이 된다. 심지어 요즘은 원두 납품 경쟁이 치열해져 지난 10년 동안 가격은 거의 오르지 않았고 오히려 품질은 더 좋아진 것 같다.

추출 레시피에 따라 다르겠지만 보통 커피 한 잔에 사용되는 원두의 양은 대략 18~20g이다. 의도한 맛을 내기 위해서는 테스트도 진행해야 하고, 기타 이런저런 손실을 생각하면 원두 1kg당 대략 45~50잔 정도를 만들어 팔 수 있다. 꽉 채워서 50잔이라고 생각하면 한 잔당 원가는 약 323원이 들어간다. 원두를 받아 쓴다면 600원. 여기에 테이크 아웃을 위한 종이컵과 뚜껑, 홀더 가격 81원을 더하면 아메리카노의 경우 약 404원, 카페 라떼는 우유 원가를 더해 804원이 든다. 〈메쉬 커피〉에서는 보통 음료의 재료비를 판매가 대비 약 10~18% 정도로 책정한다. 원두를 납품 받는다면 17~24%가 들 것이다. 여기까지 보면 재

#4 CULTURE

료 원가가 낮다면 낮고, 생각보다 높다면 높다고 느낄 것이다. 하지만 이제 영업 이익을 살펴보면 현실적으로 확 다가온다.

10평 정도의 카페에서 장사가 적당히 잘되는 정도라면 하루 매출이 40만 원 정도 된다. 일주일에 한 번 쉬고 한 달 평균 25.5일 동안 매장을 운영하면 월 매출은 부가가치세를 빼고 9,180,000원을 벌 수 있다. 보통 아메리카노와 카페 라떼가 반반 비율로 팔리므로 재료비를 평균값인 14%로 잡아 제하고 계산해 보면 7,894,800원이 나온다. 여기에 고정적으로 들어가는 임대료 1,000,000원, 숙련된 바리스타 두 사람의 인건비 4,400,000원, 전기와 수도 요금, 건물 관리비를 합쳐 약 200,000원, 매장을 오픈하면서 구매한 기물과 잡다한 집기류 비용 17,718,000원의 5년 감가상각비 295,300원, 인테리어에 든 25,000,000원의 감가상각비 416,666원을 반영하면 실제로 내가 가져갈 수 있는 영업 이익이 1,582,834원임을 알 수 있다. 결국 고정비 중에서 줄일 수 있는 부분은 기껏해야 인건비 정도라 바리스타를 해고하고 사장 혼자 열심히 일하는 수밖에 없다. 만약 원두를 납품 받는 매장이라면 재료비 평균값을 20.5%로 계산하면 재료 원가가 596,700원이 더 올라 최종 영업 이익에서 금액이 줄어든다. 이렇게 보면 직접 로스팅하는 것이 답처럼 보이지만 로스팅하지 않으면 줄일 수 있는 유일한 고정비인 로스터의 인건비를 더 줄일 수 있다. 게다가 이 금액은 비싼 로스터의 감가상각비는 포함시키지 않은 것이다.

감가상각의 기준인 5년이 끝날 무렵이면 건물주의 사정으로 다른 곳으로 이사해야 할지도 모르는 상황이 펼쳐진다. 새로 인테리어를 할 돈은 모자랄테고, 이쯤 되면 그동안 매일같이 사용해 오던 에스프레소 머신이나 각종 기구들이 삐걱거리기 시작한다.

마음이 아파 적당히 계산했지만 카페를 운영하다 보면 예상하지 못한 돈이 들어가는 곳은 한두 군데가 아니고, 여기저기 구멍이 뚫린 것처럼 돈이 새서 영업 이익은 더 줄어든다. 이 모든 것을 잘 따져 보지 않고 카페를 열면 열에 아홉은 망한다. 참 먹고살기 힘들다.

그렇다면 바리스타와 손님 모두가 만족하는 적당한 커피가격은 얼마일까? 스페셜티커피협회에서 발표한 미국의 커피가격 지수에 따르면 평균 가격이 카푸치노 한 잔에 3.28$, 오늘의 커피 한 잔에 2.41$였다. 생각보다 가격이 비싸지 않다. 미국은 인구가 많고 커피를 마시는 문화가 뼛속 깊이 박힌 곳이라 하루에 판매되는 커피의 양 자체가 엄청나기 때문에 가능한 가격이다. 게다가 미국은 커피산지와 거리가 가까워 운송비도 적게 들어 생두 매입가만 놓고 봐도 한국이 1.5배 이상 비싸다.

한국의 커피가격이 비싸다는 이야기는 어쩌면 사람들이 자주 접하는 커피 프랜차이즈 때문에 나온 이야기일 것이다. 커피품질에 무척 신경을 쓰는 개인 카페의 커피가격이 오히려 프랜차이즈보다 저렴한 경우도 많다. 개인 카페는 브랜드 파워의 차이로 가격을 비싸게 받기는 쉽지 않지만 그렇다고 재료를 아끼진 않는다. 손님 입장에서는 오히려 작은 카페에서 품질이 좋은 커피를 만족할 만한 가격에 만나기 쉬운 셈이다.

#4　CULTURE

커피는 와인과 자주 비교되곤 하는데 사실 가격만 놓고 보자면 좀 억울한 측면이 있다. 전 세계에서 가장 비싼 커피라고 해도 판매가가 한 잔에 35,000원을 넘기기가 쉽지 않다. 적당한 가격의 와인 한 병을 살 돈이면 우리나라에서 제일 비싼 파나마 게이샤나 CoE 1위 커피로 원두 한 봉을 사서 여러 명이서 나눠 마실 수도 있다. 그만큼 커피는 노동자의 음료라는 수식어에 걸맞은 대중들을 위한 음료다.

〈마루야마 커피〉의 대표인 켄타로 마루야마Kentaro Maruyama의 강의를 들었을 때 그는 다음과 같이 말했다.

"여러분의 카페에 매일 오는 손님들이 버는 월급은 정해져 있습니다. 여러분이 아무리 훌륭한 커피를 준비해도 가격이 너무 비싸면 커피를 마실 예산이 정해져 있는 손님들을 유혹하기는 어렵습니다. 매일 오던 어떤 손님이 여러분들의 설득에 의해 게이샤 커피 한 잔을 마신다면, 그 손님은 한동안 카페에 오지 않을지도 모릅니다. 예산을 초과했기 때문이지요. 좋은 커피를 내리는 여러분의 욕심과 커피를 마시는 손님의 만족도 사이에서 균형을 잘 맞춰야 합니다."

바리스타들 사이에서도 커피맛이 아무리 훌륭해도 가격이 너무 비싸면 논란이 된다. 하루는 어떤 바리스타가 내게 커피 한 잔에 얼마까지 돈을 쓸 수 있는지 물어본 적이 있다. 커피를 사랑하는 사람으로서 그동안의 경험을 떠올려 봤고, 희소성과 커피품질 등 여러 조건을 다 따져가며 깊은 고민을 거듭한 끝에 한 잔에 15만 원까지는 쓸 수 있겠다 싶었다. 그 이상은 스페셜티 커피를 응원하는 마음이 아무리 커도 경제적으로 무리다.

… #4 새로운 커피세대

지난 겨울, 운이 좋게도 브라질스페셜티커피협회에서 새롭게 개최하는 생두 대회 심사에 참석하지 않겠냐는 초청장을 받았다. 커피로 하는 여행이라면 마다하지 않는 나로서는 참으로 감사했다. 평소에 부드럽다고는 하지만 구수하고 산미가 적어 다소 밍밍한 향미 때문에, 또 플랜테이션이나 대규모 농장의 생산 방식 때문에 브라질 커피를 썩 좋아하진 않았다. 하지만 브라질에 다녀온 사람들의 이야기가 흥미로워서 항상 궁금해 하긴 했다. 그들은 브라질에 가 보면 전형적인 브라질 커피 외에도 에티오피아나 콜롬비아 같은 뉘앙스의 커피들도 많이 있는데 여러 사정으로 인해 한국에는 수입이 안 될 뿐이라고 했다.

확실히 브라질에서는 재배환경 때문에 수확이 늦어 CoE가 열리는 시기에 커피샘플을 제출하지 못하는 훌륭한 농장들이 많았다. 강원도 고랭지의 제철 과일과 채소들이 다른 지역에 비해 늦게 출하되는 것과 같은 이치다. 브라질스페셜티커피협회에서는 이러한 농부들의 사정을 듣고 정부 및 수출업자들과 유명 농장들로부터 비용을 마련해 CoE를 주관하는 비영리 단체인 ACE Alliance for Coffee Excellence에 의뢰하여 첫 '디스팅티브 컵 컴페티션'을 준비했다. 농부들과 협회 관계자들은 카톨릭 국가에서 크리스마스 시즌이 가장 큰 명절임에도 불구하고 이 대회를 성공적으로 개최하기 위해 쉼없이 일했다고 한다.

심사 결과는 브라질 커피에 대한 편견을 날려 버리기에 충분했다. 함께한 심사위원들 중에 브라질 커피에 대한 경험이 많은 친구들이 있어서 브라질 내 새로운 커피 생산 지역이나 타 산지와는 다른 수확법 등 유용한 정보를 접할 수 있었다. 농장을 여러 구획으로 나눠 커피를 재배하는 것을 일컫는 마이크로 랏 micro lot이 브라질에서는 플랜테이션에 가까운 곳이 많다고 알고 있었기에, 돈 많은 농장주들이 자본을 얼마나 투자하느냐에 따라 좋은 스페셜티 커피가 생산될 가능성이 높다고 생각했다. 그런데 '디스팅티브 컵 컴페티션'에 나온 카파라오 Caparaó 지역이나 이스피리투 산투 지역의 농장은 그 모습과 규모가 중미의 마이크로 랏을 생산하는 농장들과 많이 닮아 있었다.

내가 작은 카페를 좋아하듯, 농장도 농부가 정성껏 관리하는 작은 농장을 선호한다. 핸드피킹 hand picking으로 커피체리를 수확하고 아프리칸 베드에서 천천히 건조시키는 농장들, 고품질 커피를 생산하는 것에 모든 것을 거는 이런 농장들이 브라질에 있을 것이라고는 솔직히 기대하지 않았다. 역시 편견은 인류의 적이다.

#4 CULTURE

심사위원들의 의견 교환이 끝나고 쉬는 시간이 되었다. 그리스에서 온 〈아레아 51 커피 로스터스Area 51 Coffee Roasters〉의 대표 프레디Freddy가 고맙게도 올해 수확한 〈나인티 플러스 커피〉의 게이샤를 가져와 사람들에게 내려 주었다. 귀한 커피를 본 현장의 커퍼들은 당연히 열광했다.

그때 대회 심사위원장이었던 실비오 레이테Silvio Leite와 나눈 대화가 특히 기억에 남는다. 실비오는 커피를 음미하면서 게이샤와 〈나인티 플러스 커피〉에 대한 열광은 새로운 아로마와 플레이버를 찾는 소비자들이 나타났기 때문이라고 해석했다. 늘 마시던 익숙한 커피보다 새롭고 놀라운 향미를 지닌 커피를 찾는 새로운 세대New Generation가 고객으로 등장했고, 시장에서는 이 흐름을 중요하게 봐야 한다고 했다. 브라질에서도 전통적인 브라질 커피 외에 변화된 시장의 요구를 반영하는 커피를 생산하기 위해 노력하고 있다고도 덧붙였다. 커핑하는 사람들이 그렇게 이야기하는 씨드 투 컵이, 생산자와 소비자가 바로 이렇게 연결된다는 것을 몸소 느꼈다. 소비자가 원하는 것이 그린빈 바이어를 통해서 생산자에게 전달되고 생산자는 이를 반영하며 생두를 재배해 소비를 끌어내는, 모두가 행복한 해피엔딩이었다.

게이샤가 한참 유행하기 시작했을 때 전통적인 커피맛을 좋아하는 사람들은 아로마 위주의 홍차 같은 맹맹한 커피를 누가 마시냐고 했다. 지금은 시장이 완전히 변해 커피를 마시지 않던 사람들도 전과는 다른, 부담스럽지 않은 맛을 찾아다니며 게이샤같이 재밌는 커피를 원하고 있고, 기존에 커피를 즐기던 사

#4 CULTURE

람들은 새로운 커피의 매력에 점점 빠지고 있다. 게다가 특별한 커피를 원하는 시장의 요구에 따라 쥬시한 동시에 묵직함도 느껴지는, 세상에 이런 커피가 있을까 싶을 정도로 상상을 초월하는 완벽한 커피들이 매년 모습을 드러내고 있다.

OH YEAH SPECIALTY COFFEE

#5 TIP

개인의 취향

커피에는 정답이 없다. 커피는 기호 식품이기 때문에 저마다 확고한 취향이 있고 모두 존중받아야 한다고 생각한다. 다크 로스팅과 라이트 로스팅, 혹은 스모키하고 묵직한 커피와 차같이 은은한 커피처럼 상반된 특징을 지녔어도 각자 나름의 매력이 있다. 하지만 〈메쉬 커피〉에서 스모키한 커피를 만나기는 어렵다.

"보다 밝게." 우리의 취향은 뚜렷하다. 이는 재료 선택부터 로스팅, 추출까지 〈메쉬 커피〉의 뼈대를 이루는 강력한 무기다. 씨드 투 컵의 과정을 통해 알 수 있듯이 커피는 우리에게 전달되는 동안 그 자체로 이미 많은 이야기를 내포하고 있다. 그 이야기는 커피향미로 고스란히 전달되며 이를 잘 듣기 위해서는 커피를 섬세하게 다룰 필요가 있다고 생각한다. 로스터와 바리스타의 역할은 이야기를 전달하는 사람이면 충분하다.

#5 TIP

> 무엇보다 깔끔한 맛, 클린컵
> 잘 익은 커피체리를 수확했을 때 느껴지는 단맛
> 커피에 활력을 더하는 산미
> 선명한 향미
> 부드러운 촉감
> 안정감 있는 밸런스

생두를 구매할 때는 위 조건들을 항상 고민한다. 우선 깨끗한 커피를 만나면 미소부터 지어진다. 시작이 좋다. 커피를 하면 할수록 제일 먼저 고려하는 것이 클린컵이다. 예전에는 단맛과 산미를 베이스로 하는 풍성한 향미가 으뜸이라고 생각한 적도 있었다. 하지만 화려함 뒤에 숨은 결점을 조심해야 한다는 선배들의 조언은 정확했다. 클린컵이 떨어지는 커피는 확실히 실망스럽다. 그 어떤 것으로도 가릴 수 없는 것이 클린컵이다. 일본 〈타임즈 클럽Time's Club〉의 수장 유코 이토이Yuko Itoi가 이야기한 것처럼 '커피의 민낯'을 보는 것은 무엇보다 중요하다. 클린컵이 좋고 단맛과 산미도 만족스럽다면, 향미는 몇 가지만 선명하게 드러나도 충분하다. 물론 개성이 강하고 복합적인 향미가 있는 것이 더 좋은 커피임에는 틀림없다. 하지만 그런 커피를 매일 다룰 수는 없다. 이제는 커피시장에 유통되는 생두의 품질이 전반적으로 높아져서 좋은 품질의 생두를 싼 가격에 사오는 것은 거의 불가능해졌다. 품질은 대체로 가격을 따라간다. 다만 가격이 비싸다고 무조건 품질이 좋은 것은 아닐 수 있어서 항상 커핑을 통해서 향미를 꼼꼼히 점검해야 한다.

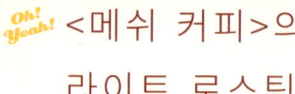 <메쉬 커피>의
라이트 로스팅

<메쉬 커피>의 로스팅 스타일은 기본적인 커피 로스팅 이론을 바탕으로 베이킹과 요리와 같은 다양한 분야에서 아이디어를 얻어 완성했다. 커피 관련 전문 서적과 논문 자료를 보는 것도 로스팅 공부에 도움이 되었지만, 다른 분야의 이슈를 살피거나 일상에서 번뜩이는 아이디어를 떠올릴 때가 더 많았다. 결국 이것저것 많은 경험을 해 보는 것이 자신만의 로스팅 프로파일을 완성하는 데 밑거름이 된다.

라이트 로스팅은 로스터들에게 시작부터 생소한 방식이었다. 오래전부터 다크 로스팅을 했을 때 나오는 묵직하고 쌉쌀한 향미가 곧 커피맛이라고 익숙하게 받아들여왔기 때문이다. 초창기에는 주변을 아무리 둘러봐도 라이트 로스팅을 하고 있다는 사람을 만나기가 어려웠다. 한국에서도 손에 꼽을 정도지만, 외국이라고 사정이 다르지 않아 정보를 얻기가 쉽지 않았다. 라이트 로스팅에 대한 기준을 세우기 위해 수년을 고민하며 많은 커피를 마셔 보고, 여기저기 다니며 사람들과 의견을 나누

#5 TIP

기도 했다. 곧이어 소개할 로스팅 과정은 그 노력의 결과다. 글로 모든 것을 전달하는 데 한계가 있지만, 〈메쉬 커피〉의 아이디어가 라이트 로스팅을 어떻게 하는지 막막해 하는 이들에게 조금이나마 도움이 되었으면 한다.

1. 우선 로스팅할 생두를 준비한다. 이때 생두의 수분과 밀도를 미리 파악해 두면 로스팅 진행 과정을 가늠하는 데 도움이 된다.

2. 로스터를 예열한다. 처음에는 원하는 생두의 투입온도보다 10~20℃ 정도 높게 설정한 후에 서서히 온도를 낮추는 방향이 안정적이다. 생두의 투입온도는 주로 로스팅 횟수를 세는 단위인 배치batch의 규모와 로스터의 용량에 따라 다르게 설정한다. 온도 변화가 심한 한국에서는 투입온도를 설정할 때 계절의 영향도 많이 받는다. 일반적으로 작은 배치는 190~200℃, 큰 배치는 200~210℃로 잡는다. 앞순서의 배치일수록 열량이 설정한 온도에 미처 다다르지 못하는 경우가 많아 배치 초반에는 투입온도를 평소보다 5~10℃ 정도 높여서 진행하는 것이 좋다.

3. 생두를 투입한 후에는 최대 화력의 90% 정도로 열량을 공급해 로스팅한다. 10%를 남기는 이유는 갑작스러운 변수로 인해 열량이 부족할 때를 대비하기 위해서다.

4. 생두를 투입한 후 드럼 내 온도가 계속 떨어지다가 생두가 열을 흡수하면서 처음으로 온도가 상승하기 시작하는 시점인 터닝 포인트Turning Point를 온도계로 확인한다. 터닝 포인트 시점의 온도를 확인하면 이

후 로스팅 진행 상황을 짐작할 수 있다. 터닝 포인트가 오는 온도가 낮으면 평소보다 열량이 부족하다는 의미여서 로스팅 시간이 늘어나고, 반대로 터닝 포인트가 오는 온도가 높으면 로스팅은 빨리 끝난다.

5. 이후에는 생두가 푸른색에서 노란색으로 변하는 옐로우 포인트를 확인한다. 옐로우가 오는 시점으로 로스팅 초반의 에너지 밸런스를 가늠해 다시 한 번 로스팅 진행 상황을 예측할 수 있다. 또한 전체 로스팅 과정 중 옐로우에서 1차 크랙이 일어나기 전까지의 시간을 살펴보면 현재 열량이 부족한지 과한지 파악할 수도 있다.

옐로우 포인트가 너무 빨리 오면 전체 로스팅 시간이 짧아진다는 것인데, 경험상 이런 원두는 겉면만 과하게 익고, 속은 덜 익는 경향이 있어서 커피에서 떫은 느낌이 날 때가 많다. 보통 옐로우는 로스팅이 50% 정도 진행됐을 시점에 나타난다. 하지만 이는 생두의 밀도나 수분함량 등 물리적 특성에 따라 달라지기도 해서 너무 비율에 집착할 필요는 없다.

6. 옐로우 이후에는 마이야르 반응과 생두가 캐러멜 향과 단맛을 내면서 서서히 갈색으로 변하는 캐러멜화Camramelization 같은 화학적 반응이 활발히 일어나며 커피향미가 형성된다. 이때 가하는 열량에 따라 커피향미도 달라진다. 생두 고유의 향미를 살리는 라이트 로스팅이 목적이라면 마이야르 반응이나 캐러멜화가 많이 진행된다고 무조건 좋은 것은 아니라고 생각한다. 그래서 〈메쉬 커피〉에서는 이 시기에 오히려 화력을 조심스럽게 줄여 향미의 밸런스를 섬세하게 조절하는 편이다. 다만 열량이 너무 많이 줄어들면 향미의 강도가 약해지고, 너무 강해지면 캐러멜이나 초콜릿 느낌만 강해지니 주의해야 한다.

#5 TIP

7. 1차 크랙이 시작된 이후에는(혹은 그 직전이라도) 언제 로스팅을 마쳐도 원두는 골고루 익은 상태가 되어야 한다. 우리는 표현하고 싶은 뉘앙스에 따라 1차 크랙이 진행되는 소리를 들으면서 초반에는 라이트light, 절정일 때는 미디엄 라이트medium light, 거의 끝날 즈음에는 미디엄medium으로 로스팅 포인트의 기준을 나눈다. 라이트에서는 생두가 지닌 본래의 특성이 도드라지면서 가볍고 산뜻한 느낌이 강하고 미디엄으로 갈수록 캐러멜이나 초콜릿처럼 로스팅을 통해 만들어지는 향미들이 많아진다.

로스팅할 때는 청각, 시각을 포함한 모든 감각을 동원해 집중하는 것이 좋다. 특히 1차 크랙 전후로 원두는 이전과 다르게 빠른 속도로 상태가 변하는데, 라이트 로스팅을 하려면 이 순간에 최대한 집중도를 발휘해 세세한 변화를 관찰해야 한다. 이 구간에서 생기는 미세한 차이가 최종 커피향미를 결정짓기 때문이다. 이때는 온도나 그래프 같은 가시화된 데이터도 중요하지만 본인의 감각에 따른 직관적인 대처도 필요하다.

1차 크랙이 일어나는 동안에는 무리하게 열량을 공급하지 않고 천천히 화력을 줄여 가는데, 이때 화력을 지나치게 줄여 원두 배출까지의 시간을 억지로 늘리지 않도록 주의한다. 열량 때문에 로스팅 전체 시간이 길어지면 커피에서 박스 같은 향미나 시가cigar에서 느낄 법한 스모키한 향이 미세하게 감지된다. 보통 1분 동안 1차 크랙이 진행될 때가 많고 생두의 특성에 따라 겨우 15초만 걸리는 경우도 있다. 이때도 마찬가지로 소요 시간에 집착하기 보다 생두의 변화에 집중하는 것이 좋다. 이때 화력을 좀 더 구체적으로 조절하기 위해 〈크롭스터Cropster〉의 '크롭스터 로스트Cropster Roast'나 '아티잔Artisan' 같은 로스팅 분석 프로그램으로 생두 온도의 분당 상승률인 RoRRate of Rise 그래프를 확인하면 크게 도움이 된다. RoR 그래프가 후반부로 갈수록 매끄럽게 꺾어져야 로스팅이 제대로 이뤄진 것이다. 후반에 다시 온도가 급격하게 상승한다면 생두 고유의 향미가 점점 소멸되는 것을 경험할 수 있다.

8. 원두를 배출하고 나면 로스팅에 소요된 총 시간을 확인한다. 평소보다 시간이 지나치게 단축되었거나 늘어졌다면 로스팅이 잘못되고 있다고 겸허히 받아들이고 향미를 점검하며 로스팅 변수를 조절한다. 〈메쉬 커피〉에서는 10분을 기준으로 생두의 특성이나 표현하고자 하는 향미에 따라 9~11분 사이에 로스팅을 마친다.

9. 로스팅이 끝나면 커핑을 통해 다음 로스팅을 계획한다. 〈메쉬 커피〉에서는 산미를 기준으로 로스팅 결과를 평가하는데 산미가 강하다면 전체 로스팅 시간을 조금 늘리는 방향으로, 산미가 약하게 느껴지면 시간을 단축시키는 편이다.

이러한 방식을 유지하며 로스팅을 마무리했어도 때때로 우리가 추구하는 것과는 다른 스모키한 느낌이 날 때가 있다. 아마 투입온도가 너무 높아서 그런 것일 수도, 1차 크랙 때 열량을 너무 많이 공급하거나 반대로 화력을 너무 줄여서 그런 것일 수도 있다. 이때는 이전에 진행했던 로스팅 프로파일을 확인하고 화력이나 배기 등의 로스팅 변수를 하나씩 조절해 본다. 이런 식으로 로스팅을 점검하고 추구하는 향미가 나올 때까지 프로파일을 다듬는다. 아니면 반대로 완전히 다르게 접근해서 새로운 느낌의 커피를 시도할 때도 있다.

#5   TIP

화력과 배기의 밸런스를 맞추기가 워낙 까다로워서 많은 로스터가 어려움을 겪는다. 이를 어떻게 조절하느냐에 따라 로스팅에 사용되는 열의 효율이 달라지기 때문이다. 같은 프로파일처럼 보여도 배기값에 따라 생두에 공급되는 열량이 달라지고 결과적으로 커피향미에서도 차이가 난다. 드럼 내 공기의 흐름이 빠를수록 가벼운 뉘앙스의 향미가 돋보이고, 느릴수록 비교적 무거운 느낌의 향미들이 나타난다. 〈태환자동화산업〉의 '프로스터' 로스터는 배기 속도를 로스터가 직접 조절할 수 있어서 배기값을 통해 커피향미의 톤을 조절하는 편이다. 배기값을 조절할 수 없는 로스터는 화력으로 제어하면 된다.

에스프레소와 필터 커피의 로스팅을 전혀 다른 방식으로 접근하는 사람들도 있다. 에스프레소는 추출방식의 특성상 향미가 강하게 느껴지기 때문이다. 심지어 에스프레소와 아메리카노용 로스팅, 그리고 카푸치노용 로스팅으로 또다시 나누기도 한다. 반대로 에스프레소와 필터 커피 둘 다 같은 스타일로 로스팅하는 경우를 옴니 로스팅Omni Roasting이라고 하는데, 〈메쉬 커피〉도 옴니 로스팅을 한다고 볼 수 있고 그 방향은 라이트 로스팅이다.

추출방식이 어떻든 가장 중요한 점은 로스팅을 통해 생두가 지닌 매력을 최대한 끌어내는 것이다. 로스팅을 마친 원두를 커핑할 때도 그러한 매력이 충분히 표현되었는지 확인한다. 그 다음 바리스타가 추출목적에 맞게 사용할 원두를 골라 커피를 완성한다.

〈메쉬 커피〉의 경우, 보통 산미가 적당한 원두는 에스프레소용으로, 그보다 좀 더 산미가 있는 원두는 우유 베리에이션용으로 사용한다. 하지만 추출을 책임지는 바리스타의 해석에 따라 음료별 원두 선택은 달라질 수 있다.

#5   우리를 표현한 블랜드

> **디엑스DX Dose&eXtract**
> 블랜딩 비율 _ 콜롬비아 7 : 중남미 3

〈메쉬 커피〉의 첫 블랜드다. 손님의 특별한 요청이나 바리스타의 새로운 해석이 아닌 이상 에스프레소를 베이스로 하는 메뉴에 기본으로 사용하는 블랜드다.

CoE 심사 차 방문한 엘살바도르에서 접했던 기분 좋은 산미와 핵과류, 밀크 초콜릿의 달콤한 향미가 어우러졌던 커피를 떠올리면서 만들었다. 엘살바도르에서 영감을 받은 만큼 엘살바도르 생두를 베이스로 사용하고 싶었지만, 처음 블랜드를 구상할 당시에는 수급에 어려움을 겪었다. 대신 비교적 쉽게 구할 수 있었던 콜롬비아와 멕시코 생두를 활용해 비슷한 느낌을 표현할 수 있었고, 그 뒤로도 수급이 안정적인 콜롬비아 생두를 베이스로 시즌별로 입고되는 온두라스, 과테말라와 같은 중미 지역 생두로 블랜드 비율을 짰다. 콜롬비아의 경우 상반기에는 우일라Huila 지역의 생두를, 하반기에는 나리뇨 지역의 생두를 선호하고, 과테말라는 우에우에테낭고Huehuetenango 지역을 좋아한다. 하지만 지역을 위주로 생두를 선택하기 보다는 커핑을 통해서 해당 블랜드에 어울릴 만한 좋은 향미를 지닌 생두를 찾아내는 편이다. 콜롬비아 생두의 산미가 너무 강할 경우 6:4로 블랜딩 비율을 조정하기도 한다.

미디엄 포인트로 로스팅한 에스프레소 블랜드지만 필터 커피로 즐겨도 좋은 밸런스를 느낄 수 있다.

> **해피Happy**
> 블랜딩 비율 _ 브라질 8 : 콜롬비아 2

듣기만 해도 행복해지는 '해피' 블랜드는 산미를 좋아하지 않는 사람들을 위해 만들었다. 블랜드 이름을 보고 미국 가수 퍼렐 윌리엄스Pharrell Williams의 노래 '해피happy'를 떠올렸다면, 아주 정확하다. 노래처럼 가볍고 경쾌한 이미지를 표현한 블랜드다. 미국 〈인텔리젠시아 커피〉의 '블랙 캣 클래식 에스프레소 Black Cat Classic Espresso' 블랜드의 오마주이자 클래식한 에스프레소를 좋아하는 팬들을 위한 블랜드이기도 하다.

브라질 생두를 베이스로 만들어 고소한 견과류의 향미와 전체적으로 부드러운 촉감이 인상적인 블랜드다. 자칫 지루하게 여겨질 수 있어 콜롬비아 생두로 약간의 산미도 더했다. 물론 브라질 생두도 마냥 구수하기만 하지 않고 브라질 생두치고는 산미가 좋은 것을 선택한다. 부드러운 산미가 잘 표현되도록 로스팅도 다소 라이트하게 하는 편이다.

#5   TIP

> **럭키Lucky**
> 블랜딩 비율 _ 에티오피아 7 : 콜롬비아 3

〈메쉬 커피〉에서 이 블랜드를 발견한다면 이름처럼 정말 행운을 잡은 것이다. '럭키' 블랜드는 일 년 중 몇 차례만 로스팅해 선보이기 때문이다. 정말 가끔 로스팅한다. 에티오피아 커피의 화사함과 콜롬비아 커피의 쥬시함, 이런 좋은 향미들을 생각하면 떠오르는 커피가 있지 않은가? '럭키' 블랜드는 바로 게이샤 커피의 느낌을 블랜드로 표현하기 위해 만든 것이다. 말이 필요없다. 맛있는 싱글 오리진 커피는 그 자체만으로 존중받을만 하지만, 블랜딩으로 게이샤의 향미를 낼 수 있다는 사실은 거부하기 힘든 유혹이다. 게이샤 한 잔의 가격을 생각하면 더욱 그렇다.

이 블랜드로 내린 커피는 프랑스의 유명한 DJ 다프트 펑크Daft Punk의 '겟 럭키Get lucky'를 들으면서 마시면 정말 끝내준다.

> **올라이트Alright**
> 블랜딩 비율 _ 아프리카 5 : 아프리카 5

〈메쉬 커피〉를 운영하면서 지금까지 딱 두 번 로스팅한 블랜드다. '럭키' 블랜드보다 더 만나기 힘들다. 〈블루 보틀 커피〉의 '쓰리 아프리카Three Africas' 블랜드처럼 아프리카 생두와 또 다른 아프리카 생두를 섞은 블랜드다. 처음에는 케냐와 에티오피아 생두를 섞거나 서로 다른 지역의 에티오피아 생두 2종을 섞어 블랜딩했는데, 좀처럼 마음에 드는 향미가 나오지 않았다. 각각의 개성이 너무 강했기 때문인지 블랜드의 시너지는 커녕 맛도 없었다. 하지만 곧 적절한 밸런스를 찾아내 완성했다.

사실 '올라이트' 블랜드의 시작은 '커피는 나의 힘, 커피파워 블랜드!'를 외치며 내 생일을 자축하기 위해 장난삼아 만든 것이었다. 내 마음대로 만드는 블랜드여서 오로지 나만을 위해, 정말 극단적인 라이트 로스팅을 적용한 블랜드였다. 생각보다 맛이 너무 좋아 큰 인기를 끌었다. 장난으로 지은 '커피파워'라는 블랜드 이름을 대체하기 위해 아프리카 생두만 사용한 블랜드라는 특징을 생각하다 흑인 인권 운동을 상징하는 '블랙 파워Black Power'라는 단어가 떠올랐다. 그 영향으로 이후에는 흑인 래퍼 켄드릭 라마Kendrick Lamar의 '올라이트Alright'라는 실험적인 느낌의 뮤직 비디오를 보고 감명을 받아 블랜드 이름을 바꿨다. 올해는 꼭 다시 '올라이트' 블랜드를 만나볼 수 있기를 기대해 본다.

#5 커핑 가이드

로스팅이 의도한 대로 잘되었는지 최종적으로 점검하고, 커피 추출의 방향성을 결정하기 위해서는 커핑이 필수다. 자, 이제 〈메쉬 커피〉만의 커핑 기준을 소개한다.

1. 로스팅을 마치고 24시간이 지나지 않은 상태의 원두 11g을 준비한다. 커핑할 때 너무 신선한 원두도, 너무 오래된 원두도 좋지 않다. 〈메쉬 커피〉에서는 보통 로스팅하기 직전에 커핑하는 경우가 많다. 이전에 진행한 로스팅의 결과물을 먼저 평가한 후 본격적인 로스팅에 들어가는 것이다. 커핑을 통해서 품질이 유지되고 있는지 확인하고, 로스팅에서 조절해야 하는 부분이 발견되면 바로 이어지는 로스팅에 적용할 수 있다. 〈메쉬 커피〉에서는 거의 매일 반복되는 로스팅 스케줄이 있기 때문에 항상 24시간 내에 로스팅한 샘플을 커핑할 수 있다.

2. 커핑을 위한 원두의 분쇄도는 에어로프레스를 내릴 때보다 굵게, 필터 커피를 내릴 때보다는 가늘게 설정한다. 커핑에서 분쇄도는 매우

중요하다. 분쇄원두에 뜨거운 물을 붓고 그저 기다릴 뿐인 커핑은 분쇄도를 제외한 다른 추출변수를 조절할 수 없기 때문이다. 게다가 이런 침출식의 추출법은 커피성분을 충분히 녹여내기 어려워 농도와 추출수율을 높이는 것도 힘들다. 그래서 다소 가늘게 분쇄해 표면적을 늘리는 것이 좋다.

3. 원두를 분쇄해 커핑 컵cupping cup에 담아 드라이 아로마를 확인한다.

4. 분쇄원두에 180g의 물을 붓는다. 물을 부을 때는 분쇄원두에 물이 골고루 닿을 수 있도록 물줄기를 활용해 잘 교반시킨다.

5. 물을 부은 지 4분이 지나면 컵 표면에 떠오른 크러스트를 커핑 스푼 cupping spoon으로 세 번 정도 저어 고르게 깬다. 브레이크를 할 때는 너무 세게 저어 커피가 밖으로 넘치지 않게 주의하면서 컵 높이의 중간 정도까지만 커핑 스푼을 담가 젓는다.

6. 브레이크를 하는 동시에 코를 컵 가까이 대 웻 아로마를 확인한다.

7. 커핑 스푼으로 크러스트와 거품을 걷어낸다.

8. 물을 부은 지 10분이 지나면 컵의 옆면을 만져 뜨거운지 확인해 본다.

9. 온도가 적당하면 커핑 스푼으로 커피를 떠서 맛본다. 이때는 가벼운 향미 위주로 살피고 클린컵과 단맛, 무게감을 파악한다.

#5 TIP

10. 이후에 계속 커피를 맛보면서 느껴지는 향미들은 머릿속에 기억해 두거나 커핑 시트에 적어 둔다. 커피는 식으면서도 향미가 계속 변하기 때문에 처음 커피를 맛본 순간만 평가하지 않고, 커핑의 처음부터 끝까지 꼼꼼히 테이스팅해야 해당 커피샘플을 제대로 이해할 수 있다.

11. 보통 물을 부은 지 20분이 지나면 뜨거운 온도에 가려져 있던 향미들이 잘 느껴진다. 개인적으로는 이때가 커피가 제일 맛있는 순간이라고 생각한다.

12. 물을 부은 지 40분이 지나면 향미는 대부분 사라지지만 여전히 미약한 향미들이 남아 있다. 그 향미들마저 아름답게 느껴진다면 커피 산지의 농부와 이 커피가 내 앞에 도착하기까지의 여정에 참여한 모든 사람에게 감사한 마음을 갖게 된다.

필터 커피 레시피
하리오 V60

준비

물 230g

원두 14g

하리오 V60 드리퍼

종이필터

드립서버 또는 컵

스푼

저울

타이머

목표

TDS : 1.3

추출수율 : 19~21%

#5 TIP

레시피

1. 93°C로 끓인 물을 230g 이상으로 넉넉하게 준비한다. 물을 정량으로 딱 맞춰 준비하면 추출할 때 물이 부족할 수 있다.

2. 원두 14g을 저울로 계량해서 그라인더에 넣고 분쇄한다.

3. 드리퍼에 필터를 올리고 뜨거운 물로 가볍게 필터를 헹군다.

4. 저울 위에 드리퍼를 올린 드립서버를 놓고 드리퍼에 분쇄원두를 담는다.

5. 저울의 영점을 맞춘다.

6. 원활한 추출을 위해 분쇄원두에 미리 약 30g의 물을 부어 골고루 적시고 30초 정도 기다린다. 이때 스푼으로 저으면 원두가 골고루 젖어 커피맛이 좋아진다.

7. 100g의 물을 분쇄원두의 중심에서 바깥쪽으로 나선을 그려가며 골고루 물을 붓는다.

8. 1분이 지나면 100g의 물을 7과 같은 방식으로 붓는다.

9. 1분 45초가 지나면 커피가 다 내려와 추출이 끝난다. 이때 추출속도가 너무 빠르면 다음 추출에서는 분쇄도를 가늘게 조절하고, 반대로 너무 느리면 분쇄도를 굵게 조절한다.

10. 완성된 커피를 즐긴다. Enjoy!

필터 커피 레시피
에어로프레스

준비

물 220g

원두 14g

에어로프레스

종이필터

단단한 컵

스푼 혹은 막대

저울

타이머

목표

TDS : 1.35

추출수율 : 20~22%

#5   TIP

레시피

1. 93°C로 끓인 물을 준비한다.

2. 인버트 방식으로 추출하기 위해 에어로프레스를 뒤집어 놓는다.

3. 원두 14g을 저울로 계량해서 그라인더에 넣고 분쇄한다.

4. 캡에 필터를 올리고 뜨거운 물로 가볍게 필터를 헹군다.

5. 저울 위에 에어로프레스를 놓고 체임버chamber에 분쇄원두를 담는다.

6. 저울의 영점을 맞춘다.

7. 분쇄원두에 220g의 물을 한 번에 부어 골고루 적신다.

8. 바닥 쪽에 젖지 않은 분쇄원두가 있을 수 있으니 스푼이나 막대로 세 번 정도 젓는다.

9. 1분 동안 기다린다.

10. 다시 세 번 정도 젓고 필터 캡을 잘 끼운다.

11. 에어로프레스를 가볍게 톡톡 치면 내부의 수증기가 빠지면서 압력이 생긴다. 이때 생긴 압력 덕분에 에어로프레스를 뒤집을 때 커피가 새지 않는다.

12. 상단의 필터 캡에 단단한 컵을 올린 후 에어로프레스를 빠르고 정확하게 뒤집는다.

13. 천천히 플런저를 누른다. 이때 추출속도가 너무 빠르면 다음 추출에서는 분쇄도를 가늘게 조절하고, 반대로 너무 느리면 분쇄도를 굵게 조절한다. 하지만 사람마다 플런저를 누르는 힘이 다르므로, 일단 커피를 맛보고 결정하자.

14. 완성된 커피를 즐긴다. Enjoy!

에스프레소 레시피

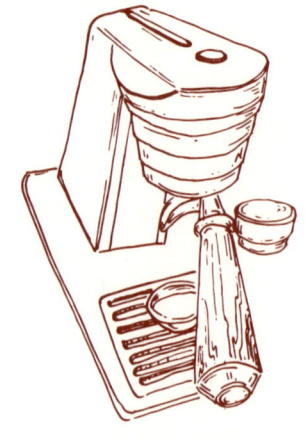

준비

분쇄원두 18g

에스프레소 머신

포터필터

탬퍼

에스프레소 잔

저울

타이머

에스프레소 머신 압력 : 9bar

추출수 온도 : 92°C

유량 : 240ml/30s

목표

추출량 : 43g

추출시간 : 25초(±5초)

TDS : 8.7

추출수율 : 21~22%

#5　TIP

레시피

1. 저울 위에 포터필터를 놓고 영점을 맞춘다.
2. 자동 그라인더 토출부에 포터필터를 대고 분쇄한 원두 18g을 담는다.
3. 탬퍼로 분쇄원두를 고르게 다진다. 이때 포터필터에 분쇄원두가 고르게 담기지 않으면, 물이 분쇄원두에 골고루 스며들지 못해서 밀도가 낮은 쪽에서만 추출이 일어나는 채널링channeling이 발생한다.
4. 포터필터를 에스프레소 머신에 끼운다.
5. 스파웃spout 아래에 저울을 두고 그 위에 에스프레소 잔을 놓는다.
6. 저울의 영점을 맞추고 추출 버튼을 누른다.
7. 에스프레소 머신에 따라 다르지만, 보통 5~8초가 지나면 진한 갈색의 추출액이 한방울씩 떨어지기 시작한다. 이후에는 가늘게 꿀이 흐르는 것처럼 커피가 떨어지면 추출이 잘된 것이다. 이때 추출속도가 너무 빠르면 커피맛이 약하고 거친 느낌이 나기 때문에 다음 추출에서는 분쇄도를 가늘게 조절하고, 반대로 너무 느리면 진하고 씁쓸한 느낌이 강해지니 분쇄도를 굵게 조절한다.
8. 18초가 되면 떨어지는 커피의 색이 다소 연해지면서 흐름도 조금 빨라진다. 만약 더 일찍 색이 연해진다면 채널링을 의심해 볼 수 있다.
9. 25초 전후로 43g이 추출되면 멈춘다.
10. 완성된 커피를 즐긴다. Enjoy!

에스프레소 활용법

아메리카노	롱블랙	메쉬 블랙
에스프레소 2샷(43g) 물 180g 희석	에스프레소 2샷(43g) 물 80g 희석	에스프레소 1샷(21.5g) 물 150g 희석

화이트 커피 레시피

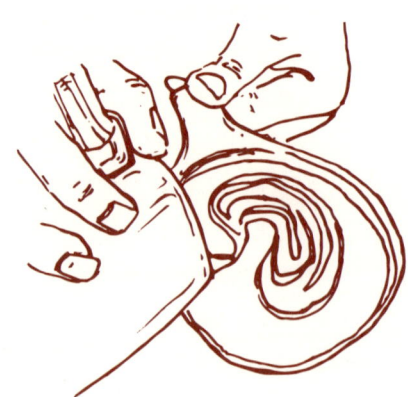

준비

분쇄원두 18g

메뉴별 적절한 양의 우유

에스프레소 머신

포터필터

탬퍼

메뉴별 적절한 용량의 잔

스팀피처

저울

타이머

온도계

에스프레소 머신 압력 : 9bar

스팀 압력 : 1.2bar

추출수 온도 : 92°C

유량 : 240ml/30s

#5 TIP

레시피

1. 잔에 에스프레소를 추출한다.
2. 저울 위에 스팀피처를 놓고 영점을 맞춘다.
3. 스팀피처에 메뉴별로 적절한 양의 우유를 붓는다.
4. 에스프레소 머신의 스팀 노즐steam nozzle을 열어 스팀을 빼준 후 스팀 완드steam wand를 깨끗한 행주로 닦는다.
5. 스팀피처에 스팀 완드를 담그고 스팀 노즐을 열어 우유를 데운다.
6. 스팀피처가 미지근하게 느껴지기 전에 원하는 우유거품의 양만큼 공기를 주입한다.
7. 우유가 체온과 비슷하게 데워진 이후에는 스팀밀크와 우유거품이 잘 혼합되도록 롤링rolling에 집중한다.
8. 우유의 온도가 55~65°C에 도달하면 취향에 따라 알맞은 온도에서 멈춘다.
9. 스팀피처를 내려놓고 스팀 완드를 깨끗한 행주로 꼼꼼하게 닦는다. 스티밍이 잘된 스팀밀크의 표면은 빛이 나야 하고, 입자가 고운 우유거품이 골고루 퍼져 있어야 한다.
10. 완성된 스팀밀크를 에스프레소를 추출한 잔에 붓는다.
11. 완성된 커피를 즐긴다. Enjoy!

화이트 커피 활용법

카푸치노	카페 라떼	플랫 화이트	코르타도	에스프레소 마끼아토
에스프레소 1샷 (21.5g)	에스프레소 1샷 (21.5g)	에스프레소 2샷 (43g)	에스프레소 2샷 (43g)	에스프레소 2샷 (43g)
우유 150g	우유 200g	우유 140g	우유 60g	우유 10g

밀크 스티밍 노하우 ①

스팀 노즐에 나 있는 구멍인 스팀 팁steam tip을 스팀피처의 한가운데에 두고 스티밍 초반부터 천천히 롤링시키는 스티밍 방법이 있다.
우유가 천천히 회전하기 때문에 우유거품의 양을 원하는 만큼 만들기 쉽고, 공기가 스팀밀크 전체에 고르게 퍼져 촉감도 부드럽다. 두 잔 용량의 스팀밀크를 한 번에 만들어도 우유거품이 안정적으로 유지된다. 섬세한 라떼아트보다 하트나 튤립 같은 기본 패턴을 만들기에 좋다.

밀크 스티밍 노하우 ②

스팀 팁을 스팀피처의 벽 쪽에 가까이 붙여 롤링을 빠르게 진행하는 스티밍 방법도 있다. 스팀밀크의 회전이 빨라 우유거품의 양을 조절하기 힘들고, 잠깐의 실수만 있어도 우유거품이 거칠어지기 쉽다. 대신 능숙하게 스티밍을 조절할 수 있다면 스티밍 작업을 빠르게 마칠 수 있어 바쁜 매장에서는 매우 유용한 방법이다. 라떼아트도 섬세하게 표현할 수 있어 보는 즐거움을 더한다.

#5 시그니처 커피 레시피
커피 셰이크 Coffee Shake

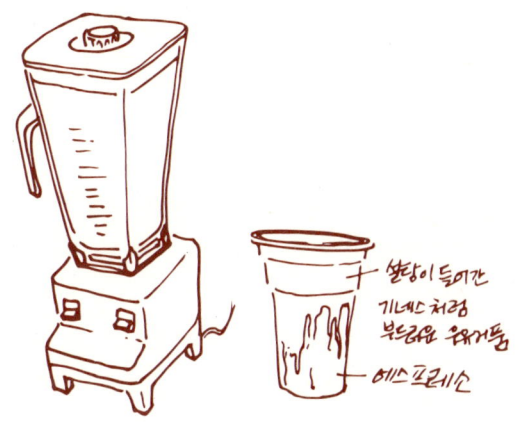

준비

에스프레소 2샷(43g)

얼음 6개

우유 150g

설탕 12g

샷글라스

긴 유리잔

블렌더

저울

〈메쉬 커피〉의 단골이자 우리가 잘 알고 있는 국민 요정, SES 바다의 요청으로 만든 음료다. 그녀는 평소 카푸치노 알프레도를 즐겨 마시는데 피로를 이겨내기 위해 좀 더 달콤하고, 좀 더 양이 많은 커피가 있으면 좋겠다는 의견을 건넸다. 제안을 듣고 바로 레시피를 수정해 새로운 음료를 만들었다. 카푸치노 알프레도와는 다르게 에스프레소를 맨 나중에 넣어 마끼아토 스타일의 부드러움과 재미를 더했다.

레시피

1. 샷글라스에 에스프레소를 추출한다.
2. 블렌더에 얼음 3개, 우유, 설탕을 넣고 간다.
3. 긴 유리잔에 나머지 얼음 3개를 넣고, 2를 붓는다.
4. 3에 에스프레소를 붓는다.
5. 빨대 없이 부드러운 거품을 즐기면서 마신다. Enjoy!

#5 시그니처 커피 레시피

카푸치노 알프레도
Cappuccino Alfredo

(팀 윈들보 스타일)

준비

에스프레소 2샷(43g)

우유 50g

설탕 9g

얼음 7개

분쇄원두 약간

샷글라스

마티니 잔

스핀들 믹서 spindle mixer

스트레이너

저울

원래 카푸치노 알프레도는 이탈리아어로 '차가운 카푸치노'라는 뜻으로 여름에만 마실 수 있는 이탈리아의 전통적인 커피메뉴 가운데 하나다. 하지만 〈메쉬 커피〉에서 선보이는 카푸치노 알프레도는 세계적인 바리스타 팀 윈들보가 자신만의 방식으로 해석한 레시피다. 소셜 미디어에서 그가 올린 이 음료의 사진을 처음 보고 어떤 음료일지 미친 듯이 궁금했지만, 직접 마시러 가기에 오슬로는 너무 멀었다. 그래서 몇 년 동안 오슬로에 다녀온 사람들에게 그 맛을 묻고, 인터넷에서 폭풍 검색을 하며 이 음료를 어떻게 만드는지 추적했다. 이런저런 방식을 시도해 비슷한 뉘앙스의 음료를 만들어 가던 중, 팀 윈들보가 갑자기 레시피를 공개했다. 내가 초기에 실패했던 레시피 가운데 하나였는데, 재료의 밸런스 차이로 인해 질감과 맛이 전혀 달랐다. 하지만 이 메뉴를 열심히 연구한 덕분에 다른 수많은 창작 메뉴도 나올 수 있었다. 〈메쉬 커피〉에서는 손님들의 특별한 요청에 의해서만 제공되는 비밀 메뉴다.

레시피

1. 샷글라스에 에스프레소를 추출한다.
2. 스핀들 믹서에 에스프레소, 우유, 설탕, 얼음을 넣고 간다.
3. 차갑게 준비한 마티니 잔에 2를 스트레이너로 걸러 붓는다.
4. 음료 위에 분쇄원두를 뿌려 장식한다.
5. 완성된 커피를 즐긴다. Enjoy!

#5 시그니처 커피 레시피

멕시칸 썸머 라떼
Mexican Summer Latte

준비

오르차타Horchata 150g (쌀 150g, 물 1l, 시나몬 스틱 2개, 설탕 120g)

에스프레소 1샷(21.5g)

<펠앤콜Fell and Colle> 오르차타 아이스크림 한 스쿱

샷글라스

긴 유리잔

블렌더

체

저울

멕시칸 음식점에서 타코와 함께 시원한 오르차타를 마시다 문득 아이디어가 떠올랐다. 달콤한 시나몬 향이 일품인 오르차타와 커피가 썩 잘 어울릴 것 같았다. 처음엔 비건vegan 카페 라떼처럼 우유 대신 홈메이드 오르차타를 넣었는데, 맛있기는 했지만 뭔가 부족했다. 그러던 중에 호주식 썸머 라떼가 떠올랐고, 아이스크림 전문점 〈펠앤콜〉에 아이디어를 전했더니 예전에 오르차타 아이스크림을 시도해 본 적이 있다며 흔쾌히 만들어 주기로 했다. 홍대에서 아이스크림을 가져오기 위해 차도 빌렸다. 성수동까지 오는 동안 얼음을 가득 담은 커다란 '부르트Brute' 통에 아이스크림을 넣어 안전벨트까지 채워 모셔 온 에피소드는 지금도 심심하면 나오는 이야깃거리다. 만약 〈펠앤콜〉에서 다시 오르차타 아이스크림을 판매한다면 더 완벽하게 레시피를 다듬어서 만들어 보고 싶은 메뉴다.

오르차타를 직접 만들기 힘든 상황이라면, 우리가 흔히 접하는 '아침햇살' 음료수로 대체해도 좋다. 아이스크림도 일반 바닐라 아이스크림을 사용해도 맛이 괜찮다.

#5 TIP

레시피

1. 먼저 오르차타를 만든다. 블렌더에 쌀과 물 600g을 넣고 곱게 간다.
2. 1에 시나몬 스틱과 설탕, 물 400g을 넣고 섞는다.
3. 2를 8시간 정도 숙성시킨 후 체에 걸러 오르차타를 완성한다.
4. 샷글라스에 에스프레소를 추출한다.
5. 긴 유리잔에 에스프레소와 오르차타 150g을 붓고 그 위에 〈펠앤콜〉 오르차타 아이스크림을 올린다.
6. 완성된 커피를 즐긴다. Enjoy!

시그니처 커피 레시피

오슬로의 여름 Summer of Oslo

준비

에스프레소 1샷(21.5g)

바닐라 아이스크림 100g

바닐라 시럽 10g

우유 50g

넛맥 가루 약간

샷글라스

마티니 잔

스팀피처

핸드 블렌더

저울

#5 TIP

앞에서 이야기한 팀 윈들보의 카푸치노 알프레도 레시피가 공개되지 않았던 시절, 상상만으로 음료를 구현하기 위해 다양한 시도를 하다가 발견한 레시피 중 하나가 '오슬로의 여름'이다. 내가 상상했던 카푸치노 알프레도가 이 레시피와 전혀 달라도 상관없다고 여겼을 정도로 충분히 맛있었다. 기본적으로 아이스크림이 들어가면 실패할 수가 없고, 향신료까지 더해 이국적인 풍미를 완성했다. 누구나 집에서도 쉽게 만들 수 있다.

레시피
1. 샷글라스에 에스프레소를 추출한다.
2. 스팀피처에 에스프레소, 바닐라 아이스크림, 바닐라 시럽, 우유를 넣고 핸드 블렌더로 섞는다.
3. 마티니 잔에 2를 붓는다.
4. 음료 위에 넛맥 가루를 뿌려 장식한다.
5. 완성된 커피를 즐긴다. Enjoy!

 시그니처 커피 레시피

김기훈 밤 Kim Kihoon Bomb

준비

에스프레소 1샷(21.5g)

바닐라 시럽 10g

생크림 10g

자몽 껍질

샷글라스 2개

셰이커

저울

#5 TIP

김기훈 바리스타의 첫 번째 바리스타 대회 창작 메뉴였다. 그래서 이름이 '김기훈 밤'이다. 바리스타 대회에서 창작 메뉴가 너무 맛있으면 우승하지 못한다는 속설이 있었는데, 대회가 끝나고 이 메뉴를 마셔 본 많은 바리스타가 아주 맛있다고 호평했다. 역시나 본선까지 올라간 것만으로 만족해야 했다. 김기훈 바리스타가 설명해 주는 재료들의 역할과 시너지를 들으면서 맛보면 누구나 깜짝 놀랄 것이다.

레시피

1. 샷글라스에 에스프레소를 추출한다.
2. 또 다른 샷글라스에 바닐라 시럽을 붓는다.
3. 2에 에스프레소를 섞이지 않도록 조심하며 붓는다.
4. 셰이커에 생크림을 넣고 셰이킹해 3에 붓는다.
5. 음료 위에 자몽 껍질을 비틀어 과일즙을 살짝 뿌리고, 껍질을 그대로 올려 장식한다.
6. 완성된 커피를 즐긴다. Enjoy!

 시그니처 커피 레시피

코코 밤 Coco Bomb

준비

코코넛 시럽 15g(물 500g, 코코넛 가루 30g, 설탕 350g)

코코넛 슈거 파우더 약간(코코넛 가루 1tbs, 슈거 파우더 200g)

에스프레소 1샷(21.5g)

코코넛 가루 1티스푼

샷글라스 2개

블렌더

체

저울

#5   TIP

개인적으로는 코코넛 특유의 느끼한 향을 좋아하지 않았다. 그러던 어느 날 재료에 대한 편견을 스스로 깨고 싶어 직접 만든 코코넛 시럽을 활용해서 레시피를 개발했다. 시럽으로 만든 코코넛은 느끼하지도 않고 오히려 청량감을 주었다. 에스프레소가 부담스러운 사람들도 가볍고 깔끔하게 즐길 수 있는 메뉴다.

레시피

1. 먼저 코코넛 시럽을 만든다. 뜨거운 물에 코코넛 가루를 넣고 한 시간 동안 우린다.
2. 체에 1을 거르고 설탕을 넣고 섞어 코코넛 시럽을 완성한다.
3. 2에서 체에 거르고 남은 코코넛 가루는 건조시켜 둔다.
4. 블렌더에 3의 코코넛 가루 1tbs과 슈거 파우더를 넣고 곱게 갈아 코코넛 슈거 파우더를 완성한다.
5. 샷글라스에 에스프레소를 추출한다.
6. 또 다른 샷글라스에 코코넛 시럽 15g을 붓는다.
7. 6에 에스프레소를 섞이지 않도록 조심하며 붓는다.
8. 체에 코코넛 슈거 파우더를 넣고 흔들면서 음료 위에 뿌린다.
9. 음료 위에 코코넛 가루를 티스푼에 담아 살짝 올려 장식한다.
10. 완성된 커피를 즐긴다. Enjoy!

시그니처 커피 레시피

상하이 라떼 Shanghai Latte

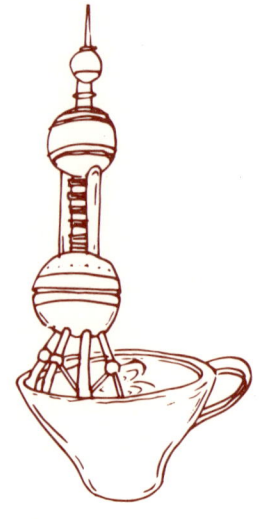

준비

상하이 티 시럽 10g(물 350g,

<T2> 고져스 게이샤Gorgeous Geisha

가향 녹차 7g, <트와이닝스Twinings> 다즐링 7g,

설탕 500g, 시나몬 스틱 1개, 스타아니스star anise 1개,

통후추 3개, 바닐라 시럽 400g)

에스프레소 1샷(21.5g)

연유 5g

우유 200g (아이스 메뉴일 경우, 차가운 우유 170g)

튤립 라떼 잔

스팀피처

체

저울

#5 TIP

상하이 라떼는 손이 정말 많이 가는 메뉴지만 인기가 많았다. 언젠가 손님 중 한 분이 홍콩에서 마셨던 홍콩식 커피를 만들어 달라고 요청한 적이 있었다. 나도 홍콩에 가본 적이 있지만 홍콩식 커피를 마신 기억은 없었다. 그렇게 손님의 설명을 바탕으로 상상력을 동원해서 만든 메뉴가 상하이 라떼다. '홍콩 라떼'가 아니라 '상하이 라떼'가 된 이유는 그 손님이 맛이 비슷하긴 하지만 자기가 마신 홍콩식 커피와는 다르다고 이야기했기 때문이다. 홍콩식 커피는 실패했지만 개인적으로는 상하이에서 맛있게 마셨던 우롱 밀크티가 떠올라 상하이 라떼라고 이름 지었다. 후덥지근한 여름의 상하이를 떠올리며 마시면 더 맛있다.

레시피

1. 먼저 상하이 티 시럽을 만든다. 뜨거운 물에 〈T2〉 고져스 게이샤 가향 녹차와 〈트와이닝스〉 다즐링을 넣고 3분 동안 우린다.
2. 체에 찻잎을 거르고 차에 설탕을 넣고 섞는다.
3. 2에 시나몬 스틱과 스타아니스, 통후추를 넣고 12시간 동안 냉침한 다음 체에 거른다.
4. 3에 바닐라 시럽을 넣고 섞어 상하이 티 시럽을 완성한다.
5. 라떼 잔에 에스프레소를 추출한다.
6. 5에 상하이 티 시럽 10g과 연유를 넣고 섞는다.
7. 6에 우유를 붓는다. 따뜻한 메뉴는 우유를 스티밍해서 붓고, 아이스 메뉴는 얼음잔을 따로 준비해 차가운 우유를 넣는다.
8. 완성된 커피를 즐긴다. Enjoy!

시그니처 커피 레시피

여름 커피 Summer Coffee

준비

카다멈 홍차 시럽 10g (물 350g, <TWG> 그랜드 웨딩Grand Wedding

홍차 15g, 설탕 500g, 카다멈 5개, 시나몬 스틱 1개)

에스프레소 2샷(43g)

얼음 5개

우유 15g

샷글라스

샴페인 잔 또는 긴 유리잔

셰이커

체

저울

#5   TIP

무더운 여름, 갈증을 해소하는 데 딱 좋은 메뉴다. 샤커레토에 설탕 대신 홍차 시럽을 넣어 새콤달콤한 맛을 냈다. 진하고 다소 산미가 강하게 느껴질 수 있어 음료 위에 우유를 부어 부드러움을 더했다. '여름 커피'라 이름 지은 덕에 여름철만 되면 주문이 많아져 하루 종일 셰이킹해야 하는 고단함이 있다.

레시피

1. 먼저 카다멈 홍차 시럽을 만든다. 뜨거운 물에 〈TWG〉 그랜드 웨딩 홍차를 넣고 3분 동안 우린다.
2. 체에 찻잎을 거르고 차에 설탕을 넣고 섞는다.
3. 2에 카다멈, 시나몬 스틱을 넣고 12시간 동안 냉침한 다음 체에 걸러 카다멈 홍차 시럽을 완성한다.
4. 샷글라스에 에스프레소를 추출한다.
5. 셰이커에 얼음, 에스프레소, 카다멈 홍차 시럽 10g을 넣고 강하게 셰이킹한다.
6. 얼음을 채운 샴페인 잔에 5를 붓는다.
7. 음료 위에 우유를 섞이지 않도록 조심하며 붓는다.
8. 완성된 커피를 즐긴다. Enjoy!

 시그니처 논커피 레시피

샐리 시나몬 Sally Cinnamon

준비

웨딩 임페리얼 홍차 시럽 20g(물 350g, <마리아주 프레르Mariage Frères>

웨딩 임페리얼Wedding Impérial 홍차 15g, 설탕 500g, 코리앤더

씨드coriander seed 10알, 시나몬 스틱 1개, 흑후추 3개)

바닐라 시럽 10g

우유 200g

시나몬 가루 약간

튤립 라떼 잔

스팀피처

체

저울

#5   TIP

영국 밴드 스톤 로지스The Stone Roses의 달콤한 노래 '샐리 시나몬'을 듣다가 아이디어가 떠오른 메뉴다. 겨울철 연말 시즌이 다가오면 시나몬 같은 향신료가 들어간 음료가 생각나기 마련이다. 카푸치노에 시나몬 가루를 뿌려 마시는 것에서 영감을 받아 달콤하면서 시나몬이 듬뿍 들어간 음료의 레시피를 짰고, 커피를 즐기지 않는 사람들도 마실 수 있도록 준비했다. 물론 여기에 에스프레소를 추가해도 좋다.

레시피

1. 먼저 웨딩 임페리얼 홍차 시럽을 만든다. 뜨거운 물에 〈마리아주 프레르〉 웨딩 임페리얼 홍차를 넣고 3분 동안 우린다.
2. 체에 찻잎을 거르고 차에 설탕을 넣고 섞는다.
3. 2에 코리앤더 씨드, 시나몬 스틱, 흑후추를 넣고 12시간 동안 냉침한 다음 체에 걸러 웨딩 임페리얼 홍차 시럽을 완성한다.
4. 예열한 라떼 잔에 웨딩 임페리얼 시럽 20g, 바닐라 시럽을 넣는다.
5. 스팀피처에 우유를 넣고 스티밍한다.
6. 4에 스팀밀크 일부를 넣고 섞는다.
7. 6에 남은 스팀밀크를 천천히 붓는다.
8. 음료 위에 시나몬 가루를 뿌려 장식한다.
9. 완성된 음료를 즐긴다. Enjoy!

시그니처 논커피 레시피

메쉬 바나나 우유
Mesh Banana Milk

준비

바나나 1개

연유 5g

바닐라 시럽 10g

우유 120g

긴 유리잔

블렌더

저울

#5 TIP

누구나 잘 알고 있는 뚱뚱한 바나나 우유를 〈메쉬 커피〉만의 스타일로 재해석했다. 달콤하게 잘 익은 바나나에 바닐라 시럽을 더해 향을 강화시키고 연유를 넣어 한층 부드러운 맛을 냈다. 출출할 때 마시기 좋은 이 든든한 음료는 정말 간단하고, 너무 맛있다.

레시피

1. 블렌더에 모든 재료를 넣고 간다.
2. 긴 유리잔에 1을 붓는다.
3. 완성된 음료를 즐긴다. Enjoy!

시그니처 논커피 레시피

맛차차 맛차 라떼
Matchacha Matcha Latte

준비

<맛차차Matchacha> 제주산 맛차 3g

설탕 시럽 20g

연유 10g

우유 170g

튤립 라떼 잔

티스푼

스팀피처

저울

#5 TIP

성수동 이웃 중에 〈맛차차Matchacha〉라는 맛차, 즉 가루 녹차 가게가 있다. 그곳에서 판매하는 맛차를 이용해서 맛차 라떼를 만들었다. 〈맛차차〉의 맛차 음료들은 재료 고유의 맛을 잘 살려 건강하고 세련된 맛이 특징이라면, 〈메쉬 커피〉의 맛차 라떼는 달콤하고 누구나 편하게 마실 수 있도록 레시피를 구성했다. 〈맛차차〉 대표에게도 누누이 이야기하지만, 우리가 만든 맛차 라떼가 더 맛있다.

레시피
1. 라떼 잔에 〈맛차차〉 제주산 맛차, 설탕 시럽, 연유를 넣고 티스푼으로 조심스럽게 저어 갠다.
2. 스팀피처에 우유를 넣고 스티밍한다.
3. 1에 스팀밀크 일부를 넣고 섞는다.
4. 3에 남은 스팀밀크를 천천히 붓는다.
5. 완성된 음료를 즐긴다. Enjoy!

아이스 메뉴 레시피
셰이커에 모든 재료를 넣고 강하게 셰이킹해 얼음잔에 부으면 끝!

시그니처 논커피 레시피

피초코 초콜릿 라떼
P.Chokko Chocolate Latte

준비

<피초코P.Chokko> 아파마테Apamate 73.5% 다크 초콜릿 30g

설탕 2.5g(만약 60% 다크 초콜릿을 사용할 경우에는 생략)

소금 한 꼬집

우유 200g

초콜릿 가루 약간

튤립 라떼 잔

스팀피처

핸드 블렌더

저울

#5 TIP

베네수엘라에서 생산되는 카카오를 수입해 가공하는 〈피초코〉 랩이 성수동에 있어 베네수엘라산 다양한 초콜릿을 맛볼 수 있다. 원래 〈메쉬 커피〉에서는 벨기에산 다크 초콜릿으로 초콜릿 라떼를 만들어 판매하고 있었는데, 싱글 오리진 초콜릿의 매력에 푹 빠진 후로는 〈피초코〉의 초콜릿을 사용하게 되었다. 이웃집인 〈피초코〉에서도 초콜릿 음료를 판매하지만, 역시 〈메쉬 커피〉에서 만든 '피초코 초콜릿 라떼'가 더 맛있다.

레시피

1. 스팀피처에 우유를 넣고 스티밍한다.
2. 스티밍을 마친 후에는 스팀밀크와 우유거품을 따로 분리해 놓는다.
3. 스팀밀크에 〈피초코〉 아파마테 73.5% 다크 초콜릿, 설탕, 소금을 넣는다.
4. 초콜릿이 녹을 때까지 3을 핸드 블랜더로 섞는다.
5. 라떼 잔에 4를 부은 후 우유거품을 올린다.
6. 음료 위에 초콜릿 가루를 뿌려 장식한다.
7. 완성된 음료를 즐긴다. Enjoy!

아이스 메뉴 레시피

1. 스팀밀크 80g에 다크 초콜릿, 설탕, 소금을 넣는다.
2. 초콜릿이 녹을 때까지 1을 핸드 블랜더로 섞는다.
3. 준비된 얼음잔에 우유 120g을 붓는다.
4. 3에 2를 부으면 끝!

시그니처 칵테일 레시피

성수동 레모네이드
Sungsudong Lemonade

준비

레몬 반 개

<짐 빔Jim Beam> 버번 위스키Bourbon Whiskey 15g

설탕 시럽 15g

토닉 워터 150g

유리잔

셰이커

저울

#5   TIP

〈메쉬 커피〉를 오픈하기 전에 도쿄에 다녀왔다. 개인적으로 도쿄에 있는 카페 〈푸글렌 도쿄〉를 좋아하는데, 이곳은 커피뿐 아니라 칵테일 메뉴로도 유명하다. 그곳에서 마신 '토미가야 레모네이드Tomigaya lemonade'가 너무 맛있어서 한국에 돌아와서도 잊혀지지 않았다. 그때의 기억을 떠올리며 메뉴를 만들었고, 〈푸글렌 도쿄〉가 토미가야라는 동네 이름을 메뉴명에 붙인 것처럼 우리도 성수동을 붙여 이름을 지었다.

레시피
1. 레몬을 착즙해 즙과 껍질을 따로 분리해 둔다.
2. 셰이커에 〈짐 빔〉 버번 위스키, 레몬즙 15g, 설탕 시럽을 넣고 강하게 셰이킹한다.
3. 얼음을 채운 유리잔에 2를 붓는다.
4. 3에 토닉 워터를 붓는다.
5. 음료 위에 레몬 껍질을 비틀어 살짝 과일즙을 뿌리고, 그대로 올려 장식한다.
6. 완성된 음료를 즐긴다. Enjoy!

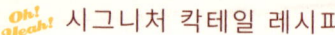 시그니처 칵테일 레시피

쿠바 리브레 Cuba Libre

준비

<캡틴 모건Captain Morgan> 럼 30g

레몬 주스 15g

레몬(혹은 라임) 반 개

콜라 100g

시나몬 스틱 1개

믹싱 글라스

라이터

저울

#5 TIP

전 세계인 모두가 콜라를 좋아하겠지만 커피를 하는 사람들은 유독 콜라를 더 사랑한다. 콜라가 들어간 대표적인 칵테일인 쿠바 리브레는 당연히 인기 만점. 클래식 칵테일 메뉴인 쿠바 리브레를 〈메쉬 커피〉만의 방식으로 살짝 비틀어 재해석했다.

레시피

1. 얼음을 채운 믹싱 글라스에 〈캡틴 모건〉 럼, 레몬 주스를 넣고 차가워질 때까지 섞는다.
2. 1에 레몬 반 개를 네 등분으로 잘라 넣는다.
3. 2에 콜라를 붓는다.
4. 잔 위에 라이터로 불을 붙인 시나몬 스틱을 올려 향을 더한다.
5. 완성된 음료를 즐긴다. Enjoy!

시그니처 커피 칵테일 레시피

아이리쉬 커피 Irish Coffee

준비

커피 140g(원두 18g, 물 180g)

<제임슨Jameson> 아이리쉬 위스키 20g

데메라라 설탕demerara sugar 시럽 25g

생크림 50g

아이리쉬 커피 잔

에어로프레스

셰이커

스푼

저울

#5 TIP

에스프레소 마티니와 함께 전 세계에서 제일 유명한 커피 칵테일인 아이리쉬 커피는 커피 칵테일의 시작과 끝이다. 커피, 위스키, 설탕, 크림. 이렇게 맛있는 재료가 듬뿍 들어가니 맛이 없을 수가 없지만 재료들 사이의 균형이 생각보다 꽤 중요한 메뉴다. 완성된 아이리쉬 커피를 마셔 보면 바텐더나 바리스타의 실력을 가늠할 수 있다.

아이리쉬 커피는 만드는 과정과 더불어 마시는 방법도 중요하다. 차가운 생크림과 따뜻한 커피가 입안에 동시에 들어가야 더 맛있다. 입주변으로 생크림 수염이 생길 만큼 쭉 들이키면 된다.

레시피

1. 에어로프레스로 커피를 진하게 추출한다.
2. 예열한 아이리쉬 커피 잔에 커피, 〈제임슨〉 아이리쉬 위스키, 데메라라 설탕 시럽을 넣고 섞는다.
3. 셰이커에 생크림을 넣고 10~15초 동안 셰이킹한다.
4. 음료 위에 3을 스푼으로 떠서 올린다.
5. 완성된 음료를 즐긴다. Enjoy!

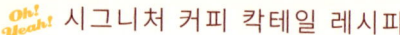 시그니처 커피 칵테일 레시피

성인 오렌지 Saint Orange

준비

에스프레소 1샷(21.5g)

<그랑 마니에르 Grand Marnier> 리큐어 10g

우유 140g

오렌지 슬라이스

오렌지 껍질

카푸치노 잔

스팀피처

라이터

저울

#5　TIP

한국의 유명한 바리스타 챔피언 부부가 운영하는 카페인 〈커피 템플 Coffee Temple〉에는 '탠저린 카푸치노tangerine cappuccino'라는 시그니처 메뉴가 있다. 오렌지 리큐어인 〈그랑 마니에르〉를 활용한 레시피를 고심하다가 문득 그 '탠저린 카푸치노'가 생각났다. 그 메뉴를 〈메쉬 커피〉만의 스타일로 비틀어 커피 칵테일로 만들었고, 〈커피 템플〉에서 영향을 받은 메뉴라는 것을 표현하기 위해 메뉴명에 '신전temple'에 어울리는 '성인'을 붙였다.

레시피

1. 카푸치노 잔에 에스프레소를 추출한다.
2. 1에 〈그랑 마니에르〉 리큐어를 넣고 섞는다.
3. 스팀피처에 우유를 넣고 스티밍한다.
4. 2에 스팀밀크를 붓고, 오렌지 슬라이스를 올린다.
5. 음료 위에 오렌지 껍질을 비틀어 과일즙을 살짝 뿌리고, 라이터로 불을 붙인 오렌지 껍질을 올려 향을 더한다.
6. 완성된 음료를 즐긴다. Enjoy!

시그니처 커피 칵테일 레시피

메쉬 올드패션드
Mesh Old - fashioned

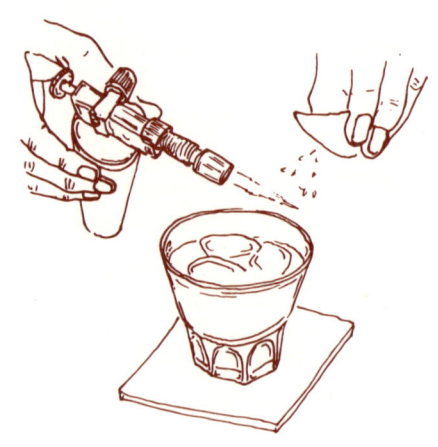

준비

설탕 3g

<일리쿼Illyquore> 커피 리큐어 1바스푼

에스프레소 2샷(43g)

<르제Lejay> 크렘 드 카시스 드 디종 Crème de Cassis de Dijon 1/2oz

오렌지 껍질

샷글라스

낮은 유리잔

믹싱 글라스

라이터

저울

#5 TIP

칵테일 역사에서 가장 오래된 메뉴 중 하나가 올드패션드다. 그래서 올드패션드라는 이름을 활용한 커피 칵테일 메뉴도 많다. 언제나 그렇듯 클래식은 단순하지만 매력적이기 때문이다. 커피와 크렘 드 카시스의 조합은 새콤달콤한 케냐 커피를 연상시키기도 한다.

레시피

1. 샷글라스에 에스프레소를 추출한다.
2. 얼음을 채운 낮은 유리잔에 설탕과 〈일리쿼〉 커피 리큐어를 넣고 섞는다.
3. 믹싱 글라스에 얼음을 채우고 에스프레소, 〈르제〉 크렘 드 카시스 드 디종을 넣고 차가워질 때까지 섞는다.
4. 2에 3을 붓는다.
5. 음료 위에 오렌지 껍질을 비틀어 과일즙을 살짝 뿌리고, 라이터로 불을 붙인 오렌지 껍질을 올려 향을 더한다.
6. 완성된 음료를 즐긴다. Enjoy!

시그니처 커피 칵테일 레시피

커먼 언커먼
Common Uncommon

준비

에스프레소 2샷(43g)

연유 25g

<그랑 마니에르> 리큐어 2 - 3방울

<스미노프Smirnoff> 보드카 30g

샷글라스

마티니 잔

믹싱 글라스

저울

#5 TIP

연유 위에 커피를 올린 카페 봄본이라는 스페인 전통 커피가 있다. 한때 〈메쉬 커피〉에서도 이 메뉴를 만들어 판매했다. 단골 중 서울숲 근처에서 패션 및 생활용품 가게를 하던 손님이 이 메뉴를 즐겨 마셨는데, 어느 날은 보드카를 넣어 블랙 러시안Black Russian 칵테일처럼 만들어도 좋을 것 같다고 슬쩍 제안해 왔다. 그렇게 함께 만들게 된 커피 칵테일은 그 손님의 가게 상호를 따와 '커먼 언커먼'이라고 이름 지었다.

레시피

1. 샷글라스에 에스프레소를 추출한다.
2. 1에 연유를 넣고 섞는다.
3. 얼음을 채운 믹싱 글라스에 2와 〈그랑 마니에르〉 리큐어, 〈스미노프〉 보드카를 넣고 15초 동안 섞는다.
4. 차갑게 준비된 마티니 잔에 3을 붓는다.
5. 완성된 음료를 즐긴다. Enjoy!

시그니처 커피 칵테일 레시피

미얼리 커피 Merely Coffee

준비

에스프레소 2샷(43g)

얼음 7개

연유 20g

설탕 시럽 20g

<스미노프> 보드카 20g

원두 2개

샷글라스

마티니 잔

셰이커

저울

#5 TIP

성수동에는 재밌는 사람들이 참 많다. 〈미얼리Merely〉라는 의류 브랜드는 분기마다 단 하루만 옷을 판매하는데, 이 브랜드에서 런칭 파티를 할 때 〈메쉬 커피〉가 게스트 바리스타와 바텐더로 참가했다. 우리는 이 파티를 위해 그날만 판매하는 시그니처 커피 칵테일을 만들어 준비했고, 그게 바로 '미얼리 커피'다. 에스프레소 마티니와 비슷하지만 연유가 들어가 훨씬 부드럽고 달콤하다.

레시피
1. 샷글라스에 에스프레소를 추출한다.
2. 셰이커에 얼음, 에스프레소, 연유, 설탕 시럽, 〈스미노프〉 보드카를 넣고 강하게 셰이킹한다.
3. 차갑게 준비된 마티니 잔에 2를 붓는다.
4. 음료 위에 원두 2개를 올려 장식한다.
5. 완성된 음료를 즐긴다. Enjoy!

시그니처 커피 칵테일 레시피

브라운 마블 Brown Marble

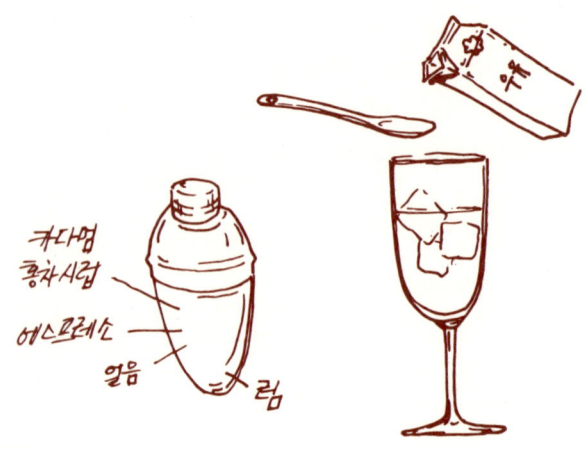

준비

카다멈 홍차 시럽 10g

(물 350g, <TWG> 그랜드 웨딩 홍차 15g, 설탕 500g, 카다멈 5개, 시나몬 스틱 1개)

에스프레소 2샷(43g)

얼음 5개

<바카디Bacardi> 화이트 럼 15g

우유 15g

샷글라스

샴페인 잔 또는 긴 유리잔

셰이커

체

저울

#5 TIP

브라운 마블은 원래 커피 칵테일이 아닌 시그니처 커피로 구상했던 메뉴다. 그 메뉴가 바로 '여름 커피'인데, 누군가가 소셜 미디어에 올라온 '여름 커피' 사진을 보고 럼이 들어가면 맛있을 것 같다고 댓글을 달았다. 보자마자 너무 좋은 생각인 것 같아서 바로 럼을 넣어서 만들어 보았는데 아주 잘 어울렸다.

레시피

1. 먼저 카다멈 홍차 시럽을 만든다. 뜨거운 물에 〈TWG〉 그랜드 웨딩 홍차를 넣고 3분 동안 우린다.
2. 체에 찻잎을 거르고 차에 설탕을 넣고 섞는다.
3. 2에 카다멈, 시나몬 스틱을 넣고 12시간 동안 냉침한 다음 체에 걸러 카다멈 홍차 시럽을 완성한다.
4. 샷글라스에 에스프레소를 추출한다.
5. 셰이커에 얼음, 에스프레소, 홍차 시럽 10g, 〈바카디〉 화이트 럼을 넣고 강하게 셰이킹한다.
6. 얼음을 채운 샴페인 잔에 5를 붓는다.
7. 음료 위에 우유를 섞이지 않도록 조심하며 붓는다.
8. 완성된 음료를 즐긴다. Enjoy!

 디저트 레시피

시나몬 번 Cinnamon Bun

반죽

밀가루(중력분 3: 박력분 7) 560g

베이킹 파우더 28g

소금 5g

카다멈 가루 6g

생크림 600g

필링

시나몬 가루 9g

갈색 설탕 250g

녹인 버터 75g

레시피

1. 오븐을 200°C로 예열한다.
2. 믹싱볼에 밀가루, 베이킹 파우더, 소금, 카다멈 가루를 넣는다.
3. 2에 생크림을 붓고 공처럼 뭉칠 때까지 섞는다. 반죽이 완성되면 약 5분 동안 휴지시킨다.
4. 반죽을 두 번 접어서 다시 10분 동안 휴지시킨다.
5. 다른 믹싱볼에 시나몬 가루와 갈색 설탕을 넣고 섞어 필링을 만들어 둔다.
6. 넓고 깨끗한 작업대에 덧가루dusting flour를 뿌리고 밀대로 반죽을 5mm 두께로 밀어 사각형으로 만든다.
7. 반죽 위에 녹인 버터를 골고루 바르고 필링을 고르게 뿌린다.
8. 7을 김밥을 마는 것처럼 꾹꾹 눌러가면서 만다.
9. 칼로 8을 12조각으로 자른다.
10. 반죽 조각의 끝을 3cm 정도만 살짝 풀어서 바닥면을 덮고 모양을 잡는다.
11. 머핀 틀에 반죽이 달라붙지 않도록 버터를 바른다.
12. 틀에 성형한 반죽을 넣고 예열한 오븐에서 25~30분 동안 굽는다.

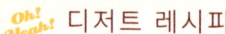 디저트 레시피

생크림 스콘 Fresh Cream Scone

반죽

중력분 700g

베이킹 파우더 28g

설탕 100g

소금 10g

생크림 850g

설탕 약간

우유 약간

#5   TIP

레시피

1. 오븐을 200°C로 예열한다.

2. 믹싱볼에 밀가루, 베이킹 파우더, 설탕, 소금을 넣는다.

3. 2에 생크림을 붓고 공처럼 뭉칠 때까지 섞는다. 반죽이 완성되면 약 5분 동안 휴지시킨다.

4. 넓고 깨끗한 작업대에 덧가루를 뿌리고 밀대로 반죽을 2.5cm 두께로 밀어 사각형으로 만든다.

5. 칼로 반죽을 12조각으로 자르고 모양을 잡는다.

6. 팬에 반죽이 달라붙지 않도록 버터를 바른다.

7. 성형한 반죽을 팬에 놓고 설탕을 뿌리고 우유를 바른다.

8. 예열한 오븐에서 20~25분 동안 굽는다.

디저트 레시피

토스카 케이크 Tosca Cake

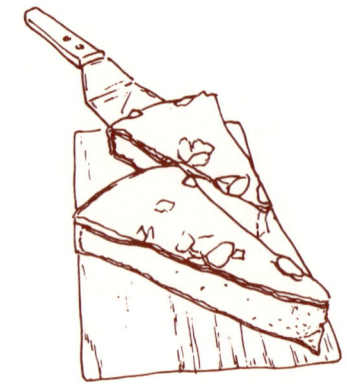

반죽

달걀 특란 4개(240g)

설탕 170g

생크림 200g

녹인 버터 100g

바닐라 시럽 10g

밀가루(중력분 5 : 박력분 5) 260g

베이킹 파우더 9g

토핑

버터 75g

설탕 75g

생크림 50g

밀가루 30g

아몬드 슬라이스 75g

#5 TIP

레시피

1. 오븐을 200°C로 예열한다.
2. 믹싱볼에 달걀과 설탕을 넣고 거품기로 10분 동안 거품을 친다. 이때는 하얗게 부피가 2~3배 정도 부풀 때까지 치면 된다.
3. 2에 생크림과 녹인 버터, 바닐라 시럽을 넣고 스패츌러로 반죽을 접는 것처럼 섞는다.
4. 다른 믹싱볼에 밀가루와 베이킹 파우더를 넣고 섞는다.
5. 3에 4를 넣고 섞어 반죽을 완성한다.
6. 30cm 크기의 케이크 틀에 반죽이 달라붙지 않도록 버터를 바른다.
7. 틀에 반죽을 넣고 평평하게 만들어 예열한 오븐에서 30분 동안 굽는다.
8. 반죽이 구워지는 동안 프라이팬에 토핑에 들어가는 버터, 설탕, 생크림, 밀가루, 아몬드 슬라이스를 넣고 약한 불에서 살짝 끓인다. 이때는 타지 않도록 자주 저어줘야 한다.
9. 30분이 지나면 오븐에서 케이크를 꺼내 위에 토핑을 골고루 올린다.
10. 9를 다시 오븐에 넣어 10분 동안 굽는다. 이때는 표면의 토핑이 갈색빛이 돌 때까지 굽는다.

 디저트 레시피

오렌지 유자 케이크
Orange Citron Cake

반죽

버터 300g

설탕 250g

바닐라 시럽 15g

달걀 특란 5개(300g)

밀가루(박력분 5 : 중력분 5) 300g

베이킹 파우더 14g

오렌지 반 개

오렌지 1개 분량의 제스트

유자청 50g

#5 TIP

레시피

1. 오븐을 180°C로 예열한다.
2. 믹싱볼에 버터와 설탕을 넣고 섞는다. 이때는 크림처럼 하얗게 변할 때까지 섞는다.
3. 2에 바닐라 시럽을 넣고 섞는다.
4. 3에 달걀을 하나씩 차례로 넣는다. 이때는 달걀을 넣을 때마다 뭉치지 않도록 잘 섞어줘야 한다.
5. 다른 믹싱볼에 밀가루와 베이킹 파우더를 넣고 섞는다.
6. 4에 5를 넣고 섞는다.
7. 6에 오렌지 반 개를 착즙해 즙을 넣는다.
8. 7에 제스트, 유자청을 넣고 섞어 반죽을 완성한다.
9. 23cm 크기의 파운드 케이크 틀에 반죽이 달라붙지 않도록 버터를 바른다.
10. 틀에 반죽을 넣고 평평하게 만들어 예열한 오븐에서 50분 동안 굽는다.

 디저트 레시피

바나나 케이크 Banana Cake

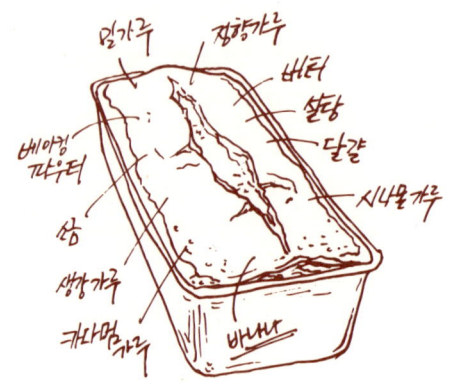

반죽

버터 150g

설탕 250g

달걀 특란 2개(120g)

베이킹 파우더 9g

소금 5g

생강 가루 3g

카다멈 가루 6g

시나몬 가루 6g

정향 가루 3g

밀가루(박력분 5 : 중력분 5) 300g

잘 익은 바나나 5개

#5   TIP

레시피

1. 오븐을 180°C로 예열한다.
2. 믹싱볼에 버터와 설탕을 넣고 스탠드 믹서로 섞는다.
3. 2에 달걀을 하나씩 차례로 넣는다. 이때는 달걀을 넣을 때마다 뭉치지 않도록 잘 섞어줘야 한다.
4. 다른 믹싱볼에 베이킹 파우더, 소금, 생강 가루, 카다멈 가루, 시나몬 가루, 정향 가루, 밀가루를 넣고 섞는다.
5. 3에 4를 넣고 섞는다.
6. 5에 바나나를 으깨어 넣고 섞어 반죽을 완성한다.
7. 23cm 크기의 파운드 케이크 틀에 반죽이 달라붙지 않도록 버터를 바른다.
8. 틀에 반죽을 넣고 평평하게 만들어 예열한 오븐에서 1시간 동안 굽는다.
9. 완성된 케이크를 꼬치로 찔러서 묻어나는 반죽이 있는지 확인한다. 반죽이 묻어나면 오븐에 다시 넣어 좀 더 굽는다.
10. 이 케이크는 하루 정도 두었다 먹으면 더 맛있다.

 디저트 레시피

진저 카다멈 케이크
Ginger Cardamom Cake

반죽

버터 300g

머스코바도 설탕 muscovado sugar 250g

달걀 특란 5개(300g)

베이킹 파우더 14g

소금 한 꼬집

카다멈 가루 9g

생강 가루 4.5g

시나몬 가루 4.5g

밀가루(박력분 5 : 중력분 5) 300g

바닐라 시럽 15g

#5 TIP

레시피

1. 오븐을 180°C로 예열한다.
2. 믹싱볼에 버터와 머스코바도 설탕을 넣고 스탠드 믹서로 섞는다.
3. 2에 달걀을 하나씩 차례로 넣는다. 이때는 달걀을 넣을 때마다 뭉치지 않도록 잘 섞어줘야 한다.
4. 다른 믹싱볼에 베이킹 파우더, 소금, 생강 가루, 카다멈 가루, 시나몬 가루, 밀가루를 넣고 섞는다.
5. 3에 4와 바닐라 시럽을 넣고 섞는다.
6. 23cm 크기의 파운드 케이크 틀에 반죽이 달라붙지 않도록 버터를 바른다.
7. 틀에 반죽을 넣고 평평하게 만들어 예열한 오븐에서 1시간 동안 굽는다.
8. 완성된 케이크를 꼬치로 찔러서 묻어나는 반죽이 있는지 확인한다. 반죽이 묻어나면 오븐에 다시 넣어 좀 더 굽는다.
9. 이 케이크는 하루 정도 두었다 먹으면 더 맛있다.

 디저트 레시피

커피 초콜릿 바크
Coffee Chocolate Bark

반죽

다크 초콜릿 450g

소금 3g

굵게 분쇄한 원두 50g

#5   TIP

레시피

1. 믹싱볼에 다크 초콜릿을 잘게 부숴 넣고, 중탕으로 녹인다.
2. 1에 소금과 굵게 분쇄한 원두를 넣고 섞는다.
3. 팬에 2를 붓고 고르게 편다.
4. 3을 냉동고에 넣어 굳힌다.
5. 완성된 초콜릿을 나무껍질 모양처럼 보이도록 적당한 크기로 부순다.

오예!
스페셜티 커피!

특별한 커피, 그 이상을 탐험하는 사람들을 위한 안내서

2018년 11월 07일 초판 1쇄 발행
2018년 11월 19일 초판 2쇄 발행
2019년 01월 17일 초판 3쇄 발행
2020년 02월 26일 초판 4쇄 발행
2021년 04월 05일 초판 5쇄 발행
2022년 04월 16일 초판 6쇄 발행
2023년 02월 08일 초판 7쇄 발행

지은이 김현섭
그린이 김기훈
펴낸이 홍성대
편집 정성희, 이여진, 김하영
디자인 스튜디오 고민

펴낸곳 아이비라인
출판등록 2001년 12월 27일 제311 - 2003 - 00049호
주소 (04321) 서울시 용산구 한강대로 295 남영빌딩 5층 506호
전화 (02) 388 - 5061 **팩스** (02) 388 - 9880
홈페이지 www.the - cup.co.kr

ISBN 978 - 89 - 93461 - 48 - 0 13590

· 이 책은 저작권법에 따라 보호받는 저작물이므로 무단 전재와 무단 복제를 금합니다.
· 이 도서의 국립중앙도서관 출판예정도서목록(CIP)은 서지정보유통지원시스템 홈페이지 (http://seoji.nl.go.kr)와 국가자료공동목록시스템(http://www.nl.go.kr/kolisnet)에서 이용하실 수 있습니다.(CIP제어번호: CIP2018034699)